本书为中国博士后科学基金第65批面上一等资助项目（2019M650194），广州市哲学社会科学发展"十三五"规划2020年度课题（2020GZGJ321）的研究成果

经济管理学术文库·经济类

贸易自由化、进口投入与出口选择

Trade Liberalization, Import Input and Export Choice

刘帷韬／著

经济管理出版社
ECONOMY & MANAGEMENT PUBLISHING HOUSE

图书在版编目（CIP）数据

贸易自由化、进口投入与出口选择/刘帷韬著.—北京：经济管理出版社，2020.5
ISBN 978-7-5096-7123-8

Ⅰ.①贸…　Ⅱ.①刘…　Ⅲ.①进出口贸易—企业管理—研究—中国　Ⅳ.①F752.62

中国版本图书馆CIP数据核字（2020）第083165号

组稿编辑：李玉敏
责任编辑：李玉敏　姜思宇
责任印制：黄章平
责任校对：陈晓霞

出版发行：经济管理出版社
　　　　　（北京市海淀区北蜂窝8号中雅大厦A座11层　100038）
网　　址：www.E-mp.com.cn
电　　话：（010）51915602
印　　刷：三河市延风印装有限公司
经　　销：新华书店
开　　本：720mm×1000mm/16
印　　张：13.75
字　　数：270千字
版　　次：2020年7月第1版　2020年7月第1次印刷
书　　号：ISBN 978-7-5096-7123-8
定　　价：78.00元

·版权所有　翻印必究·

凡购本社图书，如有印装错误，由本社读者服务部负责调换。
联系地址：北京阜外月坛北小街2号
电话：（010）68022974　　邮编：100836

序　言

　　现今，国内外经济环境已发生重大改变。逐步消失的"人口红利"和日渐凸显的环境、资源等约束力迫使我国经济探寻新的发展模式。自2008年金融危机以来，全球贸易增速放缓和逆全球化浪潮的兴起使得以往的全球化进程进入了具有排他性的区域化发展常态。在此背景下，以往我国实行的"大进大出"对外贸易战略亟待转变为"优进优出，进出良性互动"的新模式，以应对国内外经济环境的挑战。贸易自由化下的产品异质性问题开始逐渐为学者所关注。

　　本书首先对已有文献进行了归纳总结，引出了目前国际贸易理论的研究方向。其次，就贸易自由化对企业进口投入和出口选择的影响，以及企业进口投入对出口选择的影响进行了机制分析。再次，利用中国海关数据库、中国工业企业数据库、产品关税数据库、产品贸易数据库等大型微观数据以及PWT9.0、WDI、GeoDist、IFS等宏观数据和各种编码转换表，构建了企业层面贸易自由化指标、企业异质性指标、进出口产品质量指标和进出口产品规模指标。最后，在企业异质性理论的基础上，就进出口关税下降对我国进出口产品质量和规模的影响，以及进口产品对出口产品质量和规模的影响进行了实证检验。

　　本书主要结论：第一，进口关税水平下降后，企业的进口产品质量和进口产品规模都有所提高。具体来说：①生产率较高的国有企业和集体/私营企业、规模较大的国有企业、经营年限较长的中外合资/合作企业和外商独资企业在进口关税水平下降后，其所进口的产品质量水平会有显著提升；②进口贸易自由化程度上升会使得国有企业增加从新市场进口新产品和从老市场进口老产品的规模，集体/私营企业会增加从新市场进口老产品的规模，而中外合资/合作企业和外商独资企业会增加从老市场进口老产品的规模。第二，出口关税水平下降后，企业的出口产品质量和出口产品规模会有所上升。具体而言：①规模较大但成立时间较短的国有企业和成立时间较长的集体/私营企业，以及企业规模较小但经营年限较长的中外合资/合作企业和外商独资企业，其出口产品质量受出口关税的影响较大；②随着出口贸易自由化程度的加深，国有企业会增加向新市场出口新产品的规模,而集体/私营企业、中外合资/合作企业和外商独资企业会扩大出口新产品到老市场的规模。第三,借助我国加入WTO这一准自然实验,将产品和企业分为一般贸易和加工贸易两组,采用倍差法检验了加入WTO对我国企业进出口端的不同影响。其结果表明:①在我国加入WTO后,进口加工贸易产品的质量水平上升更快,出口一般贸易产品的质量水平提高更多;②企业资本来源越集中,越有利于其在贸易自由化上升后,扩大其进出口规模。第四,通过使用WIOT数据库计算进口品完全消耗系数后,将企业进出口两端合并。研究结果表明:①进口产品质量水平的不断提升能有效地促进出口产品质量的提升,尤其对于生产率较低、经营年限较短、规模较小的企业来说,其更有动力通过进口产品来促进其出口产品质量水平的提升;②进口关税通过影响进口产品进而促使出口产品质量提升的路径在高生产率、年龄较大和规模中等的企业中更为明显;③国有企业进口扩展边际和集约边际规模的增大会分别带来其出口扩展边际和集约边际规模的扩大,而中外合资/合作企业、外商独资企业和集体/私营企业在获得更多进口产品后,会主要将产品的出口规模集中在扩展边际上。

基于以上结论,本书得到有关贸易自由化与企业进出口决策的政策含义:第一,要继续加大与贸易自由化有关的改革,注重进口政策与出口政策的有机结合。第二,要制定适当的产业政策,注重行业特征和企业差异。第三,要着力推进加工贸易的转型升级,注重与一般贸易区别对待。第四,要加快推进国有企业改革,注重质量与效率的提升。

本书的创新主要体现在研究的视角、内容和方法三个方面:第一,本书从出口关税视角出发,实证检验了出口关税对出口产品质量的影响,是对现有理论的补充。第二,本书基于企业异质性理论,通过构建交互项模型,更全面地分析了不同性质企业在面对贸易自由化程度加深时,其在进口投入和出口选择方面的差异,更好地将产品和企业相结合。第三,本书创新性地利用WIOT数据库计算进口品完全消耗系数,并以此为权重将企业的进出口两端进行了合并,不仅实证研究了企业进口投入对出口选择的影响,还就进口关税通过影响进口产品的质量和规模,从而影响出口产品的质量和规模的路径进行了检验。

笔者本着认真负责的态度编写此书,但由于经验和能力有限,本书难免有不足之处,敬请读者批评指正,以便进一步修订和完善。

刘帷韬

2019年10月25日于广州

目　录

第1章　绪论 ·· 1
  1.1　问题的提出 ·· 1
    1.1.1　选题背景 ··· 1
    1.1.2　选题意义 ··· 6
  1.2　研究思路和方法 ·· 7
    1.2.1　研究思路 ··· 7
    1.2.2　研究方法 ··· 8
  1.3　研究框架和研究内容 ·· 10
    1.3.1　研究框架 ·· 10
    1.3.2　研究内容 ·· 10
  1.4　研究创新点 ··· 12

第2章　文献述评 ·· 13
  2.1　国际贸易理论的发展与演变 ·· 13
  2.2　企业异质性视角下贸易自由化的影响效应 ······························· 16
    2.2.1　贸易自由化对企业进口端的影响 ································· 17
    2.2.2　贸易自由化对企业出口端的影响 ································· 18
  2.3　进口投入对企业出口选择的影响 ·· 21
  2.4　简要评述 ·· 24

第3章　贸易自由化对企业进出口选择的影响机制研究 ····················· 25
  3.1　模型基本假设 ·· 25
  3.2　贸易自由化对企业进口投入的影响机制分析 ···························· 27
  3.3　贸易自由化对企业出口选择的影响机制分析 ···························· 29

3.4	企业进口投入对出口选择的影响机制分析	31
3.5	本章小结	32

第4章 主要指标构建及数据说明 ········· 33

4.1	贸易自由化指标构建	33
4.2	企业异质性指标构建	34
4.3	企业进出口产品质量指标构建	35
4.4	企业进出口产品规模指标构建	41
4.5	数据说明	43
	4.5.1 数据来源及简单处理	43
	4.5.2 数据合并处理	45
4.6	本章小结	46

第5章 进口贸易自由化对企业进口投入的影响研究 ········· 47

5.1	引言	47
5.2	进口贸易自由化与企业进口投入的变动情况	48
	5.2.1 进口贸易自由化的变动情况	48
	5.2.2 进口产品质量的变动情况	52
	5.2.3 进口产品规模的变动情况	57
5.3	进口贸易自由化对进口产品质量的实证检验	60
	5.3.1 模型设定与变量描述	60
	5.3.2 产品层面的经验分析	62
	5.3.3 基于企业异质性理论的经验分析	65
	5.3.4 稳健性检验	70
5.4	进口贸易自由化对进口产品规模的实证检验	72
	5.4.1 模型设定与变量描述	73
	5.4.2 进口贸易自由化对进口产品规模影响的实证分析	74
	5.4.3 基于企业异质性理论的分析	78
	5.4.4 稳健性检验	84
5.5	本章小结	86

第6章 出口贸易自由化对企业出口选择的影响研究 ········· 88

6.1	引言	88
6.2	出口贸易自由化与企业出口选择的变动情况	89

		6.2.1 出口贸易自由化的变动情况	89
		6.2.2 出口产品质量的变动情况	92
		6.2.3 出口产品规模的变动情况	96
	6.3	出口贸易自由化对出口产品质量的实证检验	98
		6.3.1 模型设定与变量描述	98
		6.3.2 产品层面的经验分析	99
		6.3.3 基于企业异质性理论的经验分析	105
		6.3.4 稳健性检验	111
	6.4	出口贸易自由化对出口产品规模的实证检验	114
		6.4.1 模型设定与变量描述	114
		6.4.2 出口贸易自由化对出口产品规模影响的实证分析	115
		6.4.3 基于企业异质性理论的分析	119
		6.4.4 稳健性检验	126
	6.5	本章小结	128

第7章 贸易自由化对进出口产品的影响——基于我国加入 WTO 的准自然实验检验 130

	7.1	引言	130
	7.2	我国进出口产品的构成	131
	7.3	基于我国加入 WTO 的准实验检验	132
		7.3.1 贸易自由化对我国进口产品的影响	132
		7.3.2 贸易自由化对我国出口产品的影响	136
	7.4	稳健性检验	140
	7.5	本章小结	143

第8章 进口贸易自由化、进口投入与出口选择 144

	8.1	引言	144
	8.2	企业投入产出框架	145
		8.2.1 封闭条件下企业投入产出框架	145
		8.2.2 开放条件下企业投入产出框架	146
		8.2.3 我国进口品完全消耗系数的计算	149
		8.2.4 我国进口品完全消耗系数的变动趋势	149
	8.3	进口贸易自由化与出口产品质量的实证分析	154
		8.3.1 模型构建及变量说明	154

  8.3.2 产品层面企业出口产品质量的实证分析 …………… 155
  8.3.3 企业层面出口产品质量的实证分析 ………………… 162
  8.3.4 基于企业异质性理论的进一步分析 ………………… 164
 8.4 进口贸易自由化与出口产品规模的实证分析 ……………… 167
  8.4.1 模型构建与变量说明 ………………………………… 168
  8.4.2 出口产品规模的实证分析 …………………………… 168
 8.5 稳健性检验 …………………………………………………… 175
 8.6 本章小结 ……………………………………………………… 178

第9章 主要结论与政策建议 …………………………………………… 179
 9.1 主要结论 ……………………………………………………… 179
 9.2 政策建议 ……………………………………………………… 181
 9.3 进一步研究空间 ……………………………………………… 183

参考文献 …………………………………………………………………… 185

附　录 ……………………………………………………………………… 198

后　记 ……………………………………………………………………… 211

第1章 绪 论

1.1 问题的提出

1.1.1 选题背景

自加入世界贸易组织以来，我国对外贸易的发展呈现出"双高"特征，即高进口与高出口并存的态势（见图1-1）。2000~2017年，我国贸易额从4743亿美元上升到41071.6亿美元，其中，出口额从2492亿美元上升至22633.7亿美元，进口额从2250.9亿美元上升至18437.9亿美元[①]。尽管受到2008年金融危机的冲击，贸易额也仅在2008~2009年出现了短暂的下滑，随后便又迅速回升。随着全球价值链分工的逐步深化，我国与世界各国间的联系也日渐紧密。我国贸易依存度[②]从2000年的39.8%上升到最高的2006年的64.6%，在遭受金融危机后，开始逐步下降，总体呈倒"U"形趋势（见图1-1）。

可以看到的是，虽然我国的贸易总量在不断上升，但进出口占我国经济的比重在2006年开始逐渐下滑。那么，是否我国的贸易结构也随之发生了改变呢？我们发现，2000~2017年，初级产品和工业制成品的进口额都有不同幅度的上升，并且初级产品进口占所有进口产品的比重在逐步上升，而工业制成品的进口比重在逐步下降（见图1-2）。而在出口方面，两者也都呈现不同程度的上升趋势，且工业制成品的出口占比在逐步提升（见图1-3）。

以上的事实说明，在加入世界贸易组织（WTO）后，我国开始加大了对初

---

① 《中国统计年鉴》。
② 根据已有研究，贸易依存度=进出口总额/GDP。

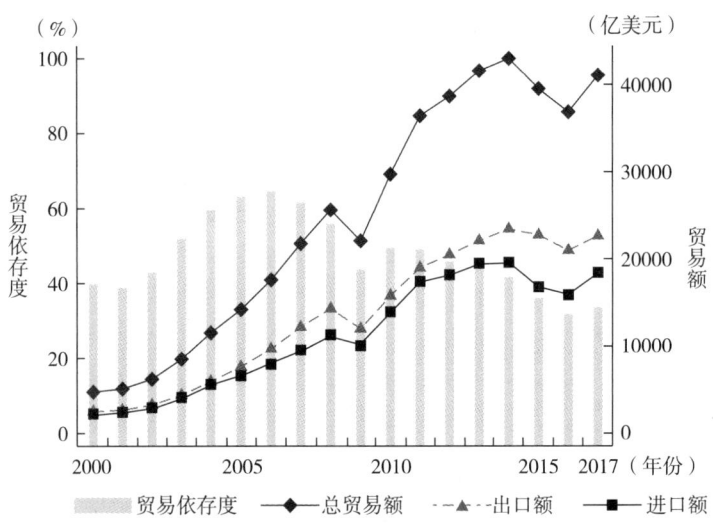

图1-1 2000~2017年我国货物贸易进出口情况

资料来源：作者根据《中国统计年鉴》整理。

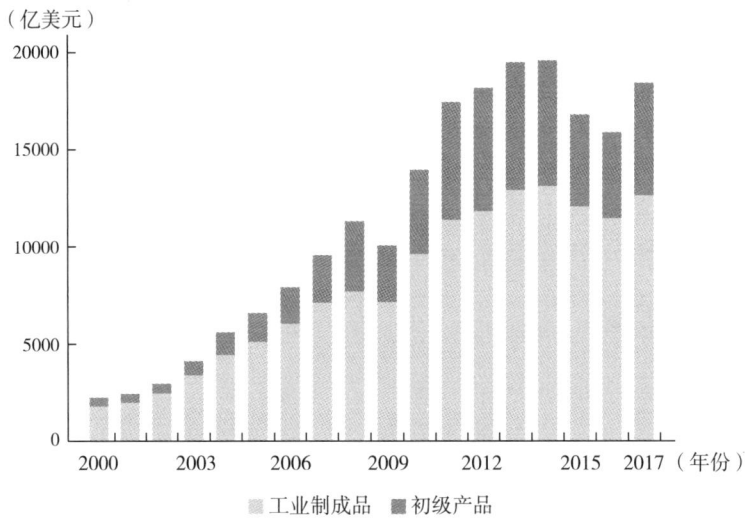

图1-2 2000~2017年我国初级产品和工业制成品进口贸易额变化趋势

资料来源：作者根据《中国统计年鉴》整理。

级产品的进口力度，并扩大了最终产品的出口规模①。同时，随着贸易自由化程

---

① 根据定义，初级产品指的是农业产品和原材料产品，工业制成品指的是经过加工的产品。

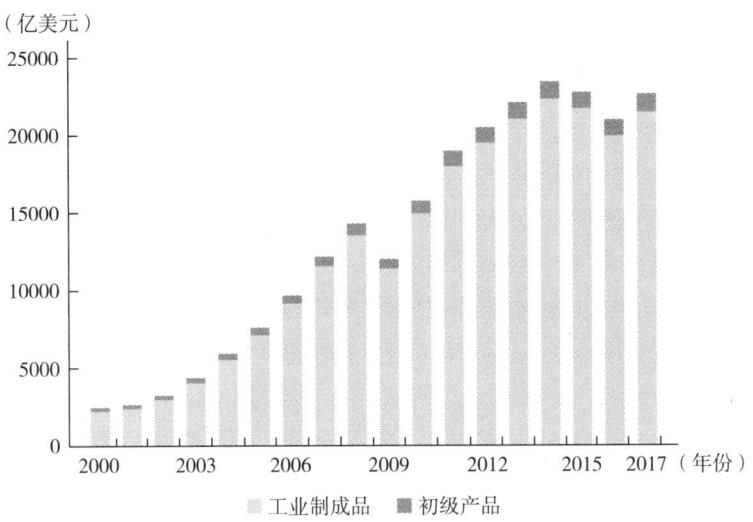

图 1-3　2000～2017 年我国初级产品和工业制成品出口贸易额变化趋势

资料来源：作者根据《中国统计年鉴》整理。

度的加深，我国的贸易结构和生产结构也发生了变化，从以往自给自足的经济模式向利用比较优势进行投入生产转变。这一转变与 1978 年以来实行的以市场化为导向的经济改革和对外贸易政策的革新是密不可分的。尤其是在我国加入 WTO 前，我国的关税水平经历了大幅度的下降（见图 1-4），1992 年我国加权后的关税水平为 40.6%，到 1993 年和 1994 年下降至 38.4% 和 35.5%（降幅分别为 5.42% 和 7.55%）。随后，关税水平开始了大幅度的下降，1995 年的降幅达 24.51%，1997 年的降幅达 29.2%，但在 1998 年仅下降了 1.88%，一直到 2001 年，我国的关税水平又开始了大幅度的下降，2002 年的降幅达到 23.93%，降税税目占所有税目的 73%①。

从 2000 年开始，我国的进出口关税水平又开始了新一轮大幅度的下降②，其中，2000～2006 年，进口关税下降幅度达 43.71%，出口关税下降幅度达 17.96%。但这种下降趋势在 2005 年开始趋于平稳，主要是因为 2005 年是中国履行加入 WTO 承诺进行大幅度降税的最后一年。

当然，除了不断下降的进出口关税能促进我国贸易额的大幅度上升外，我国非关税壁垒的减少也大大促进了我国的对外贸易水平。1990～2001 年，我国取消

---

① 毛其淋，盛斌. 贸易自由化与中国制造业企业出口行为："入世"是否促进了出口参与？[J]. 经济学（季刊），2014，13（2）：647-674.

② 见图 5-1 和图 6-1。

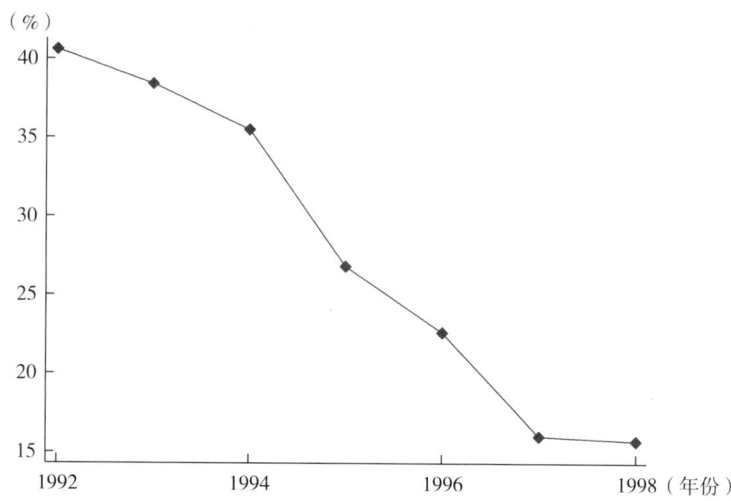

图 1-4 1992~1998年我国加权关税水平的变化趋势

资料来源：Blancher M N R, Rumbaugh M T. China: International Trade and WTO Accession [M]. International Monetary Fund, 2004.

了1000多种进口产品的非关税壁垒，并在2002年又进一步对221种产品的进口配额和许可证进行了取消，余下的有非关税壁垒的税目仅占所有进口税目的1.9%[1]。在2004年7月1日开始实行的《中华人民共和国对外贸易法》中规定，原有的外贸经营权审批制修订为登记制。并且，在2005年1月1日，我国政府进一步取消了汽车及其关键零部件、光盘生产设备等两类产品的进口配额管理。至此，我国受进口配额限制的产品仅剩监控化学品、易致毒化学品和消耗臭氧层物质。

上述这些事实都说明：我国进出口贸易的高速发展离不开有效的贸易自由化改革，但也必须意识到我国的贸易结构正在发生转变。

随着进出口规模的扩大，我国出口产品的质量水平是否获得了类似的持续增长呢？在世界经济论坛于2019年10月发布的《2019年全球竞争力报告》中，我国全球竞争力位列第28名[2]，这与我国作为世界第一贸易大国、最大出口国和第二大进口国的地位有所不符[3]。我国早在1991年就在外经贸领域提出了"以

---

[1] 牛蕊. 国际贸易、工资与就业：中国的理论与实证模型 [M]. 北京：经济科学出版社，2010.
[2] http://www3.weforum.org/docs/WEF_Global_Competitiveness_Report_2019.pdf.
[3] https://www.wto.org/english/res_e/statis_e/wts2019_e/wts19_toc_e.htm. 这里我们指的是货物贸易。据世界贸易组织（WTO）统计，2018年，我国货物贸易进出口额达46230亿美元，高于美国的42780亿美元。

质取胜"战略①，其目标是提高我国出口产品的质量水平，优化产品结构，并在其基础上创建品牌产品。我们知道，出口产品质量水平的提高能带来出口产品附加值的增加，这将促使产品的国际竞争力加强，进而带动整个贸易结构乃至产业结构的优化升级。依据国家市场监督管理总局（原国家质量监督检验检疫总局）提供的《全国制造业质量竞争力指数公报》，我们可以得出各行业的质量竞争力指数变动情况，具体如图1-5所示②。

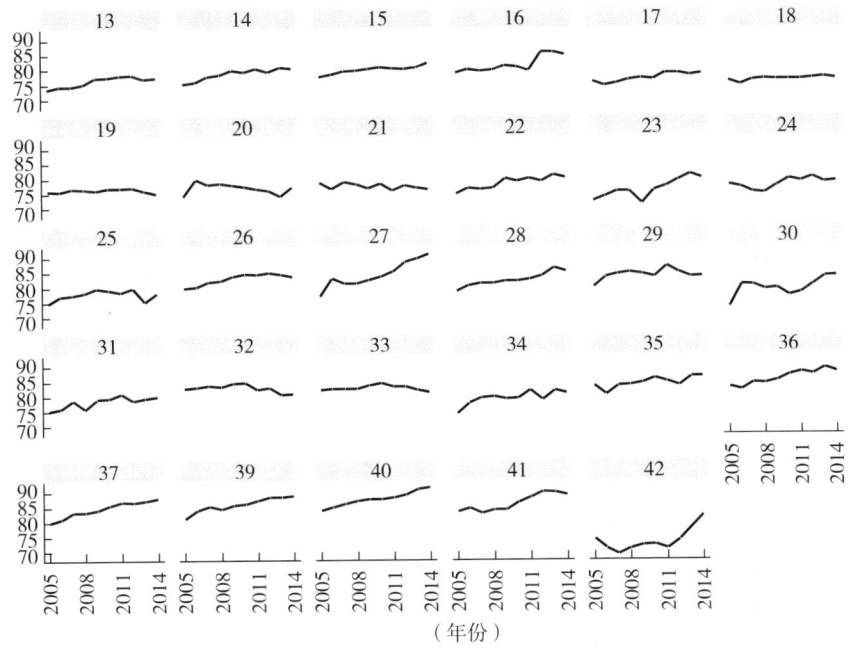

图1-5 2005~2014年分行业质量竞争力指数

注：Graphs by industry（按行业列出的图表）。

资料来源：作者根据国家质量监督检验检疫总局《全国制造业质量竞争力指数公报》整理③。

---

① http：//www.mofcom.gov.cn/aarticle/bg/200207/20020700032285.html.

② 此处行业分类标准参照GB/T 4754—2002，行业13~42依次为：农副食品加工业；食品制造业；饮料制造业；烟草制品业；纺织业；纺织服装、鞋、帽制造业；皮革、毛皮、羽毛（绒）及其制品业；木材加工及木、竹、藤、棕、草制品业；家具制造业；造纸及纸制品业；印刷业和记录媒介的复制；文教体育用品制造业；石油加工、炼焦及核燃料加工业；化学原料及化学制品制造业；医药制造业；化学纤维制造业；橡胶制品业；塑料制品业；非金属矿物制品业；黑色金属冶炼及压延加工业；有色金属冶炼及压延加工业；金属制品业；通用设备制造业；专用设备制造业；交通运输设备制造业；电气机械及器材制造业；通信设备、计算机及其他电子设备制造业；仪器仪表及文化、办公用机械制造业；工艺品及其他制造业。

③ http：//www.aqsiq.gov.cn/zjsj/tjsj/tjsj4/.

值得欣慰的是，2005~2014年，大部分行业的质量竞争力水平均呈上升趋势，但也有增长不明显，甚至下降的，比如行业20（木材加工及木、竹、藤、棕、草制品业）；行业32（黑色金属冶炼及压延加工业）；行业33（有色金属冶炼及压延加工业）。虽然我国已成为全球货物贸易第一大国，但依然缺乏具有全球影响力和美誉度的国际一流品牌；虽然我国制造业的质量竞争力水平已逐渐提高，但"中国制造"同低价格、低质量的等号关系依然没有破除。

当前，国内外经济环境已然发生了重大改变。从国内环境看，随着我国人口年龄结构逐渐老龄化，"人口红利"逐步减弱；粗放式经营带来的环境、能源、资源等约束力也逐步显现，经济增长亟待新的发展模式。从国际环境看，自2008年金融危机以来，全球贸易增速逐渐放缓；逆全球化浪潮的兴起使得以往的全球化进程进入了具有排他性的区域化发展模式，诸如TPP、TTIP等协议的达成都将对全球经贸格局和贸易投资自由化进程产生重大影响。另外，发达国家不断兴起的贸易保护主义，以及制造业回流战略（美国的《美国先进制造业国家战略计划》、德国的《德国工业4.0战略》、英国的《英国工业2050战略》）和印度、东南亚等新兴代工制造业基地的兴起，都使得我国经济发展所处的国际环境受到极大的挑战。

基于变化中的国内外环境，我国的进出口战略在2000~2016年也在逐步调整。从1991年开始的"八五"计划就首次提出了改善商品结构和提高出口产品质量的出口战略。在随后的"九五"计划、"十五"计划和"十一五"规划中又进一步提出了要创立名牌；提高出口产品附加值；并加强对出口产品价格、质量、数量的动态监测等出口战略。在"十二五"规划中，更是提出了中国外贸的发展要从以往的规模扩张模式向质量效益转变的战略。

目前，我国对外贸易优化升级的核心在于从规模扩张转向质量提升，即从"大进大出"转向"优进优出，进出良性互动"，而"优进优出，进出良性互动"目标的实现则最终取决于企业能力与行为。贸易政策既可以从进口端影响企业中间产品的投入选择，也可以从出口端影响企业的销售空间，从而影响企业进出口决策，并且这种影响往往会在不同企业之间有较大差别（Nickerson和Konings，2007；Cherkashin等，2015；Bas和Strauss-Kahn，2015；Feng等，2016）。近期，有关产品质量异质性的研究开始逐渐兴起，为本书的研究提供了相应的理论支撑。同时，产品层面数据可获得性的日益增强，也为我们从企业层面来研究其进出口产品质量以及规模的变动情况提供了可能。

1.1.2 选题意义

随着经济全球化程度的不断加深以及国际分工模式的逐渐转变，传统的国际贸易理论和新贸易理论已不能全面地解释当前国际贸易中存在的诸多现象和问题。自20世纪90年代初以来，我国陆续实施了以削减关税和非关税壁垒为主要内容的贸易自由化改革。在成功加入WTO后，我国一直在有计划有步骤地推进贸易自由化。作为经济活动的微观主体，企业是一国（或地区）对外贸易的直接参与者，其生产绩效和市场竞争力直接关系到国家（或地区）整体经济竞争力的提升与持续增长。贸易自由化既能给企业带来更多的生产要素选择，也为企业拓展了产品销售的空间，企业在做出口决策时，可以更好地依据自身条件来选择是扩大出口数量还是提高出口质量、通过贸易自由化，以进口高质量产品来主动获取国外先进技术，相对于借助FDI被动获取技术更具可取性。

本书从企业微观层面出发，以企业异质性理论为基础，就贸易政策与企业进出口质量；贸易政策与企业进出口规模选择间的关系进行细致分析。这一拓展研究无疑更为贴近国际分工不断细化、进出口交织互动的现实，更有助于在经济全球化背景下理解对外贸易的形成、发展与优化升级机制及相关贸易政策效应，对丰富贸易理论与应用研究具有重要学术价值。具体到应用层面，有助于开拓思路，摆脱简单基于传统贸易理论制定贸易政策、进口政策与出口政策相互孤立的局限，形成进出口规模与质量、行业异质性与企业异质性兼顾、进出口协调统一的对外贸易政策体系，对我国政府部门制定对外贸易发展战略，实现"优进优出"具有一定的借鉴意义，对相关企业制定国际化战略也具有一定的参考价值。

改革开放40年来，我国在进出口产品数量和品种方面已成为了"贸易大国"，但如何从"贸易大国"向"贸易强国"华丽转身，提升进出口产品质量，转变进出口产品结构迫在眉睫。因此，本书的研究对当前我国进出口产品质量升级以及由此带来的经济增长具有重要的理论与现实意义。

1.2 研究思路和方法

1.2.1 研究思路

本书的研究思路如图1-6所示。

本书以企业异质性理论为基础，主要分析关税变动即贸易自由化后，企业进出口两端的变动情况。具体来说，主要分为三个部分：①进口产品关税对企业进口产品质量和进口产品规模的影响；②出口产品关税对企业出口产品质量和出口产品规模的影响；③进口产品关税通过影响企业进口产品质量和进口产品规模，

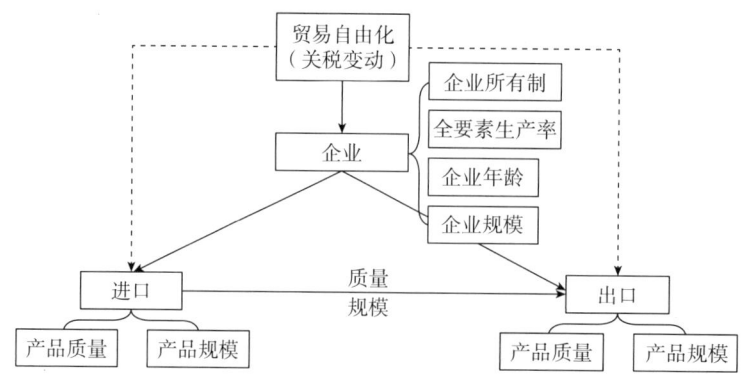

图 1-6 研究思路

进而对企业的出口产品质量和出口产品规模的影响。

1.2.2 研究方法

为实现本书的研究目标，力求研究结论的可靠性和说服力，本书将利用多个大型微观数据库和常用宏观数据库，以及各种编码转换表，采取规范分析与实证分析相结合，定性分析与定量分析相结合，产品层面与企业层面分析相结合，综合运用对比分析法和多种计量方法展开相应研究，具体如下。

（1）规范分析与实证分析相结合。

企业之所以具有异质性，从根本上可以看作是企业的生产函数的不同，即每一个企业均具有自身的生产函数，从而使得企业的行为具有差异性。本书在已有研究的基础上，以企业异质性理论为基础，将进口产品作为企业的一种生产要素加入到企业生产函数中，以企业利润最大化为目标求得企业的均衡产出水平，为后面的计量分析提供理论支撑。在此理论分析的基础上，本书使用中国海关数据库、中国工业企业数据库、产品关税数据库、产品贸易数据库、世界投入产出表（WIOT）等产品和企业层面的微观数据，和诸如各国 GDP 水平、各国人口、各国汇率水平、国家间距离、省份制度水平等宏观数据，以及各种编码转换表进行实证分析，以验证规范分析结论的可靠性，进而使规范分析和实证分析相结合。

（2）定性分析与定量分析相结合。

在本书的研究中，主要通过进出口产品关税变动、进出口产品质量水平的变动、进出口产品规模的变动以及进口品完全消耗系数的变化情况进行相应的定性分析。在此基础上，分别就进口关税对企业进口端投入、出口关税对企业出口端选择以及进口关税对企业出口选择三个方面进行定量分析。本书力求做到定性分析和定量分析相结合，从而更为细致地研究贸易自由化对企业进出口两端的微观影响。

(3) 产品层面与企业层面分析相结合。

本书研究的样本层面以产品为主体,主要采用的是中国海关数据库 HS 八位码产品数据,以及 UNCTAD 的 Trains 数据库和 WTO 的 IDB 数据库中的产品关税数据,以揭示贸易自由化程度加深后,企业进出口产品质量和规模的变动情况。但实际上,一个企业不可能只生产一种产品,因此,本书在施炳展和邵文波(2014)的基础上,考虑到可能存在的内生性以及企业异质性问题,结合中国工业企业数据库,构建了企业层面的进出口贸易自由化指标和企业层面的进出口产品质量指标,以此达到产品层面与企业层面分析相结合。

(4) 对比分析法。

为了更全面地研究贸易自由化对企业进出口的影响,本书还将研究样本依照技术含量分为了低技术品、中技术品和高技术品;依照生产阶段分为了资本品、中间品和消费品;依照产品性质分为了同质性产品和异质性产品;依照贸易方式分为了一般贸易和加工贸易;依照所有制性质分为了国有企业、中外合资/合作企业、外商独资企业和集体/私营企业;依照行业要素密集度差异分为了劳动密集型行业、资本密集型行业和技术密集型行业;依照国家收入水平分为了低收入国家、低中收入国家、高中收入国家和高收入国家。通过以上不同分类下的对比分析,揭示了贸易自由化对不同类型产品、企业、行业、国家的影响的差异性,并对这种差异性造成的原因进行了分析,从而极大地丰富了本书的研究内容。

(5) 多种计量方法综合运用。

为了提高研究的质量和所得结果的可信性,本书根据不同数据,从多个角度入手,采用了不同的计量方法进行实证分析和稳健性检验。本书使用最多的是混合最小二乘法(OLS)和固定效应模型(FE)。另外,由于企业异质性的存在,不可避免地要基于异质性理论进行多次回归分析,所以本书通过加入贸易自由化与企业异质性指标的交互项,以更好地识别企业的异质性。对于可能出现的内生性问题,本书采取了以下几种做法:①就关税下降对企业选择的内生性问题,借鉴余淼杰和袁东(2016)的方法,以企业初始年份进出口贸易信息作为权数①,对贸易自由化进行了重新定义;②就产品质量测算中可能存在的内生性问题,借鉴 Piveteau 和 Smagghue(2013)的方法,我们选取进口国和出口国的真实汇率作为价格的工具变量,使用工具变量法回归(IV)以得到更为贴近现实的结果。对于实证结果的稳健性,本书采取了以下几种做法:①就进出口产品关税对进出口产品质量水平的影响,借鉴施炳展和张雅睿(2016)、Yu(2015)的做法,选

---

① 详见 4.1 节。

取滞后四期关税水平作为当前期的代理变量;②就进出口关税对进出口产品规模的影响,采取分位数回归法(Quantile Regress)进行了稳健性检验;③就贸易自由化与企业异质性指标的交互作用,采用了标准化分组法进行了分组回归检验;④除了使用进出口关税水平作为贸易自由化度量指标外,本书还以我国加入WTO这一自然实验为基础,利用倍差法(DID)从产品和企业两个层面分析了我国企业进出口两端的变动情况,并对结论进行了预期效应检验,还采取两期倍差法解决了多期倍差法存在的序列相关问题。

1.3 研究框架和研究内容

1.3.1 研究框架

本书研究框架如图1-7所示。

1.3.2 研究内容

本书共分为九章,具体内容如下。

第1章:绪论。本章主要阐述本书的选题背景及选题意义、具体的研究思路和方法、研究框架和内容,以及创新之处。

第2章:文献述评。本章对国际贸易理论进行了简要梳理,并在此基础上厘清了贸易自由化与企业进出口以及企业自身进出口间的关系。

第3章:贸易自由化对企业进出口选择的影响机制研究。本章首先进行了模型基本假设。其次分别从贸易自由化对企业进口投入和出口选择,以及企业进口投入对出口选择的影响机制进行了理论分析。

第4章:主要指标构建及数据说明。本章首先介绍了主要指标如贸易自由化、企业异质性、进出口产品质量和进出口产品规模的度量方法。其次就本书所使用的几大微观数据库和相应的宏观数据库进行了介绍,并详细说明数据合并过程。

第5章:进口贸易自由化对企业进口投入的影响研究。本章首先就本书样本期内进口关税和进口产品质量的变动情况进行统计描述。其次从产品层面和企业层面,分别就进口关税下降和贸易自由化程度加深对企业进口产品质量和进口产品规模的影响进行实证分析,并通过建立交互项模型检验了异质性企业间的异同。

第1章 绪 论

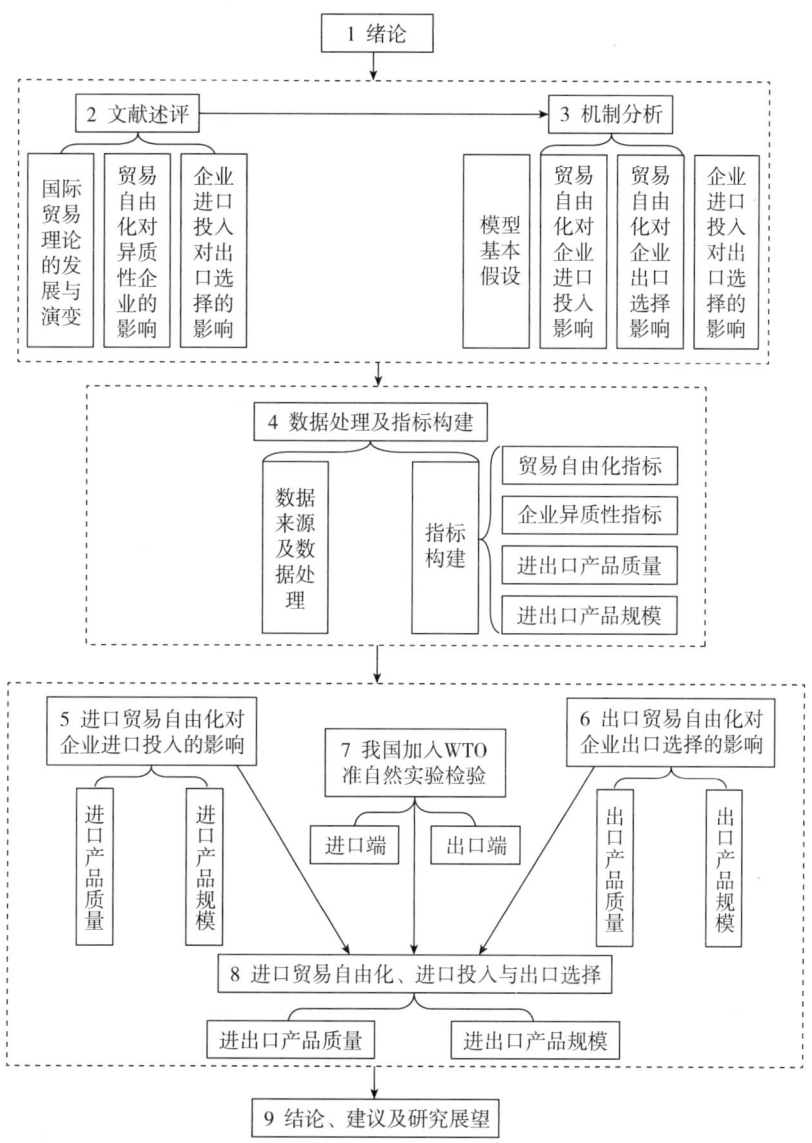

图1-7 本书研究框架

第6章：出口贸易自由化对企业出口选择的影响研究。本章从企业出口端入手，首先分析了出口关税和出口产品质量的变动情况。其次就出口关税下降和贸易自由化程度加深对企业出口产品质量和出口产品规模的影响进行了产品层面和企业层面的实证分析，并通过建立交互项模型检验了异质性企业间的异同。

第7章：贸易自由化对进出口产品的影响——基于我国加入WTO的准自然

实验检验。本章以我国加入 WTO 这一事件作为实验，将样本分为了一般贸易和加工贸易，从产品层面和企业层面逐步分析了进出口产品质量和进出口产品规模的变动情况。

第 8 章：进口贸易自由化、进口投入与出口选择。本章创新性地借助 WIOD 数据库提供的 39 个国家或地区间的投入产出数据，通过计算进口品完全消耗系数将企业进出口端联系在一起，并在此基础上进一步识别进口产品对出口产品在"质"和"量"上的影响。最后，通过构建交互项模型，检验了贸易自由化借助企业进口投入渠道进而影响其出口选择的路径。

第 9 章：主要结论与政策建议。本章对之前章节所得结论进行归纳总结，提出相应的政策建议，并指出未来进一步的研究方向。

1.4 研究创新点

本书的创新主要有以下三点：

（1）大部分文献仅单一地研究出口产品质量或进口产品质量，以及影响两者的因素，并且研究视角仅停留在产品层面。本书基于企业异质性理论，通过构建交互项模型，更全面地分析了不同性质企业在面对贸易自由化程度加深时，其在进口投入和出口选择方面的差异，在研究视角上更好地将产品和企业相结合。

（2）现有关于出口产品质量变动的研究多是从进口关税视角出发，本书从出口关税视角出发，实证检验了出口关税对出口产品质量的影响，亦是对现有研究的补充。

（3）本书创新性地利用世界投入产出表（WIOT）计算进口品完全消耗系数，并以此为权重将企业的进出口两端进行了合并。在此基础上，本书不仅实证研究了企业进口投入对出口选择的影响，还就进口关税通过影响进口产品的质量和规模，从而影响出口产品的质量和规模的路径进行了检验。

第 2 章 文献述评

"以史为镜可以知兴替",本章首先就国际贸易理论的发展及其演变做了简要概述;其次从企业异质性角度出发,对已有关于贸易自由化的研究从进口和出口两个方面进行相应的梳理,并就有关企业进出口两端关系的研究进行总结;最后对现有的文献进行简单的评价。

2.1 国际贸易理论的发展与演变

随着国家间贸易往来日渐频繁,国际贸易理论也得到了不断推进。近两个世纪以来,国际贸易主要经历了产业间贸易、产业内贸易和产品内贸易等发展阶段,与此同时,国际贸易理论也从亚当·斯密在《国富论》中提出的"绝对优势"比较理论逐步发展至现今的产品质量异质性理论,通过梳理国际贸易理论的发展与演变过程,可以为本章后续的理论分析提供一定的借鉴。

对国际贸易理论的研究经历了古典贸易理论、新古典贸易理论、新贸易理论、新新贸易理论以及最近兴起的产品质量异质性理论。古典贸易理论经历了绝对比较优势理论和相对比较优势理论。具体来说,英国古典经济学家亚当·斯密在其著作《国富论》中就曾提出绝对优势理论,即由于各国间在劳动生产率(或生产技术水平)上存在的绝对差异,其最优选择是生产并出口具有"绝对优势"的产品,而进口不具有"绝对优势"的产品(Smith,1776)。但实际上,若按照"绝对优势"理论来进行国际分工,很可能出现某些国家生产并出口所有产品,而某些国家的最优选择则是进口所有产品,这与现实是相悖的。另一名英国的经济学家李嘉图在其著作《政治经济学及赋税原理》中指出,国家间贸易的基础并不是依靠绝对优势,相对优势才是造成国家间发生贸易的原因,并提出了相对比较优势理论(Ricardo,1817)。在 20 世纪 30 年代,赫克歇尔的学生俄林在其著作《区间贸易与国际贸易论》中，从国家间要素禀赋差异和产业间要素投入比例差异入手进一步发展了国际贸易理论，提出了赫克歇尔—俄林理论，即H-O理论（Ohlin，1933）。根据赫克歇尔—俄林理论，一国应该生产并出口需要密集使用本国相对丰裕要素的产品，并进口那些需要密集使用本国相对稀缺要素的产品。与上述的绝对比较优势理论和相对比较优势理论不同的是，赫克歇尔—俄林理论不仅考虑了国家间生产技术水平的差异，还考虑了如自然资源、资本等生产要素，是对李嘉图的相对比较优势理论的深化和发展。

进入20世纪60年代后，古典贸易理论的地位被打破，其原因主要是发达国家间的贸易量在大幅上升，并且同类产品间的双向贸易量也急剧增加。Balassa（1966）发现，工业化国家间的贸易往来主要集中在产业内。显然，斯密和李嘉图的以生产技术水平差异作为比较优势的古典理论与赫克歇尔和俄林以生产要素差异作为比较优势的新古典理论均不能很好地解释此现象。基于这种现象，Grubel和Lloyd（1975）提出了产业内贸易理论。20世纪70年代末期，Dixit和Stiglitz（1977）在张伯伦垄断竞争模型的基础上，将规模报酬递增和竞争均衡融合在同一个框架中，较好地解决了消费者的多样性偏好和生产者的规模经济之间的权衡（Trade-off）问题。借助此模型，Krugman（1979）构建了一个包含规模报酬递增和产品差异化的一般均衡模型，其内涵就是，即使两个国家具有相似的技术和要素禀赋，其之间也会由于规模经济的差异而产生国际贸易。这一理论的提出，较好地解释了上述发达国家间进行产业内贸易的现象。随后，大量学者在此基础上展开了相应的研究（Krugman，1980；Dixit和Norman，1980；Helpman，1981；Ethier，1982；Eaton和Grossman，1986），但所有的研究均基于一个假设，即企业是同质的。

随着经济全球化进程的日益深入，以往进行产业内贸易的主体（企业）逐渐出现在学者们的眼前。Bernard等（2003）将伯川德竞争（Bertrand Competition）引入到Dornbusch等（1977）的李嘉图连续统模型中，分析得到，只有生产率较高的企业会选择出口，并且贸易自由化可能会导致更多的企业退出市场，尤其是那些生产率较低的企业，其所受的影响更大。Melitz（2003）在同一时间的研究采取的是在Hopenhayn（1992）的一般均衡框架下，扩展了Krugman（1980）的贸易模型，分析认为，企业是否选择出口与其生产率的高低有直接关系，生产率最高的企业会选择出口，稍次之的企业仅选择国内市场，生产率最低的企业则退出市场。尽管Bernard等（2003）和Melitz（2003）在其模型的具体构建上有所差异，但其结论基本一致，均表明企业的异质性会导致其国际贸易存在差异。这一点在Bernard（1995）基于美国制造业企业的分析以及Aw和Hwang（1995）基于台湾电子企业的分析中都得到了证实。引入企业异质性的新新贸易理论，除了 Melitz（2003）和 Bernard 等（2003）以考察企业的国际化路径选择为主的企业异质性贸易理论外，还有一支以 Antras（2003）为代表的以企业的全球生产组织选择为主的企业内生边界理论。本书主要的理论基础是第一支，即 Melitz（2003）和 Bernard 等（2003）的企业异质性理论。自 Melitz（2003）提出企业异质性理论以来，各种有关企业生产率、创新、融资约束等的研究层出不穷（Bustos，2005；Manova，2008）。Antras 和 Helpman（2004）在 Melitz（2003）的基础上进行了拓展，将企业异质性引入多国多部门的贸易与投资模型中，并提出了选择效应（Selection Effect）和利益再分配效应（Redistributive Effect）。Yeaple（2005）将竞争性技术、贸易成本和生产能力有差异的工人归结为企业异质性的原因，更好地解释了不断增加的技术溢价给异质性企业带来的额外收益。Baldwin 和 Okubo（2006）发现，除了进行出口外，大国中的企业由于规模经济和较低的交易成本，会选择以 FDI 或服务外包的方式参与国际贸易。Redding（2011）曾就有关异质性贸易理论的研究进行过总结。随着我国微观企业数据的逐渐可得，针对我国制造业企业异质性的研究也逐步增多。易靖韬（2009）和钱学锋等（2011）的研究均验证了企业的"出口自选择"效应，即高生产率的企业会主动选择进入出口市场。当然也有学者指出，出口企业生产率高于非出口企业并不是一个普适性的事实，即不存在企业的"出口自选择"效应，甚至提出了"生产率悖论"这一问题（李春顶等，2010；刘振兴和金祥荣，2011）。

早期的新贸易理论能较好地解释产业内贸易现象，随后的新新贸易理论又进一步发现了不同性质企业在进行国际贸易时的差异，但实际上，国际贸易中进行交易的主要是产品①。近年来，异质性企业出口产品的质量水平逐渐受到学者的关注。Grossman 和 Helpman（1991）最早从产品角度入手，定义了"质量阶梯的概念"，其研究主要针对的是南北方国家②，研究发现，北方国家会通过技术创新、南方国家会通过模仿来提高各自的产品质量水平。Motta 等（1997）的研究表明，当两国质量水平差距较大时，低质量国家没有超越的可能，只有当两国质量差距较小时，低质量国家才有可能实现质量超越，而这取决于国家对创新研发的政策支持。但这些研究均是在国家层面上展开的，随着产品贸易数据的逐渐可得，学者们将 Melitz（2003）的异质性企业理论（HFT）扩展为包含产品质量异质性的企业模型（QHFT）。Hallak 和 Sivadasan（2008）、Kugler 和 Verhoogen（2008）、Baldwin 和 Harrigan（2011）、Johnson（2012）均对此理论进行了检验。国内亦有许多学者通过借鉴 Hallak 和 Sivadasan（2009）以及 Piveteau 和 Smagghue（2013）提出的产品质量测算方法，对我国的出口产品质量水平进行了测算

---

① 这里我们仅指货物贸易。
② 南北方国家指的是发展中国家和发达国家，而不是地理位置上的南北方。

(施炳展等，2013；施炳展，2014；张杰等，2014），并从出口持续时间、贸易自由化、融资约束、要素价格扭曲、外资垂直溢出效应、政府补贴等多个视角对出口产品质量的影响进行了初步探索（陈晓华和沈成燕，2015；刘晓宁和刘磊，2015；许明，2016；王明益，2016；徐美娜和彭羽，2016；张洋，2017）。除了企业出口产品质量外，近期关于企业进口产品质量的研究也开始兴起，施炳展和曾祥菲（2015）在Khandelwal等（2013）、Martin和Mejean（2014）的研究基础上，利用中国海关数据库测算了我国企业进口产品的质量水平。随后，部分学者就贸易自由化与进口产品质量，以及进口产品质量对企业生产率的影响和进口产品质量对企业员工工资收入的影响进行了有益的探讨（施炳展和张雅睿，2016；余淼杰和李乐融，2016；赵春明等，2017；郑亚莉等，2017）。目前，关于产品质量的度量在学术界还未有统一标准，余淼杰和张睿（2017）以及魏浩和林薛栋（2017）就当前进出口产品质量的度量方法进行了比较。可见，对于产品质量的研究现今还处于探索阶段。

2.2 企业异质性视角下贸易自由化的影响效应

致使经济全球化范围迅速扩大、一国参与全球价值链程度日益加深的一个很重要原因就是贸易自由化程度的提升。早期对贸易自由化的研究多基于国家或行业层面，所关注的主题涉及产业集聚、工资与就业、贫困、环境等各方面（邓慧慧，2009；胡洁和陈彦煌，2011；郭熙保和罗知，2008；邢斐和何欢浪，2011）。在Melitz（2003）提出企业异质性理论后，大量学者开始从企业层面出发，探究贸易自由化给异质性企业带来影响的差异。在Melitz（2003）所构建的异质性企业模型中，贸易自由化会影响企业的生产率，具体来说，生产率较高的企业将获得更多的市场份额，而生产率较低的企业只能选择退出市场，从而使得整个行业的资源得以重新配置。大部分的研究均表明，关税下降能提高本国企业的生产率（Pavcnik，2002；Nickerson和Konings，2007；Topalova和Khandelwal，2011）。在我国企业层面数据逐渐可得后，国内学者们就Melitz（2003）所提的理论进行了验证。余淼杰（2010）就贸易自由化与制造业企业生产率的关系进行了检验；田巍和余淼杰（2013，2014）分别就中间品贸易自由化对企业的出口强度和企业创新能力的影响进行了验证。另外，余淼杰和梁中华（2014）还就贸易自由化对制造业企业职工的工资水平影响做了相应研究；陈雯和苗双友（2016）就中间品贸易自由化对制造业企业生产技术的选择进行了研究。

正如前文所述，随着产品层面数据可获得性的提高，学术界开始将 Melitz（2003）的异质性企业理论（HFT）扩展为包含产品质量异质性的企业模型（QHFT）。针对贸易自由化程度加深和由此对企业进出口所带来的影响是对企业异质性理论进行拓展的方向之一。贸易自由化对产品的影响可以分为两个方面、两个维度。两个方面指的是企业的进口端和出口端，两个维度指的是产品质量和产品规模。

在以往的企业异质性模型中，我们仅考虑了企业间的异质性（主要是企业生产率的差别），并且大部分基于 Melitz（2003）的研究都将其研究样本锁定在出口企业，并未考虑贸易自由化对进口企业的影响。另外，现实情况中，不同企业间的产品也是存在差异的，例如联想电脑和戴尔电脑，虽然同为电脑生产厂家，但其所生产出来的具有同样硬件的产品也是有差别的，这说明产品的垂直差异主要来自于差异化产品间。产品质量作为一个很好的度量指标，开始被学者们所关注。以 Melitz（2003）为基础，Melitz 和 Ottaviano（2008）在此基础上加入了质量变量。Antoniades（2015）在以上研究的基础上加入了贸易成本，构建了更一般的均衡模型，为之后的研究提供了理论基础①。生产高质量的产品或者说出口高质量的产品，获益的不仅是本土企业，本国居民也将获益，从事生产的劳动者能获得更高的工资，消费者也能从中获得更多的收益（Verhoogen，2008；Crozet 等，2012；Manova 和 Zhang，2012）。贸易自由化所带来的影响不仅体现在产品的"质"上，"量"上的体现也是十分明显的。Bernard 等（2003）认为，一国贸易的增长可以分为集约边际（Intensive Margin）和扩展边际（Extensive Margin）两类。不仅一个国家的贸易增长可以分为两类，参与贸易的微观主体即企业也能将其进出口产品的增长分为集约边际和扩展边际，并且这对于从微观角度来考察贸易总体的动态变化是极为必要的（Bernard 等，2007）。下面，我们分别就有关贸易自由化对企业的进口端和出口端影响的文献进行梳理。

2.2.1 贸易自由化对企业进口端的影响

众所周知，关税水平下降能降低企业的生产成本，从而使其资源得以更优配置，早期的研究从生产率变动的角度对此进行了证明（Nickerson 和 Konings，2007；Bernard 等，2007；Goldberg 等，2010；Topalova 和 Kandelwal，2010；Muraközy 和 Halpern，2011；Kasahara 和 Lapham，2013；Yu，2015）。比如，Bernard 等（2007）的研究表明，企业通过进口贸易可以实现资源在企业间和企业内的优化配置。Goldberg 等（2010）强调企业在关税水平下降后，在选择生产投入

---

① Baldwin 和 Harrigan（2011）认为 Antoniades（2015）是目前唯一将质量竞争加入 MO（Melitz & Ottaviano）模型的研究。

品时能有更多选择，例如可以选择从更多的国家进口或进口质量更高、价格更便宜的产品来投入生产，这等于变相降低了企业的生产成本。Kasahara 和 Lapham（2013）认为，企业的异质性主要表现在生产率和运输成本上的差异，并在 Melitz（2003）模型的基础上加入了进口中间品投入，构建了一个新的异质性企业模型，该模型表明增加进口中间投入品的种类能提高企业的生产率。近期，学者们发现，关税水平下降不仅能使企业生产率获得提升，还能使企业获得更多种类以及更高质量的中间投入品。另外，Bas 和 Strauss – Kahn（2014）还发现，从最发达国家进口中间品所带来的企业生产率提高最明显。主要是因为从发达国家进口中间品和从发展中国家（地区）进口中间品的影响路径有所差异，若从发达国家进口中间品会因为质量和生产技术获得溢出效应而导致企业的生产率提高，从而使得企业产品的出口范围扩大。但从发展中国家进口中间品则会带来生产成本的下降，这将使得企业出口产品的种类增加。

近期，在产品层面数据可得后，关于贸易自由化对国内企业进口端的影响的研究才有所进展。李平和姜丽（2015）基于我国 1998～2012 年的省级面板数据发现，进口中间品贸易自由化程度加深能有效提升我国的技术创新水平。陈维涛等（2017）认为贸易自由化能显著提升高技术行业技术复杂度，但不利于中低技术行业技术复杂度的提升。林薛栋等（2017）通过合并 2000～2006 年中国工业企业数据和海关数据后发现，最终品贸易自由化会抑制企业创新，而资本品和中间品对企业创新有促进作用。通过借鉴 Khandelwal 等（2013）、Martin 和 Mejean（2014）的方法，施炳展和曾祥菲（2015）对我国进口产品质量进行了首次测算，发现我国企业的进口产品质量呈上升趋势，并指出质量指标不同于以往的单位价值、技术复杂度和企业创新等内容，是进一步观察进口贸易结构不可缺少的维度。随后，施炳展和张雅睿（2016）在此基础上，利用差分法（DID）识别出从事一般贸易企业和从事加工贸易企业在面对进口关税减免时的差异，其结论与施炳展和曾祥菲（2015）相一致，即从事一般贸易企业的进口中间品质量相较于从事加工贸易企业呈现出更强的上升趋势。余淼杰和李乐融（2016）的研究结论也与此一致。

2.2.2 贸易自由化对企业出口端的影响

与贸易自由化对企业进口端的研究较缺乏不同，学术界就贸易自由化对企业出口端的研究颇为丰富。早期关于贸易自由化的研究多集中在行业层面，Tybout 和 Westbrook（1995）、Head 和 Ries（1999）以及 Rossi 和 Ferreira（1999）分别对墨西哥制造业、加拿大制造业和巴西制造业在贸易自由化程度加深后的行业生产率进行了测算，发现在双边关税下降后，制造业行业的生产率均获得了提高。

随后，Melitz（2003）提出，贸易自由化程度加深会通过贸易伙伴数量增加、贸易成本（包括固定成本和可变成本）下降两个途径来影响企业的出口选择。Pavcnik（2002）用半参数方法测算了智利制造业企业的生产率，发现贸易自由化确实能促进企业内部生产率的上升。Bernard 等（2007）使用美国制造业企业的数据验证了贸易自由化对企业出口的影响，其结果表明，贸易自由化能降低企业的贸易成本，从而影响企业的出口决策和出口规模。Schor（2004）以及 Nickerson 和 Konings（2007）对巴西和印度尼西亚企业的研究也证实了贸易自由化能通过降低企业成本，进而使企业生产率获得提升。Fernandes（2007）发现，规模较大的企业更能从不断深化的贸易自由化中获益。Besedes 和 Nair–Reichert（2009）与 Bas（2012）分别利用印度和阿根廷制造业企业数据检验了贸易自由化对企业出口决策的影响，除了得出与 Bernard 等（2007）类似的结果外，还发现中间投入品关税下降能提高企业的出口强度与出口持续时间。Melitz（2003）曾指出，生产率较高的企业会选择进入出口市场。

我国在加入世界贸易组织（WTO）前后，其进出口双边关税均有大幅度的下降，贸易自由化程度得以迅速加深，这为我国的经济发展提供了良好的机遇，许多企业借此契机获得了进入国际市场的机会，借助不断降低的生产成本和加入国际市场后的"出口中学习"效应，企业生产率水平得到了较大提高。余淼杰（2010）利用我国 1998~2002 年工业企业数据库，从企业层面所做的研究证实了以上所述内容。但王恬和王苍峰（2010）使用世界银行提供的中国企业调查数据，得出了与之相反的结论。在将企业按贸易方式区分为一般贸易企业和加工贸易企业后，余淼杰（2011）发现，相对于一般贸易企业，加工贸易企业受关税的影响更大。田巍和余淼杰（2012）通过将 2000~2006 年中国工业企业数据库和海关数据库合并，分析了中间品关税下降对企业出口决策的影响，其结果表明，进口关税下降不仅能使企业使用更多的进口中间投入品，而且其使用成本也会降低，这会提高企业的出口强度①。毛其淋和盛斌（2013，2014）就贸易自由化对企业出口行为的影响做了大量研究，包括贸易自由化对我国制造业企业的进入和退出的影响、贸易自由化与企业出口动态以及出口持续时间和出口强度间的关系。

近年来，有关贸易自由化所带来的影响研究不再局限于企业生产率或者企业出口行为，逐渐有学者开始关注贸易自由化与劳动者工资和就业的关系（余淼杰和梁中华，2014；卫瑞和庄宗明，2015；毛其淋和许家云，2016）；贸易自由化与环境间的关系（邢斐和何欢浪，2011）；贸易自由化与产业集聚、产业升级的

---

① 出口强度＝出口额/销售额。

关系（邓慧慧，2009；周茂等，2016）。产品质量异质性作为对企业异质性理论的补充，近期才开始兴起。Verhoogen（2008）发现墨西哥货币贬值使其国家制造业行业出口企业的产品质量上升。这有可能是源自于关税下降后，新技术的引入所带来的R&D成本下降（Bustos，2011）。在Khandelwal（2010）提出的"质量阶梯"理论中，长质量阶梯行业即"同质性"行业中，价格可以作为质量的代理变量，而在短质量阶梯行业即"异质性"行业中，价格并不能很好地反映产品质量的信息，并认为质量阶梯会随着一国的R&D投入增加或能更有效地获取先进技术而发生改变。殷德生（2011）构建了包括国际贸易、企业异质性和产品质量的理论框架，并运用模型推导得出贸易自由化将通过成本效应、技术溢出和规模经济三个渠道对产品质量升级产生影响，但其并未用数据进行相应的验证。Baldwin和Harrigan（2011）认为，外资企业和内资企业在出口市场上的核心竞争力是不同的，其中，外资企业更多的是采取以产品质量为主导的出口模式，而内资企业则更多地集中在成本和价格方面。当然，企业产品质量所处的质量阶梯位置也会对企业所生产产品质量的提升有重要影响（Amiti和Khandelwal，2013；施炳展和邵文波，2014）。Amiti和Khandelwal（2013）的研究表明，离质量前沿越近的产品更容易获得关税下降所带来的好处。相反，关税下降不利于离质量前沿远的产品完成质量升级。这是因为新企业进入所带来的竞争会使得原本处于技术前沿的企业加大创新投入以弥补之前的技术创新支出；反之，距离技术前沿远的企业会因为新进入企业对其之前技术投入的侵蚀，而采取降低创新投入的策略，从而使其生产效率下降。施炳展等（2013）在对中国出口企业产品质量的分析中发现，从事一般贸易的出口企业其出口产品质量的上升趋势相对于从事加工贸易出口企业的上升趋势较低。李小平等（2015）以指数理论和价格分解模型为基础，研究了中国不同行业出口质量变动对其出口量的影响，研究发现，出口质量的提升在一定程度上能使中国出口贸易额获得增长，但其增长的主要原因是出口质量的提升能更好地匹配中低收入国家的需求偏好，并且出口数量的增加更多的是依赖纯价格指数的降低。

施炳展等（2013）对我国出口产品的质量水平进行了测算，发现不同行业、不同企业的出口产品质量水平变化存在差异。由于研究方法的不同，施炳展和邵文波（2014）所计算出来的我国出口产品质量呈上升趋势，而张杰等（2014）采用需求结构模型（DSM）计算出来的结果显示，我国出口产品质量水平呈"U"形变化。另外，施炳展和邵文波（2014）的研究还发现，研发投入和广告投入并不能提高出口产品质量，但生产效率提升、政府补贴增加和融资约束缓解以及市场竞争加剧可以有效提升企业出口产品的质量水平。那么，还有哪些因素会影响企业的出口产品质量呢？最低工资标准（许和连和王海成，2016）？环境管制（盛丹和张慧玲，2017）？还是另有其他？本书主要从企业生产过程入手，剖析企业进口投入对出口选择的影响，下面就此方面文献进行相应的梳理。

2.3 进口投入对企业出口选择的影响

最早关于进口中间品带来福利的研究是 Ethier（1982）和 Markusen（1989）。随后的研究表明，增加中间品投入种类将增加企业的全要素生产率（TFP）（Ethier，1982；Markusen，1989；Grossman 和 Helpman，1991；Kasahara 和 Lapham，2013；Bas 和 Strauss - Kahn，2014）。自 Melitz（2003）发现企业生产率与企业出口行为有关以来，各种针对企业出口行为的研究，以及对出口企业和非出口企业的对比研究层出不穷，但其研究视角仅为企业的出口端，并未考虑企业的进口端，也未就企业进出口端之间的关系进行综合考虑。

随着企业进口数据的逐渐可得，大部分研究发现进口中间投入品将提高企业生产效率（Kasahara 和 Rodrigue，2008；Brandt 等，2012），但这些都是从非直接途径所进行的研究，Smeets 和 Warzynski（2010）就影响的传导路径进行了实证分析。当然，也有学者就直接影响途径进行了分析，例如，Smeets 和 Warzynski（2010）对丹麦企业、Lööf 和 Andersson（2010）对瑞典企业以及 Bas 和 Strauss - Kahn（2014）对法国企业的研究均是从直接影响途径的角度入手的。另外，不同来源地的进口中间品对企业的影响也是不同的，Coe 和 Helpman（1995）以及 Bas 和 Strauss - Kahn（2014）均发现，从发达国家进口的中间品会由于进口产品中含有大量的技术以及进口所带来的 R&D 溢出，从而显著提高本国企业的生产效率（TFP）。钱学锋等（2011）、张翊（2015）和张杰等（2015）对我国企业的研究也证实了这一点。Muraközy 和 Halpern（2011）将进口中间品对生产率的提升作用总结为进口中间品质量高于国内生产投入品的质量机制和使用不同种类中间品可以创造"整体大于局部"的互补机制。

但仅从企业全要素生产率的角度入手，也就意味着其对生产中投入生产要素的前提假设是同质性的。众所周知，企业生产产品需要投入各种生产要素，之所以能生产出高质量的产品，不仅取决于企业所投入生产要素以及自身水平的高低，高技能的工人也能为企业带来先进的技术，提高研发水平亦能促进企业生产效率的提高（吴延兵，2008；戴觅和余淼杰，2012）；含有高技术、高质量的中间投入品也能使企业的产品质量获得提升（Kugler 和 Verhoogen，2011；Hallak 和 Sivadasan，2013；Bas 和 Strauss - Kahn，2015）。Nickerson 和 Konoings（2007）

就以印度尼西亚冰箱企业为例指出，中间品如压缩机的进口会伴随着先进技术的引进而促使冰箱的质量获得提升①。但 Nickerson 和 Konoings（2007）解决的仅是贸易自由化后，企业的生产率变动，并未考虑出口产品质量所受的影响。有学者验证了从发达国家进口中间品能使发展中国家获得先进技术，从而促进经济增长（Coe 和 Helpman，1995；Keller，2002）。并且高质量的中间进口品能通过提高企业的生产效率使企业的出口产品价格和质量获得提升（Kugler 和 Verhoogen，2011）。

Kugler 和 Verhoogen（2011）以及 Hallak 和 Sivadasan（2013）发现，若要生产高质量的产品则需要投入高质量的中间投入品。那么，究竟进口投入品通过何种渠道影响企业的生产决策？Martin 和 Méjean（2011）认为低成本竞争会使生产高质量产品的企业对资源进行重新配置，进一步优化并调整生产策略，以使产品总体质量水平获得提升。Amiti 和 Khandelwal（2013）也认同此观点，即进口产品所带来的竞争效应会促使企业提升产品质量，但这仅对那些离世界技术边界较近的企业有效。Bas 和 Strauss – Kahn（2014）研究了 1996~2005 年进口中间投入品对法国企业出口产品的影响，结果发现，企业增加 4 种进口中间品会使企业的 TFP 上升 2.5%；在控制住 TFP 这一非直接途径后，中间投入品种类增加 10%，企业的出口规模将上升 10.5%；增加 4 种新的进口中间品，能使企业的出口产品种类增加大约 2.7 种。他们认为进口中间投入品会通过直接途径和非直接途径对企业的出口产品造成影响。其中，非直接途径指的是进口中间投入品可以使企业的生产效率获得提升，从而抵消掉一部分出口固定成本；直接途径指的是低价格的中间投入品能提高企业进行出口行为的收益，并且通过引入进口中间投入品可使企业提供达到目的国技术要求的产品，而且通过进口中间品可以获得中间品出口国的人文信息、消费习惯以及交通网络等情况，这些都将降低企业的出口成本。当然，出口产品质量的提高有可能是出口固定成本的下降抑或是进口中间品质量的提升。Feng 等（2016）将企业的进口端和出口端联系了起来，发现随着企业的进口产品价值上升，企业的出口产品价格也会获得提升。但其将企业限定在加工企业（Processing Firm），因此并不能反映全貌。另外，仅从价格角度来衡量出口质量也是有失偏颇的，很可能是因为进口产品的价格高而导致企业生产成本升高，在面临同样的劳动力投入和资本投入的情况下，企业出口产品的价格必然会提高，但这并不能说明企业生产产品的质量也获得了提升。有学者将产品价格和产品质量分开进行分析。Kugler 和 Verhoogen（2011）假设消费者效用

---

① 通过进口高质量的中间品确实能提高最终产品的质量，Krueger（2004）在对墨西哥市场的研究中发现，将制冷压缩机由本国制造换成美国制造不仅使企业不再亏损，还成为了美国冰箱市场的最大供应商之一。

函数是替代弹性不变的（CES），并且企业的规模报酬是递增的，在此基础上，将企业生产的产品分出质量和数量两个维度，同时将企业的进口投入和出口选择联系起来，采用墨西哥1982~2005年制造业企业的数据对此进行了验证，结果表明，能力高的企业会投入高质量的投入品，卖出高价格且高质量的最终品。Manova和Zhang（2012）就多产品企业的质量进行了研究。发现企业会选择不同质量的投入品以生产出不同质量的最终品来满足消费者的不同需求。另外，进口关税的下降能使企业获得更多数量以及更高质量的中间投入品，而中间投入品所带来的先进技术产生了外溢效应，使得企业的产品质量获得了提升。

近年来，学者们开始关注我国企业进口品对出口产品的影响。Manova和Zhang（2012）以产品价格作为中间品质量的代理变量，利用我国2003~2005年的海关产品数据检验了多产品企业进口产品与出口产品质量间的关系，但其以产品价格作为代理变量的方法使得其结论还有待商榷。张杰等（2014）通过将企业分为仅有资本品进口、仅有中间品进口以及既有资本品进口又有中间品进口三类后，发现资本品和中间品的进口均能显著促进企业出口，但其观察的是企业的进出口额之间的关系，不能用来验证产品质量是否也存在进口引致出口的逻辑。随后，马述忠和吴国杰（2016）在施炳展和邵文波（2014）的基础上，将进口中间品分为了一般贸易中间品、来料加工以及进料加工中间品，其结果表明，一般贸易中间品进口不仅不能促进企业出口产品质量的提升，相反还存在抑制作用；来料加工和进料加工中间品的方式都能对企业出口产品质量带来促进作用，但由于对中间品采取进料加工方式的企业具有极强的目的性，因此进料加工的促进作用更强，并且其显著关系呈"U"形，即出口产品质量位于中上阶层的企业，采用进料加工中间品所带来的边际效应为正。李方静（2016）虽然检验了进口中间品对企业出口产品质量的影响，但其对质量的度量仍停留在产品价格，使得结论与事实有偏。李秀芳和施炳展（2016）验证了进口产品通过种类效应对我国企业出口产品质量的影响。刘海洋等（2017）的研究表明，进口中间品确实能提高出口产品质量水平。许家云等（2017）就"中间产品质量效应""产品种类效应"和"技术溢出效应"三种进口产品可能带来的影响进行了验证，并且还发现良好的地区制度环境更有利于企业利用中间品进口来提升其出口产品质量的水平。

Fajgelbaum等（2011）认为发展中国家里生产低质量产品的企业很难将自身产品打入发达国家市场。但随着进口关税的下降，中国的企业将有机会购进质量较高的中间投入品，以此来提升最终产品的质量，从而提高在出口市场中的竞争力（Bas和Strauss-Kahn，2015）。

2.4 简要评述

综上所述，可以看到，有关国际贸易的研究已逐步从宏观的国家层面转到中观的行业层面，再到微观的企业层面，现今更是转入更为微观的产品层面。产品作为贸易中的最小单位①，针对其的研究将有助于我们更好地理解国际贸易。虽然已有许多学者从产品层面进行了些许有益的探索，但还存在一些需要进一步加以完善和研究的地方。

首先，就进口贸易自由化对企业进口端的影响而言，在这两年出现的有关进口贸易自由化对企业进口产品质量提升的研究中，并未将企业异质性理论很好地融入其中，也没有深入地考察不同性质企业在面对进口关税下降时，其进口行为的差异。另外，现有研究仅考虑了进口贸易自由化对企业进口产品质量的影响，并未考察进口贸易自由化程度加深后，进口产品规模的变动情况。

其次，现有研究大多关注的是进口产品关税下降对企业生产率以及出口行为的影响，但并未考虑过出口关税变动对企业行为的影响。作为企业出口成本之一的出口关税水平，在我国加入世界贸易组织（WTO）前后得到了较大幅度的下降，这使得原本不能出口的企业也能进入国际市场，原本已在出口市场中的企业可以选择更多的贸易伙伴。显然，这是现有文献中缺乏的，需要加以拓展。

再次，就学界关注较多的企业进口产品质量和出口产品质量问题，虽已从最开始的价格替代法转而使用嵌套 Logit、IV 等方法进行了更贴近现实的测算，也控制了企业的各种异质性特征，但却忽略了对不同性质企业的差异影响分析。通过加入企业异质性指标与贸易自由化的交互项，我们可以获得一些有价值的结论。

最后，由于有关产品质量异质性的研究才开始兴起，大部分的学者将重心放在了对产品质量的度量上，忽视了进口关税水平下降对出口产品质量影响的路径分析。进口关税如何通过影响企业进口产品质量，进而对出口产品质量提升造成影响还需进一步的研究。

---

① 这里仅指货物贸易。

第 3 章 贸易自由化对企业进出口选择的影响机制研究

本章首先建立了模型的基本假设,其次从贸易自由化对企业进口投入、贸易自由化对企业出口选择以及企业进口投入对出口选择的影响机制进行了理论分析,为后面章节的实证研究提供了理论基础。

3.1 模型基本假设

将国外进口产品作为中间投入,企业的出口行为会发生相应的改变,这一过程需要在供求平衡的条件下实现,因此我们从需求和供给两个方面对此进行模型的基本假设。

首先,从消费者行为出发,假设消费者所能提供的劳动力为 L,可供消费者选择的产品分别来自于传统部门的产品 A 和制造业部门的产品 X,消费者对两类产品的消费偏好满足柯布-道格拉斯(C-D)假设,且对两类产品间满足不变替代效用,即消费者偏好满足 CES 假设,则消费者效用函数可以表示为:

$$U = C_A^{\phi_A} C_X^{\phi_X} \tag{3.1}$$

其中,$C_A^{\phi_A}$ 和 $C_X^{\phi_X}$ 分别表示消费者消费传统部门的产品 A,和消费制造业部门的产品 X,其消费数量分别为 C_A 和 C_X。ϕ_A 和 ϕ_X 为消费者消费传统产品和制成品的比例,且 $\phi_A + \phi_X = 1$。可以将 C_X 用 D-S 垄断竞争函数模型表示为:

$$C_X = \left[\int_{\omega \in \Omega} q(\omega)^{\frac{\beta-1}{\beta}} d\omega \right]^{\frac{\beta}{\beta-1}} \tag{3.2}$$

其中,$q(\omega)$ 为消费者消费 ω 的数量,ω 为消费者最终所消费的产品种类,β 为消费者消费制造品的替代弹性,且 $\beta > 1$。假设 $p(\omega)$ 为产品 ω 的价格,通过构建消费者效用最大化的拉格朗日方程可以得到产品 ω 的最优消费量:

$$q(\omega) = Q\left[\frac{p(\omega)}{P}\right]^{-\beta} \tag{3.3}$$

其中，Q 为消费指数，在市场出清的情况下，其等于最终品进口国消费者的需求 C_X。假设消费者对每一个国家的需求一样，则消费者对产品 ω 的支出为：

$$r(\omega) = R\left[\frac{p(\omega)}{P}\right]^{1-\beta} \tag{3.4}$$

其中，R 为消费者消费各种产品的总支出，则 $R = PQ = \int_{\omega \in \Omega} r(\omega) d\omega$ 代表一个国家的购买力水平。同样地，每个国家对最终品的消费指数也是相同的。

其次，假设生产者即厂商在生产产品时需要加入各种生产要素，其中包括国内中间品和国外进口中间品两类。假设企业间的差异体现在其生产率 φ 上，并且其进行生产需要支付两类成本，分别为固定生产成本 f_a 和可变生产成本 f_b，其中固定生产成本 f_a 包括厂房、设备等在短期内企业必须支付，且不能调整的生产要素和费用，例如劳动力工资水平 w；可变生产成本 f_b 包括企业在明确其生产率 φ 后，选择进入国际市场所需要付出的成本，如进出口关税水平 τ_t 和运输成本 γ 等。这里假设企业的生产率服从帕累托分布，则存在一个连续的累计分布函数 $G(\varphi)$，且 $G_\omega(\varphi) = 1 - \varphi^{-\zeta_\omega}$，$\zeta_\omega$ 为产品 ω 的异质性，ζ_ω 越大，说明产品 ω 越同质化，表明行业中的产出主要集中在规模小、生产率低的企业；反之，则异质性较强。企业生产成本可表示为：

$$f = f_a(w) + f_b(\varphi, \gamma, \tau_t) = \frac{w}{\varphi} q_{ii} + \frac{w \tau_t}{\varphi} q_{ij} \tag{3.5}$$

其中，q_{ii} 和 q_{ij} 分别表示 i 国企业内销产品的数量和出口到 j 国的产品数量。假设在开放经济条件下，企业可以选择进口和出口来实现其自身利润最大化，则其进口决策可以表示为 $d_m(\tau_m) \in [0, 1)$，当 $d_m = 0$ 时，表示企业投入生产的产品全部来自国内，而 $d_m = 1$ 表示企业投入生产的产品全部来自国外①；其出口决策可以表示为 $d_x(\tau_x) \in [0, 1]$，当 $d_x = 0$ 时，表示企业选择将其产品内销国内，而 $d_x = 1$ 表示企业将所有产品出口，属于完全外向型企业，τ_m 和 τ_x 分别表示企业所要面临的进口关税水平和出口关税水平，关税水平越高，带给企业的生产成本就越高，则其选择进口或出口的产品就越少。所以，可以将企业的进出口决策集合表示为 $d = [d_m(\tau_m), d_x(\tau_x)]$。则厂商最终的生产函数可以表示为：

$$q(\varphi, d) = \varphi L^\alpha \left[\int_0^1 x_0(c)^{\frac{\sigma-1}{\sigma}} d_j + d_m \int_1^N \mu_{ij} \times x(c)^{\frac{\sigma-1}{\sigma}} d_j\right]^{\frac{\sigma}{\sigma-1}(1-\alpha)} \tag{3.6}$$

其中，劳动力和中间投入品分别以 α 和 $1-\alpha$ 的份额投入最终品的生产。

---

① 由于企业生产产品的中间投入基本不会存在全部来自国外这一极端情况，所以其范围不包括 $d_m = 1$。

$x_0(c)$ 为国内生产的中间产品，$x(c)$ 为进口的中间产品。μ_{ij} 为不同国家间的技术转让系数，$\sigma > 1$ 表示两种中间投入品之间的替代弹性，N 为企业可以选择的国家个数。

根据利润函数 $\pi_{ij}(\varphi) = p_{ij}(\omega)q_{ij}(\omega) - f$，将式（3.3）、式（3.5）、式（3.6）代入其中，并使 $\pi_{ij}(\overline{\varphi}) = 0$，则可得出企业进入市场 j 的生产率门槛值：

$$\overline{\varphi}_{ij} = \lambda \left[\frac{f_{ij}}{Y_j}\right]^{\frac{1}{\sigma-1}} \frac{w \, \tau_t}{P_j} \tag{3.7}$$

其中，λ 为常数项，参照 Chaney（2008）提供的均衡价格指数：

$$P_j = \lambda \times Y_j^{\frac{1}{\zeta} \cdot \frac{1}{\sigma-1}} \times \theta_j \tag{3.8}$$

可将式（3.7）改写为：

$$\overline{\varphi}_{ij} = \left(f_{ij} \times \frac{\zeta\sigma}{\zeta - \sigma + 1} \times \frac{1}{1+\lambda}\right)^{\frac{1}{\zeta}} \left[\sum_{k=1}^{N} \left(\frac{Y_k}{Y_j}\right)^{\frac{1}{\zeta}} \left(\frac{\tau_{ij}}{\tau_{kj}}\right) \left(\frac{w}{w_k}\right) \left(\frac{f_{kj}}{f_{ij}}\right)^{\frac{\sigma-\zeta-1}{(\sigma-1)\zeta}}\right] \tag{3.9}$$

式（3.9）表明企业进入特定市场的生产率门槛主要与收入水平 Y、劳动力成本 w、关税水平 τ 和固定成本 f 有关。当进入国 j 国的收入水平较低，进入 j 国市场的可变成本和固定成本较高，即关税水平较高时，进入 j 国所需要企业达到的生产率门槛值 $\overline{\varphi}_{ij}$ 较高，说明企业向 j 国出口的产品较少；反之亦然。

同样地，将式（3.8）代入利润函数，可得特定市场的利润函数：

$$\pi_{ij}(\varphi) = f_{ij}\left(\frac{\varphi}{\overline{\varphi}_{ij}}\right)^{\sigma-1} - f_{ij} = \varphi^{\sigma-1}(\overline{\varphi}_{ij}^{1-\sigma} - \varphi^{1-\sigma})f_{ij} \tag{3.10}$$

由式（3.10）可知，企业进入特定市场所获利润的高低不仅取决于其自身生产率的高低，还取决于受进出口关税影响的进入市场生产率门槛的影响。结合式（3.7），表明企业在面临特定市场时，j 国进口关税或出口关税的上升会提高企业进出此市场所面临的生产率门槛，进而降低其所获利润。

上述为本书模型的基本假设，下面，我们依次从进口投入、出口选择和进口投入对出口选择的影响三个方面进行一一剖析。

3.2 贸易自由化对企业进口投入的影响机制分析

关税下降和非关税壁垒的减少都能为企业带来新的机遇，其影响企业进口的机制主要有四种，即成本机制、竞争机制、"干中学"机制以及产业关联机制。

在贸易自由化程度逐渐加深后，以前无法进口的产品或由于关税过高导致价格无法承受的中间品，都将能够被企业所获得，这主要是因为企业的固定成本下降,可以使企业获得更多的利润,从而能支付高质量产品进口的贸易成本导致的。当然,贸易自由化不仅单纯降低了进口产品的价格,其与国内产品的相对价格也降低了,使得国外高质量产品和国内产品间产生了替代效应。这样,原本只能在国内市场进行生产销售的企业开始有机会面对国际市场(Melitz,2003),这主要体现的是成本机制。

不可避免的是,随着贸易自由化的进一步深化,从事进口和出口业务的企业数量也将增多,同行业企业间的竞争也会愈加激烈。通常,进口高质量的中间品能使企业的出口产品质量获得提升,并且能出口到更高收入的国家,使其获得更多收益(Bastos 等,2014;许家云等,2017)。这样,越来越多的企业加入进口市场和出口市场中,行业内企业间的竞争程度也愈发增加。这将迫使企业进口更高质量的中间产品投入生产,从而获得更多的市场份额。因此,通过竞争机制将使得企业扩大进口中间品的投入。

"优胜劣汰"是亘古不变的真理,企业只有通过不断学习才能在行业中站稳脚跟。贸易自由化后,企业的固定成本和可变成本都将发生变化。其中,企业进口产品的成本下降属于固定成本的变动。通过进口产品带来的信息、技术等溢出效应,从而使其生产率得到提升,将使企业的可变成本下降。这一过程我们称之为"干中学"机制。可以肯定的是,通过"干中学"机制,贸易自由化对企业的进口投入有正向影响,既包括进口产品质量,也包括进口产品规模。

另外,某行业在贸易自由化后,其进口产品质量提升所带来的溢出效应,必将影响与其具有前向关联和后向关联行业中的企业,这种上下游溢出的效应可以称为产业关联机制。试想,对于处在与上下游关系密切的企业来说,在贸易自由化后,其上下游企业所进口的高质量产品必将对其生产带来影响,并且,此类影响往往是正向的。

贸易自由化对企业进口投入的影响机制如图3-1所示。

通过成本最小化问题计算,可得厂商会选择的最终品生产中所选取投入的进口品数量为:

$$x(c) = x = \frac{1}{\mu} \tau_m^{-\sigma} x_0 \qquad (3.11)$$

其中,σ 为替代弹性,τ_m 为进口关税水平。假设国内供给生产投入品的数量为 x_0,$\frac{1}{\mu}\tau_m^{-\sigma}$ 说明企业在选择进口投入时,不仅会考虑不同国家间的技术差异,进口关税也会影响其进口产品的数量,并且两者间存在负相关关系。从式(3.11)可知,替代效应 σ 增加,会使进口产品数量减少。这是因为当国外进口品不可替代性增强时,企业只能选择从国外进口产品,而当国内外企业所生产产品具有较

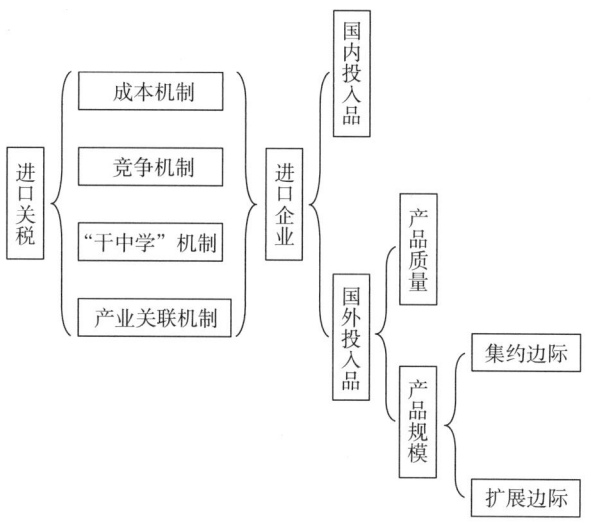

图 3–1　贸易自由化对企业进口投入的影响机制

强替代性时,企业往往会选择国内产品进行投入生产①。从式(3.9)和式(3.10)可知,进口关税下降,能使企业进入 j 国的生产率门槛降低,从而使更多企业进入 j 国市场的成本降低,进一步让其有更多的机会参与全球价值链,获得与其余国家企业合作的机会,这种通过成本机制和产业关联机制来影响企业进口行为的现象可以称之为国际市场获取效应。进口关税下降所带来的另一种效应为促进竞争效应。从式(3.10)中可以看到,除去进入特定市场的生产率门槛 $\overline{\varphi_{ij}}$ 外,企业的利润还受其自身生产率 φ 的影响。正如上文所述,$\overline{\varphi_{ij}}$ 下降后,越来越多的企业将有机会加入国际市场,这会导致市场中的竞争加剧,促使低生产率的企业退出市场,而高生产率的企业通过"干中学"机制,能进一步获得更高的利润。

3.3　贸易自由化对企业出口选择的影响机制分析

在 Melitz(2003)的研究框架中,依据自身生产率的不同,企业会选择是继续服务国内市场还是将产品出口至海外市场,虽然其开放条件下的均衡考虑了贸

---

① 这里假设同一产品内,国外产品质量优于国内产品。

易自由化的影响，但其落脚点是在其他国家的贸易自由化，本书主要关注的是本国贸易自由化水平变动对企业的影响。因此，本书综合 Melitz（2003）以及 Bernard 和 Jensen（2004）的理论框架，就本国贸易自由化对企业出口选择的影响进行分析。

首先，假设企业会依据利润最大化原则来进行出口选择，不考虑企业进入出口市场的成本，则企业 i 在时期 t 的出口利润可以表示为：

$$\pi_{it}(\varphi_{it},\tau_t) = p_t \times q_{it}^* - c_{it}(\varphi_{it},\tau_t | q_{it}^*) \tag{3.12}$$

其中，p_t 表示出口产品价格，q_{it}^* 表示产品均衡数量，$c_{it}(\cdot)$ 表示生产成本，φ_{it} 表示企业全要素生产率（TFP），τ_t 表示关税水平即贸易自由化程度①。

由于关税水平处于一直变动状态，所以企业的成本函数也会有相应调整，这意味着企业当期的产出会影响下一期的成本，即

$$c_{it} = c_{it}(\varphi_{it},\tau_t,q_{it-1}^* | q_{it}^*) \tag{3.13}$$

$$且 \frac{\partial c_{it}(\cdot)}{\partial q_{it-1}^*} \neq 0 \tag{3.14}$$

如此，则企业下一期的出口行为会受到当期的影响。那么，企业的多期动态利润净现值可以表示为：

$$V_{it}(\cdot) = \max_{\{q_{it}^*\}}(\pi_{it} \times Y_{it} + \delta E_t[V_{it+1}(\cdot) | q_{it}^*]) \tag{3.15}$$

其中，δ 表示贴现率，Y_{it} 表示企业出口决策，当 $\pi_{it} \geq 0$ 时，取值为 1，否则为 0。当满足式（3.16）时，企业会选择在 t 期出口，即 $Y_{it} = 1$。

$$\pi_{it} + \delta E_t[V_{it+1}(\cdot) | q_{it}^* > 0] > \pi_{it} \times Y_{it} + \delta E_t[V_{it+1}(\cdot) | q_{it}^* = 0] \tag{3.16}$$

其次，我们考虑存在进入出口市场成本的情况，则企业的单期最大化利润可表示为：

$$\tilde{\pi}_{it}(\varphi_{it},\tau_t,q_{it-1}^*) = p_t(\varphi_{it},\tau_t) \times q_{it}^* - c_{it}(\varphi_{it},\tau_t,q_{it-1}^* | q_{it}^*) - N \times (1 - Y_{it-1}) \tag{3.17}$$

其中，N 表示企业的进入成本，若企业在 $t-1$ 期有出口行为，则 $Y_{it-1} = 1$，则企业在 t 期不再需要支付进入成本 N，并且在 $\tilde{\pi}_{it} > 0$ 时，企业会选择出口。在多期情况下，企业将选择一个产出序列 $\{q_{is}^*\}_{s=t}^{\infty}$，则企业的多期利润净现值可以表示为：

$$V_{it}(\cdot) = \max_{\{q_{it}^*\}}(\tilde{\pi}_{it}(\varphi_{it},\tau_t) \times [q_{it}^* > 0] + \delta E_t[V_{it+1}(\cdot) | q_{it}^*]) \tag{3.18}$$

当满足式（3.19）时，企业 i 会选择在时期 t 出口。

$$\tilde{\pi}_{it}(\varphi_{it},\tau_t) + \delta(E_t[V_{it+1}(\cdot) | q_{it}^* > 0] - E_t[V_{it+1}(\cdot) | q_{it}^* = 0]) > c_{it} + N \times$$

---

① 为了便于推导，这里统指关税水平，在实证中表示每个产品的关税水平。

第3章 贸易自由化对企业进出口选择的影响机制研究

$(1-Y_{it-1})$ (3.19)

Pavcnik（2002）、Femandes（2007）以及余淼杰（2011）的研究均表明，贸易自由化程度的加深会通过竞争效应提高本国企业的生产率水平，即 $\frac{\partial \varphi_{it}}{\partial \tau_t} < 0$。由 Melitz（2003）可知，企业出口利润净现值与企业生产率呈正相关关系，即 $\frac{\partial \Pi_{it}(\cdot)}{\partial \varphi_{it}} > 0$，其中，

$$\partial \Pi_{it}(\cdot) = \tilde{\pi}_{it}(\varphi_{it}, \tau_t) + \delta(E_t[V_{it+1}(\cdot) | q_{it}^* > 0] - E_t[V_{it+1}(\cdot) | q_{it}^* = 0])$$
(3.20)

由此可得，$\frac{\partial \Pi_{it}(\cdot)}{\partial \tau_t} < 0$，即关税水平下降、贸易自由化程度加深能促使企业出口利润获得提升，而这种利润的提升既可能来自出口产品价格的变动（p_t），也可能来自出口产品数量的变动（q_{it}）。

3.4 企业进口投入对出口选择的影响机制分析

企业在生产过程中不仅需要投入资本和劳动力，中间投入品的作用也十分重要，并且还能在一定程度上与投入资本形成替代关系（赖明勇等，2005）。借鉴 Kasahara 和 Rodrigue（2008）包含进口中间品的生产函数，我们可以将其与进口关税和企业出口端联系起来，具体如下：

$$Y_{it} = e^{\varepsilon_{it}} X_{it}^{\alpha} \left[\left(\int_0^{N(d_{it})} M(m_{it} | \tau_t)^{\frac{\sigma-1}{\sigma}} dm \right)^{\frac{\sigma}{\sigma-1}} \right]^{\beta}$$
(3.21)

其中，ε_{it} 表示企业 i 在时期 t 受到的生产冲击；X_{it}^{α} 表示除进口投入品外的其余生产要素；$M(m_{it} | \tau_t)$ 表示企业在进口关税水平 τ_t 下的进口投入品；$N(d_{it})$ 表示进口投入品种类，d_{it} 为企业 i 在时期 t 的进口投入品决策，且 $d_{it} \in \{0, 1\}$，当 d_{it} 取 0 时，表示不进口投入品，当 d_{it} 取 1 时表示从国外进口投入品；σ 为进口投入品的替代弹性，满足 $\sigma > 1$。另外，$\alpha + \beta = 1$，α 和 β 分别表示相应生产要素的投入份额。

假设各进口投入品满足对称条件，则可得：

$$Y_{it} = e^{\varepsilon_{it}} X_{it}^{\alpha} N(d_{it})^{\frac{\beta}{\sigma-1}} M_{it}^{\beta}$$
(3.22)

假定全要素生产率为 $A_{it} = \frac{Y_{it}}{X_{it}^{\alpha} M_{it}^{\beta}}$，则式（3.22）可改写为：

$$\ln A_{it} = \frac{\beta}{\sigma - 1} \ln N(d_{it}) + \varepsilon_{it} \tag{3.23}$$

从式（3.23）可以看出，进口投入品的数量与企业全要素生产率呈正相关关系，大部分研究也证实了此现象（Kasahara 和 Rodrigue，2008；Brandt 等，2012）。而 Melitz（2003）的结论已经告知我们，只有生产率较高的企业才会选择出口。据此，可初步将企业的进出口端行为相联系。

进一步地，借鉴张杰等（2014）和 Feng 等（2016）的研究，假设企业 i 的出口与产出间存在如下关系：

$$Export_{it} = \theta_{it} Y_{it} \tag{3.24}$$

其中，θ_{it} 表示企业 i 在时期 t 的出口产出比①。将式（3.22）代入式（3.24）中，可得：

$$\ln Export_{it} = \ln \theta_{it} + \alpha \ln X_{it} + \frac{\beta}{\sigma - 1} \ln N(d_{it}) + \beta \ln M(m_{it} \mid \tau_t) + \varepsilon_{it} \tag{3.25}$$

从式（3.25）可以看出，进口关税会通过影响进口投入品，进一步对企业的出口行为产生影响。

3.5　本章小结

借鉴已有的研究成果，本章从贸易自由化对企业进口行为、贸易自由化对企业出口行为以及贸易自由化通过企业进口端进而对其出口端的影响进行了简单的机制分析，为本书后续的实证检验提供了理论基础。

---

① 出口产出比 = 出口额/产出额。

第4章 主要指标构建及数据说明

本章给出实证部分所需关键指标的测算方法,主要包括贸易自由化、企业异质性、出口产品质量及规模、进口产品质量及规模等指标的测算,并就本书所使用的数据及处理过程进行简要说明,为后几章的实证部分提供数据基础。

4.1 贸易自由化指标构建

关于贸易自由化指标的度量,根据研究对象的不同,学界分别提出了相应的方法。早期对贸易自由化的度量采用的是行业进口渗透率指标[①](Harrison, 1996;Beyer 等,1999;余淼杰,2010),但这一指标并不能准确地反映出一国或地区某行业的贸易自由化水平,尤其是那些在贸易方面经历过重大改革的国家(毛其淋,2013)。随后,部分学者采用加权方法从行业层面和企业层面进行度量,有借助投入产出表构建权数重新计算投入品关税指标的(毛其淋,2013),也有以生产要素投入的比重作为权数的(Nickerson 和 Konoings,2007;Bas 和 Strauss – Kahn,2015),还有采用企业出口占比作为权数的(陈雯和苗双有,2016)。针对产品层面的贸易自由化度量,一般直接使用产品关税作为代理指标(余淼杰和李乐融,2016)。考虑到行业间和企业间的差异,一些学者摒弃了对贸易自由化进行量化的做法,以我国加入 WTO 这一自然实验为基础,构建相应的实验组和控制组进行双重差分(DID)分析,来判别贸易自由化与我国劳动收入份额(余淼杰和梁中华,2014)、企业创新活动(田巍和余淼杰,2014)、产业升级(周茂等,2016)以及制造业行业就业(毛其淋和许家云,2016)的关系。

本书所使用的贸易自由化指标有产品和企业两个层面,均基于产品微观层面

---

① 进口渗透率 = 行业进口额/行业总产出。

的关税数据。其中,产品层面的贸易自由化指标使用 Trains 和 IDB 数据库的"国家—产品"层面进出口关税水平 $tariff_{ijct}^{imp}$ 和 $tariff_{ijct}^{exp}$。

采用关税水平来构建产品层面的贸易自由化指标确实是目前较好的一种方法。但企业层面的贸易自由化指标不能是简单的产品关税加总。有学者指出,产品关税变化有可能会带来该产品使用量的内生改变,即国家会对急需发展的行业或需要依靠外商投资来促使发展的行业实施更低的关税,这样会促使企业进口更多产品(Brandt 等,2012)。余淼杰和袁东(2016)使用企业在初始年份的产品出口份额作为权数,既考虑了企业的异质性,又控制了由关税下降可能带来的企业出口选择的内生性问题。因此,本书企业层面的贸易自由化指标使用以企业初始年份进出口贸易信息作为权数,具体如下:

$$free_{it}^{imp} = \sum_j \left[\left(\frac{X_{i,j,initial\_year}^{imp}}{\sum_j X_{i,j,initial\_year}^{imp}} \right) \sum_c \left(\frac{X_{i,j,c,initial\_year}^{imp}}{\sum_c X_{i,j,c,initial\_year}^{imp}} \right) tariff_{ijct}^{imp} \right] \quad (4.1)$$

$$free_{it}^{exp} = \sum_j \left[\left(\frac{X_{i,j,initial\_year}^{exp}}{\sum_j X_{i,j,initial\_year}^{exp}} \right) \sum_c \left(\frac{X_{i,j,c,initial\_year}^{exp}}{\sum_c X_{i,j,c,initial\_year}^{exp}} \right) tariff_{ijct}^{exp} \right] \quad (4.2)$$

其中,式(4.1)和式(4.2)分别表示企业进口的贸易自由化指标和出口的贸易自由化指标。$tariff_{ijct}$ 是 t 时期企业 i 从国家 c 进口或出口到国家 c 的产品 j 的关税水平,其前面的两个权数 $\frac{X_{i,j,initial\_year}}{\sum_j X_{i,j,initial\_year}}$ 和 $\frac{X_{i,j,c,initial\_year}}{\sum_c X_{i,j,c,initial\_year}}$ 分别为企业 i 在初始年份进口/出口产品 j 占其所有进口/出口产品的比重①,和企业 i 在初始年份从国家 c 进口产品 j 占其进口产品 j 的总量的比重或企业 i 在初始年份出口产品 j 到国家 c 占其出口产品 j 的总量的比重。

4.2 企业异质性指标构建

自 Melitz(2003)提出企业异质性理论以来,大量以此理论为基础的研究层出不穷。对于企业异质性的定义也从最初单一的全要素生产率,到企业规模、企业所有制等各个方面。本书主要从企业全要素生产率、企业规模、企业所有制性质以及企业年龄四个方面来考察企业异质性。

---

① 这里需要说明三点,一是进出口产品所占比重使用进出口额来衡量,下同;二是文中的"初始年份"指的是"企业—产品"对以及"企业—进口来源国/出口目的国—产品"对的初始年份;三是这里不需要考虑贸易方式这一影响维度,因为受到关税影响仅为一般贸易企业。

目前关于企业全要素生产率（TFP）的计算方法有 FE、OP、LP、GMM 等，学术界暂未形成统一的结论（Beveren，2012）。由于使用 C－D 生产函数结合 FE 的方法计算 TFP 时往往不能解决内生性问题，并且会导致有效信息量的损失，Pakes 和 Olley（1995）选择将企业投资作为代理变量解决了该问题，但对于投资额为 0 的样本在 OP 方法中不能被估计，Levinsohn 和 Petrin（2003）使用工业增加值作为因变量，解决了 OP 方法存在的问题，但不能有效地处理样本选择性偏差问题（熊瑞祥等，2015），由于工业企业数据库中企业进入和退出的现象较普遍，因此样本选择的问题相对更加重要（聂辉华和贾瑞雪，2011）。因此，本书使用 OP 方法来计算 TFP。

本书的企业规模指标以企业工业总产值占行业总产值的比重来衡量，计算前已按 PPI 指数以 1998 年为基期进行了调整。本书的样本共分为四类不同所有制性质企业，分别为国有企业、中外合资/合作企业、外商独资企业和集体/私营企业。

在本书样本的观察期内，所有企业都面临着我国加入 WTO 这一外生事件所带来的冲击，经验越足的企业往往更能抓住机遇不断壮大自己，而经验缺乏的企业有可能毫无准备而导致市场份额下降，甚至被迫退出市场。此时，企业所拥有的累积经验就显得尤为重要。但现有数据中鲜有关于企业累积经验的具体数值，学者们大多采用企业年龄（Barkai 和 Levhari，1973）、累积总投资（Sheshinski，1967）、累积总产量（Levitt 等，2013）、累积总产值（陈艳莹等，2012）等作为代理变量来衡量企业累积经验。累积投资虽然能囊括企业新技术投入带来的生产率增长，但在现实经济中，也有企业没有新增投资，其生产率却依然增长；累积总产量确实能较准确地代表企业累积经验，但本书使用的中国工业企业数据库中没有企业产量数据。因此，我们采用企业年龄作为累积经验的代理变量。

4.3 企业进出口产品质量指标构建

最早对产品质量进行测量的是 Berry（1994），其采用了嵌套 Logit 模型，综合考虑了消费者在水平和垂直两个方向上的偏好。随后，Goldberg（1995）以及 Irwin 和 Pavcnik（2004）在其基础上进行了拓展。早期学者均采用价格作为产品质量的代理变量（Schott，2004；Hallak，2006；殷德生，2011），仅从产品价格来测度产品质量将有失偏颇，Garvin（1984）就从八个角度对质量的构成进行了分析，如产品耐用性、安全性等产品客观特征，抑或产品发展历史、广告效应等社会性特征，再或消费者从产品中获得的心理满足效用提升等都会对产品的质量造成影响。并且以产品价格来代理产品质量还会导致一定内生性，在全球价值链日益深入的今天，价格高并不一定意味着质量高，同理，价格低也并不一定代表质量低。另外，以价格来代替产品质量还存在以下不足：①不能反映产品生产过程中成本的变动（Khandelwal，2010）；②不能反映行业间的异质性（Antoniades，2015；Feng 等，2016）；③未考虑不同企业所生产的同一种产品间的差异（Bas 和 Strauss–Kahn，2015）。Khandelwal（2010）发现，单从价格入手来观察两国产品的差异会忽略生产要素价格以及运输成本和关税的不同所带来的影响，从而使得两国出口至同一国家的产品在价格上存在差异，但这并不能说明两者质量存在差异。事实上，消费者购买高价格产品的行为并不能看作是消费者效用函数的最优解，不同消费者的效用函数将导致其做出购买选择后的效用收益存在差别。因此，Khandelwal（2010）认为在长质量阶梯（Long Quality Ladder）的市场中，产品价格可以很好地反映产品质量，而在短质量阶梯（Short Quality Ladder）的市场中，产品价格并不能很好地作为产品质量的代理变量，并且在此市场中，"质量等于价格"假设的缺陷会更加明显。只有在给定企业产出的情况下，产品价格和质量的选择才是同时的（Antoniades，2015）。同样地，若采用价格作为中国企业产品质量的代理变量，也会存在同样的问题，即不能有效地剔除其余影响因子，中国出口产品的低价格可能是因为中国低廉的劳动力成本而不是低质量。

因此，学者们就产品质量的度量逐步提出更符合现实的方法，最常见的一种方法是在 CES 效用函数基础上，将质量引入其中，因为消费者的效用不仅取决于消费的产品数量，还取决于消费的产品质量（Hallak 和 Schott，2011；Baldwin 和 Harrigan，2011；Hallak 和 Sivadasan，2013；Piveteau 和 Smagghue，2013）。Hallak 和 Schott（2011）将价格分解成质量和调整质量后的价格。Baldwin 和 Harrigan（2011）在一般均衡模型和比较优势的框架下，运用 CES 效用函数，构建每种产品的质量模型，研究发现，距离也是影响企业出口产品质量的因素之一。Hallak 和 Sivadasan（2013）认为产品价格包含了成本信息、市场定价信息以及质量信息，若单纯用单位价格作为质量的代理变量，将会产生偏差，因此，需要将质量从价格中分离出来。Piveteau 和 Smagghue（2013）以企业所面临的商品汇率波动为工具变量，重新计算了法国企业的出口产品质量。针对中国企业出口产品质量的测算不多，殷德生（2011）测算的是加入世界贸易组织后与中国有贸易往来的国家间，行业层面的出口产品平均质量。施炳展等（2013）在 Hallak 和 Sivadasan（2009）的基础上构建了质量内生决定理论模型，分析了质量异质性对企业贸易行为的影响。随后，施炳展和邵文波（2014）探讨了影响企业出口产品质量的因素，认为企业效率的提升以及市场竞争的增强能促进出口产品质量的提升。张杰等（2014）使用 DSM 计量模型框架，并借鉴 Piveteau 和 Smagghue（2013）的研究思路，采用企业中间产品进口国的真实汇率作为企业出口产品价格的工具变量，解决了产品价格和产品需要间的内生性问题。

以上是关于企业出口产品质量的测算。施炳展和曾祥菲（2015）以 Kandelwal 等（2013）以及 Martin 和 Mejean（2014）的理论框架为基础，构建了我国企业进口产品质量测算的框架。余淼杰和李乐融（2016）以及赵春明等（2017）分别借鉴 Khandelwal（2010）以及 Kugler 和 Verhoogen（2011）的模型，从消费者效用入手，利用中国海关数据库测算了进口产品质量。

现有研究已为本书提供了很好的基础，但还存在些许问题，诸如：①现有研究在测算产品质量时所考虑的维度不够，仅考虑了"企业—产品—出口目的国/进口来源国—年份"四个维度（Khandelwal 等，2013），并未考虑贸易方式的维度。我们知道，从事加工贸易①与从事一般贸易的企业在生产方式，比如生产要素选择、销售渠道、营销方式等方面存在一定差异，这会影响企业的生产决策进而影响企业选择投入生产的进口产品质量或者出口产品质量。②市场势力代表着一个企业在市场中的定价能力即话语权，我们知道，如果企业处于买方市场，那么企业对于其所进口的产品具有话语权；如果企业处于卖方市场，那么企业对于其所出口产品的定价具有定价权。但已有研究大多未考虑企业的市场势力。③现有研究在进行出口产品质量的测算时，并未考虑出口目的国的特征，试想一下，若一国居民自身的收入不能消费其所进口的产品，企业也就不可能将高质量、高价格的产品出口到此国家，因此，出口目的国的人均 GDP 水平也需纳入已有产品质量测算框架。

本书参考 Hallak 和 Sivadasan（2009）、施炳展（2013，2015）的做法，构建产品质量内生决定模型，从供给和需求两个方面构建模型，最终求得产品质量。结合上述描述的现有研究中存在的问题，我们在其基础上进行了相应的调整：①在测算进出口产品质量时，加入贸易方式维度，以"企业—产品—出口目的国/进口来源国—年份—贸易方式"为一个唯一识别样本；②考虑每个企业的市场势力不同，这将影响一个企业的市场份额，从而使得市场势力大的企业有足够的能力获得更大的利益，因此，我们将企业的市场势力加入测算方程中；③我国出口到世界各地的产品质量会因为出口目的国人均 GDP 的不同而存在差异，人均消费水平高的国家往往购买力更强。但在我国企业的进口端不会出现此种情况，因此，我们仅在企业出口产品质量的测算方程中加入了出口目的国的人均 GDP 水平。具体的进出口产品质量测算过程如下。

---

① 这里包括来料加工和进料加工。

从产品需求角度出发，消费者的效用水平不仅取决于产品数量，还取决于产品质量，假定消费者的效用函数满足 CES 效用函数形式，则消费者的效用函数可表示为：

$$U = \left[\sum_j (\lambda_j q_j)^{\frac{\sigma-1}{\sigma}} \right]^{\frac{\sigma}{\sigma-1}} \tag{4.3}$$

其中，λ_j 和 q_j 分别表示消费者消费产品 j 的质量和数量，$\sigma > 1$ 表示不同产品种类间的替代弹性，相应的价格指数可以表示为：

$$P = \sum_j p_j^{1-\sigma} \lambda_j^{\sigma-1} \tag{4.4}$$

则消费者对产品 j 的消费数量可以表示为：

$$q_j = p_j^{-\sigma} \lambda_j^{\sigma-1} \frac{E}{P} \tag{4.5}$$

其中，E 为消费者支出。式（4.5）表明消费者对产品 j 的消费量既取决于产品 j 的价格 p_j，还取决于产品 j 的质量 λ_j。

从产品供给角度出发，我们将企业的生产成本分为固定成本和可变成本，分别表示如下：

$$FC(\lambda, \xi) = FC_0 + (f/\xi)\lambda^{\alpha} \tag{4.6}$$

$$MC(\lambda, \varphi) = (c/\varphi)\lambda^{\beta} \tag{4.7}$$

其中，f 和 c 分别表示企业固定投入和可变投入的单位价格，$\alpha > 0$ 和 $\beta > 0$ 表示企业生产产品的质量越高，其固定成本和边际成本也越高。ξ 和 φ 分别刻画企业的固定成本异质性和边际成本异质性。

根据以上的企业需求函数和成本函数，通过利润最大化，可以得到产品质量表达式：

$$\lambda(\varphi, \xi) = \left[\frac{1-\beta}{\alpha} \left(\frac{\sigma-1}{\sigma} \right)^{\sigma} \left(\frac{\varphi}{c} \right)^{\sigma-1} \frac{\xi}{f} \frac{E}{P} \right]^{\frac{1}{\alpha'}} \tag{4.8}$$

其中，$\alpha' = \alpha - (1-\beta)$，并且 $(\sigma-1) > 0$，$0 < \beta < 1$，$\alpha > \alpha'$ 即企业的产品质量取决于企业的生产效率、固定投入效率和市场规模。

通过对式（4.5）取对数，可得：

$$\ln q_j = \chi_j - \sigma \ln p_j + \varepsilon_j \tag{4.9}$$

其中，$\varepsilon_j = (\sigma-1)\ln\lambda_j$，因此，产品 j 的质量 λ_j 可以表示为：

$$quality_j = \frac{\hat{\varepsilon}_j}{\sigma-1} \tag{4.10}$$

其中，χ_j 表示可能会影响产品产量的其余因素，诸如地理距离、国家发展情况、企业市场势力等。结合上文的数据处理过程，我们进行产品层面质量测算的样本为：企业出口端有 143946 家企业，共出口 2797 种产品到 145 个国家，共 7127890 个观测值；企业进口端有 113347 家企业，共从 184 个国家进口 2763 种产品，共 4596351 个观测值。本书对企业进出口产品质量的测算方程分别为式（4.11）和式（4.12）：

$$\ln q_{ijcmt}^{imp} = \alpha_1 \ln p_{ijcmt}^{imp} + \alpha_2 \ln marketpower_{ijcmt}^{imp} + \alpha_3 dist_{ijcmt}^{imp} + \alpha_4 \mathrm{mode}_m^{imp} + \alpha_5 inst_{it} + \alpha_6 year_t^{imp} + \varepsilon_{ijcmt}^{imp} \quad (4.11)$$

$$\ln q_{ijcmt}^{exp} = \alpha_1 \ln p_{ijcmt}^{exp} + \alpha_2 \ln gdpp_{ct}^{exp} + \alpha_3 \ln marketpower_{ijcmt}^{exp} + \alpha_4 dist_{ijcmt}^{exp} + \alpha_5 \mathrm{mode}_m^{exp} + \alpha_6 inst_{it} + \alpha_7 year_t^{exp} + \varepsilon_{ijcmt}^{exp} \quad (4.12)$$

其中，i、j、c、m、t 分别表示企业、产品、进口来源国/出口目的国、贸易方式、年份。$\ln q_{ijcmt}^{imp}$ 和 $\ln q_{ijcmt}^{exp}$ 分别表示企业的进口产品数量和出口产品数量。$\ln p_{ijcmt}^{imp}$ 和 $\ln p_{ijcmt}^{exp}$ 分别表示企业进口产品价格和出口产品价格。$inst_{it}^{imp}$ 和 $inst_{it}^{exp}$ 分别表示企业 i 在 t 年所处地区的制度水平。$\ln gdpp_{ct}^{exp}$ 表示出口目的国的人均 GDP 水平。$dist_{ijcmt}$ 表示我国与贸易伙伴的地理距离。mode_{ijcmt} 表示企业 i 在 t 年进口或出口产品 j 到国家 c 的贸易方式。$marketpower_{ijcmt}^{imp}$ 表示出口到中国的企业其市场势力的大小，即中国企业 i 在 t 年以 m 的贸易方式从国家 c 进口的产品 j 占中国从世界进口产品 j 的比重。$marketpower_{ijcmt}^{exp}$ 表示中国出口企业市场势力的大小，即中国企业 i 在 t 年以 m 的贸易方式出口到国家 c 的产品 j 占国家 c 从世界进口产品 j 的比重。具体如式（4.13）、式（4.14）所示。

$$marketpower_{ijcmt}^{imp} = \frac{\mathrm{Imp}_{ijcmt}^{China}}{\sum^{world} \mathrm{Imp}_{jt}^{China}} \quad (4.13)$$

$$marketpower_{ijcmt}^{exp} = \frac{Exp_{ijcmt}^{China}}{\sum^{world} \mathrm{Imp}_{jct}} \quad (4.14)$$

由于价格和市场势力之间存在互为因果的关系，并且还可能存在价格的测量误差，因此，我们借鉴 Piveteau 和 Smagghue（2013）对法国出口企业出口质量进行测算时所采用的方法，选取进口国和出口国的真实汇率作为价格的工具变量。具体如下：

$$\ln q_{ijcmt}^{imp} = \alpha_1 \widehat{\ln p}_{ijcmt}^{imp} + \alpha_2 \ln marketpower_{ijcmt}^{imp} + \alpha_3 dist_{ijcmt}^{imp} + \alpha_4 \mathrm{mode}_m^{imp} + \alpha_5 inst_{it} + \alpha_6 year_t^{imp} + \varepsilon_{ijcmt}^{imp} \quad (4.15)$$

$$\widehat{\ln p}_{ijcmt}^{imp} = \beta_1 \overline{\ln exchang_{ict}^{imp}} + \beta_2 \ln marketpower_{ijcmt}^{imp} + \beta_3 dist_{ijcmt}^{imp} + \beta_4 \mathrm{mode}_m^{imp} + \beta_5 inst_{it} + \beta_6 year_t^{imp} + \eta_{ijcmt}^{imp} \quad (4.16)$$

其中，$\overline{\ln exchang_{ict}^{imp}}$ 为企业 i 在 t 年面临的进口国家 c 的平均汇率。企业出口端则可表示为：

$$\ln q_{ijcmt}^{exp} = \alpha_1 \widehat{\ln p}_{ijcmt}^{exp} + \alpha_2 \ln marketpower_{ijcmt}^{exp} + \alpha_3 dist_{ijcmt}^{exp} + \alpha_4 \mathrm{mode}_m^{exp} + \alpha_5 inst_{it} + \alpha_6 year_t^{exp} + \varepsilon_{ijcmt}^{exp} \quad (4.17)$$

$$\ln \hat{p}_{ijcmt}^{\exp} = \beta_1 \overline{\ln exchang_{ict}^{\exp}} + \beta_2 \ln marketpower_{ijcmt}^{\exp} + \beta_3 dist_{ijcmt}^{\exp} + \beta_4 \mathrm{mode}_m^{\exp} + \beta_5 inst_{it} +$$
$$\beta_6 year_t^{\exp} + \eta_{ijcmt}^{\exp} \qquad (4.18)$$

其中，$\overline{\ln exchang_{ict}^{\exp}}$ 为企业 i 在 t 年面临的出口国家 c 的平均汇率。

参照施炳展等（2013）的做法，在对式（4.15）至式（4.18）进行回归后，式（4.15）和式（4.17）的残差项即分别为进口产品质量和出口产品质量。将得出的产品质量采取标准化处理以消除量纲，使得其可以进行下一步的实证分析。具体如式（4.19）、式（4.20）所示。

$$squality_{ijcmt}^{imp} = \frac{quality_{ijcmt}^{imp} - \min quality_{ijcmt}^{imp}}{\max quality_{ijcmt}^{imp} - \min quality_{ijcmt}^{imp}} \qquad (4.19)$$

$$squality_{ijcmt}^{\exp} = \frac{quality_{ijcmt}^{\exp} - \min quality_{ijcmt}^{\exp}}{\max quality_{ijcmt}^{\exp} - \min quality_{ijcmt}^{\exp}} \qquad (4.20)$$

其中，$\min quality$ 和 $\max quality$ 分别表示某一 HS 六位码层面产品在所有年份、所有进出口国层面、所有贸易方式、所有企业进出口产品质量的最小值和最大值，经过标准化后，所有质量指标都位于 [0, 1]，且不再有度量单位，可以进行相应的计算。类似地，借鉴企业层面贸易自由化指标的度量方法，引入企业初始年份进出口贸易信息为权数，可以得到企业层面的进出口产品质量指标。与施炳展和邵文波（2014）提出的度量方法不同的是①，本书的度量方法能更好地将进口来源国/出口目的国信息以及产品异质性信息综合至企业层面产品质量指标。具体度量方法如下。

$$fquality_{it}^{imp} = \sum_j \left[\left(\frac{X_{i,j,initial\_year}^{imp}}{\sum_j X_{i,j,initial\_year}^{imp}} \right) \sum_c \left(\frac{X_{i,j,c,initial\_year}^{imp}}{\sum_c X_{i,j,c,initial\_year}^{imp}} \right) squality_{ijct}^{imp} \right] \qquad (4.21)$$

$$fquality_{it}^{\exp} = \sum_j \left[\left(\frac{X_{i,j,initial\_year}^{\exp}}{\sum_j X_{i,j,initial\_year}^{\exp}} \right) \sum_c \left(\frac{X_{i,j,c,initial\_year}^{\exp}}{\sum_c X_{i,j,c,initial\_year}^{\exp}} \right) squality_{ijct}^{\exp} \right] \qquad (4.22)$$

其中，权数 $\frac{X_{i,j,initial\_year}}{\sum_j X_{i,j,initial\_year}}$ 和 $\frac{X_{i,j,c,initial\_year}}{\sum_c X_{i,j,c,initial\_year}}$ 的具体含义与企业层面贸易自由化指标一样，在此不再赘述。

---

① 施炳展和邵文波（2014）所提出的计算企业层面产品质量方法，采用的是以企业占某一层面样本集合比重作为权重：$TQ = \frac{v_{imt}}{\sum_{imt \in \Omega} v_{imt}} \times squality_{imt}$，其中 Ω 表示某一层面的样本集合，比如外资企业整体、中间投入品整体等。

第4章 主要指标构建及数据说明

4.4 企业进出口产品规模指标构建

从字面上看,产品规模指的是企业所生产的产品数量,早期的研究大多集中在产品数量上。实际上,出口产品规模的增长应既包括出口产品数量的增减,也应包括出口金额的变化。随着国际贸易的蓬勃发展,企业不仅能获得相较以往更便宜、更有技术含量的投入品,其销售所面临的市场也不再局限于国内,能获取更多的国外市场。在此基础上,学者们提出了二元边际的概念,将贸易的增长分为集约边际(Intensive Margin)和扩展边际(Extensive Margin)。

一般认为,集约边际指的是现有出口企业和现有出口产品在数量上的扩张,扩展边际指的是出口目的国、出口企业、出口产品种类的增加。就研究视角来说,可以从国家层面、企业层面、产品层面三个层面来测算二元边际。在国家层面上,Felbermayr 和 Kohler(2006)、Helpman 等(2008)将集约边际定义为已有贸易关系中贸易额的变化,将扩展边际定义为出口国与新的国家所建立贸易关系数目的变化。Besedes 和 Prusa(2010)在此基础上,增加了贸易关系持续时间对集约边际的影响。在企业层面上,集约边际被定义为现有出口企业出口额的变化,扩展边际被定义为出口企业进入新的市场、新出口企业数量的变动以及企业出口产品种类的增减(Melitz,2003;Bernard 等,2007)。在产品层面上,集约边际表示的是产品贸易额的变化,扩展边际表示的是产品种类的变化。

Bernard 等(2007)认为,二元边际的度量不能仅从一个层面进行,还需要综合国家、企业、产品三个层面的信息。陈勇兵等(2012)利用中国海关数据库测算了"企业—产品"维度的二元边际,盛斌和吕越(2014)以及张杰和郑文平(2015)分别利用 UN comtrade 的国家双边产品贸易数据和中国海关数据库测算了"产品—国家"层面的二元边际。将三个层面结合起来测算二元边际的研究并不多,彭国华和夏帆(2013)、张杰和郑文平(2015)以及黄远浙等(2017)从"国家—企业—产品"视角分析了企业生产率、政府补贴和外资与企业出口二元边际的关系。但现有研究仅测算了企业出口的二元边际,还未有对企业进口的二元边际进行的研究。

结合已有研究,本书利用中国海关数据库,从"国家—企业—产品"层面将企业的进出口规模定义为企业进口的集约边际与扩展边际,以及出口的集约边际与扩展边际。目前,学术界对"二元边际"的测算还未达成共识,部分学者将集约边际定义为贸易额的变化(Amiti 和 Freund,2010),将扩展边际定义为产品种类的变化（Eaton 和 Kortum，2002）；还有学者认为扩展边际是一年中企业出口的产品—国家关系对的数量，集约边际是一年中企业出口的产品—国家关系对的平均出口额（康志勇，2015）；Hummels 和 Klenow（2005）提出的 HK 指数，将集约边际和扩展边际定义为出口额比重①。本书主要考察的是关税水平变动后，企业进出口规模的变化情况，因此，我们将进口的集约边际定义为企业从老市场进口老产品的进口额，进口的扩展边际定义为企业从老市场进口新产品的进口额、企业从新市场进口老产品的进口额以及企业从新市场进口新产品的进口额②。

$$Growth_{it}^{imp} = \overbrace{(V_{i,j,c,t}^{imp} - V_{i,j,c,t-1}^{imp})}^{intensive} + \overbrace{(V_{i,\tilde{j},c,t}^{imp} + V_{i,j,\tilde{c},t}^{imp} + V_{i,\tilde{j},\tilde{c},t}^{imp})}^{extensive} \quad (4.23)$$

其中，i 代表企业，t 代表时间。式（4.23）第一项代表企业进口的集约边际，为企业 t 时期从国家 c 进口产品 j 与 $t-1$ 时期的贸易差额。第二项代表企业进口的扩展边际，$\tilde{j}$ 和 $\tilde{c}$ 分别代表新进口产品和新进口来源国。

将出口的集约边际定义为企业出口老产品到老市场的出口额，出口的扩展边际定义为企业出口新产品到老市场的出口额、企业出口老产品到新市场的出口额以及企业出口新产品到新市场的出口额。

$$Growth_{it}^{exp} = \overbrace{(V_{i,j,c,t}^{exp} - V_{i,j,c,t-1}^{exp})}^{intensive} + \overbrace{(V_{i,\tilde{j},c,t}^{exp} + V_{i,j,\tilde{c},t}^{exp} + V_{i,\tilde{j},\tilde{c},t}^{exp})}^{extensive} \quad (4.24)$$

其中，i 代表企业，t 代表时间。式（4.24）第一项代表企业出口的集约边际，为企业 t 时期出口产品 j 到国家 c 与 $t-1$ 时期的贸易差额。第二项代表企业出口的扩展边际，$\tilde{j}$ 和 $\tilde{c}$ 分别代表新出口产品和新出口目的国。

---

① Hummels 和 Klenow（2005）提出的 HK 指数为：$IN_{jt} = \dfrac{\sum_{i \in I_{cjt}} V_{cit}}{\sum_{i \in I_{jt}} V_{rit}}$；$EX_{jt} = \dfrac{\sum_{i \in I_{cjt}} V_{rit}}{\sum_{i \in I_{jt}} V_{rit}}$，其中，$IN_{jt}$ 为集约边际，EX_{jt} 为扩展边际，V_{cit} 为 t 年我国产品 i 出口到世界的出口额，V_{rit} 为其他国家出口产品 i 到世界的出口额，I_{cjt} 为我国 j 行业在 t 年出口到世界的产品种类集合，I_{jt} 为所有国家或地区的 j 行业在 t 年出口到世界的产品种类集合，c 和 r 分别表示我国和世界其他国家或地区。

② 这里需要说明三点：一是若选择进出口产品数量作为二元边际的度量基本单位，则无法平衡单价低但贸易量大的商品与单价高但贸易量小的商品，因此，选择贸易额是相对较好的方法。二是与张杰和郑文平（2015）选择"产品—国家"对为观测单元不同，我们不需要考虑企业出口目的国或出口产品种类信息的变化。三是与行业层面二元边际的分解不同，本书的样本企业初始年份不全在 2000 年，所以会导致样本跨度有限，另外，如果采用多年判别法，将无法度量加入 WTO 所带来的影响。因此，本书采取一年参照法。

第4章 主要指标构建及数据说明

4.5 数据说明

本书所使用的数据较多,既有微观层面的产品、企业数据,也有宏观层面的行业、国家数据,下面就本书的数据来源和处理做进一步说明。

4.5.1 数据来源及简单处理

本书研究的主题是在贸易自由化的背景下,企业层面产品的进出口选择,因此所选用的数据既包括宏观层面,也包括微观层面。具体来说,宏观层面的数据包括世界各国的人均 GDP 水平,其中各国 GDP 数据来自 Penn World Table 9.0①,各国人口数据来自世界银行的 WDI 数据库(世界发展指数)②;还包括各省制度水平,本书以樊纲的中国市场化指数作为代理变量;另外,还有各国间的距离数据,来自 CEPII 的 GeoDist 数据库;当然,还有用于进行价格调整的各国汇率数据,来自 IMF 的 International Financial Statistics 数据库③。

微观层面的数据库主要有中国工业企业数据库、中国海关数据库、产品层面的关税数据库、产品层面的国家间贸易数据库,以及 WIOT(世界投入产出表)将不同数据库进行合并的编码转换表和进行分组回归的数据分类规则表。

其中,中国工业企业数据库的时间跨度为 1998~2007 年,由国家统计局统计,数据主要源于样本企业提交给当地统计局的季报和年报汇总。使用此数据库所进行的有关研究已非常之多,所使用的样本有些许差异,但都差别不大。本书所使用的原始样本观测值共 2224380 个,合 576143 家企业。该数据库包含了中国全部国有及规模以上非国有工业企业样本(在使用区间内,规模以上指的是企业年主营业务收入在 500 万元及以上),该数据库既包括了工业总产值、工业销售产值、固定资产年平均余额等指标,还包含了企业销售利润、销售收入、总资产等财务指标。参照聂辉华等(2012)的方法,我们剔除了总产出、中间投入、资本存量以及工业增加值缺失、负值以及零值的样本,剔除了从业人员小于 8 或缺失以及不符合会计原则的样本。尽管做了如上处理,但仍然存在异常值,需进一步剔除异常值带来的影响(聂辉华等,2012)。我们借鉴 Cai 和 Liu (2009)、

---

① http://www.rug.nl/ggdc/productivity/pwt/.
② http://data.worldbank.org/data-catalog/world-development-indicators.
③ http://data.imf.org/?sk=5DABAFF2-C5AD-4D27-A175-1253419C02D1&sId=1409151240976.

Bai等（2009）、周云波等（2015）的方法，剔除了企业实收资本小于或等于0的样本，并剔除了关键指标的极端值（前后各1%），最终保留两位数行业13~41的制造业行业。

本书所使用中国海关数据库的时间跨度为2000~2006年，此数据由中国海关总署统计，所记录的是HS六位数分类的产品层面月度进出口数据，主要包括以下三个方面的信息：①基本贸易信息：HS八位数代码、数量、总价值（美元度量）、贸易单位、进口或出口以及单位价值（贸易额除以产品数目）；②贸易方式信息：原产国或起运国以及途径国信息，进出口模式即加工贸易或一般贸易，运输方式即陆运、海运或空运；③进出口企业信息：企业名称、10位数的企业代码、企业所在地代码、企业电话、邮政编码、总经理姓名以及企业性质（国有企业、中外合资/合作企业、外商独资企业、集体/私营企业）。为了处理方便，我们将月度数据加总到年度层面，并将HS八位数产品合并至HS六位数层面①，包含企业进口和出口产品观测值52844335个，314824家企业。在剔除所有变量的缺失值以及数量和单位价值为0或负数的观测值后，保留了311033家企业，共计51906404个观测值，其中进口端20193235个观测值，涵盖5145种产品，217750家企业，出口端31713169个观测值，涵盖5104种产品，240210家企业。

产品层面的关税数据由UNCTAD的Trains数据库和WTO的IDB数据库合并而成②，其中，Trains数据库所覆盖的年份为1996~2001年、2003~2011年；IDB数据库所覆盖年份为2001~2011年，本书取两个数据库的并集，结合上述两个微观数据库，最后所选时间跨度为2000~2006年。另外，产品统计标准涵盖了HS1996与HS2002，为了方便统计及与其他数据合并，将产品统计口径统一为HS1996版本。在数据整理过程中，我们发现来自Trains和IDB的关税数据在国家代码和关税年份上有统计失误，例如，本该为代码的地方显示为文字、本该为国家名字的地方显示为关税年份。对此，我们从联合国粮食及农业组织上提供的联合国国家代码进行逐一调整③。此外，对于数据中伙伴国定义为"Unspecified""Free Zones"的观测值予以剔除。最后，得到中国出口到158个国家的5751种产品，共计1528117个观测值，以及中国从202个国家进口的5377种产品，共计637235个观测值的HS六位数产品层面关税数据。

---

① 之所以将产品划分到HS六位数，有以下两个原因：一是产品层面的关税数据只到HS六位数；二是相应的编码转换表最多只到HS六位数。

② 这两个数据库的数据可在联合国贸易和发展会议下属的WITS（世界贸易整合数据库）中获得，http://wits.worldbank.org/default.aspx。

③ http://www.fao.org/countryprofiles/iso3list/zh。

第4章 主要指标构建及数据说明

产品层面的国家间贸易数据来自于 UN Comtrade① 数据库，时间跨度为 2000~2006 年，产品统计口径为 HS 六位数 1996 版。最后，得到中国从世界进口 5071 种产品，共计 34501 个观测值，以及 174 个国家从世界进口 5131 种产品，共计 4275397 个观测值的数据库。WIOT（世界投入产出表）的数据来自于 WIOD（世界投入产出数据库），共包含 28 个欧盟国家和其余 15 个非欧盟国家，时间跨度为 2000~2014 年，所有价格均以 IMF 提供的汇率数据进行价格平减。

另外，还有将样本进行分组的标准，如对产品进行的分类，Rauch（1999）在 SITC4 产品编码基础上区分异质产品和同质产品的分类标准：SITC4 - Rauch②；Lall（2000）按产品技术划分为初级品、资源品、低技术品、中技术品和高技术品的分类标准：HS96 - Lall③；按生产阶段划分为资本品、中间品和消费品的 BEC（Broad Economic Classification）分类标准④；还有世界银行按收入标准将国家划分为低收入国家、中低收入国家、高中收入国家、高收入国家。⑤ 最后，为了将以上所有数据进行合并，还需要用到一些编码转换表，具体包括：HS02 - HS96、HS96 - SITC3、SITC3 - SITC4、HS96 - BEC⑥、ISIC_R3 - NACE_R1、ISIC_R3 - SITC_R3⑦、SITC3 - GB02⑧；当然，还有联合国粮农组织提供的国家代码表⑨。

4.5.2 数据合并处理

为了将以上数据库进行合并，我们从海关数据库入手，先将所有产品代码按 HS02 - HS96 转换表统一为 HS 六位数 1996 版，然后按 HS96 - SITC3 转换表以及盛斌（2002）提供的 SITC3 - GB02 转换表，保留行业代码 13~41 的制造业行业⑩。接下来，以联合国粮农组织提供的国家代码为准将各国 GDP、人口、地理距离、汇率数据并入，以 HS1996 为准，将产品关税数据和产品贸易数据并入。以世界投入产出表为基础，将所计算出来的进口品完全消耗系数在经过 ISIC_

---

① http://comtrade.un.org/data.
② http://www.tradesift.com/about - ts/productGroups/pg_rauch.aspx.
③ Lall S. The Technological structure and performance of developing country manufactured exports, 1985 - 1998 [J]. Oxford Development Studies, 2000, 28 (3): 337 - 369.
④ https://unstats.un.org/unsd/cr/registry/regcst.asp? Cl = 10&Lg = 1.
⑤ https://data.worldbank.org/country.
⑥ 此四个转换表来自于 UNSD：https://unstats.un.org/unsd/cr/registry/regdnld.asp? Lg = 1。
⑦ 此两个转换表来自于 EUROSTAT：http://ec.europa.eu/eurostat/ramon/relations/index.cfm? TargetUrl = LST_REL&StrLanguageCode = EN&IntCurrentPage = 8。
⑧ 盛斌. 中国对外贸易政策的政治经济分析 [M]. 上海：三联书店，2002：517 - 529.
⑨ http://www.fao.org/countryprofiles/iso3list/zh.
⑩ 这里指的制造业行业是按 GB/T 4754—2002 标准执行的。

R3-NACE_R1 以及 ISIC_R3-SITC_R3 转换后并入。另外，为了保证产品质量测算结果的准确性，剔除出现频率小于 100 的产品以及"企业—来源国—产品—贸易方式"维度出现频率少于两年的样本。不同编码间的转换关系如图 4-1 所示。

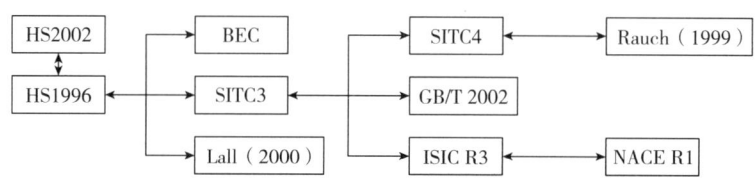

图 4-1　各编码转换表间的关系

资料来源：作者整理。

由于海关数据库中的企业编码为十位数，而中国工业企业数据库中的企业编码为九位数，无法直接进行合并，参照田巍、余淼杰（2013）和 Yu（2015）的做法，首先按企业的名称和年份匹配，其次按企业所在地的邮政编码和电话号码进行匹配①，最后将市场化程度指标按省份并入。

4.6　本章小结

借鉴已有研究，本章前半部分主要给出了实证部分所需主要变量的度量方法，为后续的实证分析提供了数据基础。后半部分对本书所使用的数据进行了简要说明，并对数据初步处理过程进行了相应的描述。本书所使用的计量软件为 Stata15.0。

---

① 感谢北京大学杨汝岱、中国社会科学院工业经济研究所许明、清华大学李艳提供的帮助。

第5章 进口贸易自由化对企业进口投入的影响研究

在已有的理论基础上,借助第4章所做的数据处理工作,本章就异质性企业在贸易自由化背景下的进口投入进行分析,主要从进口产品质量和进口产品规模(集约边际和扩展边际)两个方面进行细致讨论。

5.1 引言

作为我国经济增长"三驾马车"之一的进出口贸易,在我国经济的发展中一直占据着重要地位。我们知道,一国关税水平的高低会直接影响该国企业在国际市场中的份额,进口关税水平下降能大大减少企业生产中所需支付的可变成本,另外也能让国内企业从进口产品中学习和掌握先进的技术和管理水平。最早关于进口中间品能带来福利的研究是 Ethier(1982)和 Markusen(1989),随后在此基础上的研究均表明,进口品关税降低能使国内企业获得更多种类和更高价格的进口中间品,通过学习效应其生产效率会进一步获得提升(Grossman 和 Helpman,1991;Feenstra 等 1992;Kasahara 和 Rodrigue,2008)。Nickerson 和 Konoings(2007)曾提出,若进口中间品的质量改进大于价格变动,则国内进口此中间品的企业将获得生产效率的提升。

改革开放以来,我国经济取得了快速发展,进出口贸易在其中的作用功不可没。但受限于我国现处的经济发展阶段,一些关键零部件和机器设备相对不足,选择从国外进口高质量的产品既可促进我国技术水平的提高,又可促进产品链的延伸,进而推进产业升级。在施炳展和曾祥菲(2015)对我国进口产品质量进行测算后,余淼杰和李乐融(2016)以及施炳展和张雅睿(2016)发现,贸易自由化会促进企业进口中间品质量水平的提升,并且与加工贸易相比,从事一般贸易的企业所进口产品的质量水平上升幅度更高。

但上述研究均缺乏从企业异质性角度来分析进口关税下降后，我国不同性质企业进口产品质量水平的差异。另外，在进口贸易自由化程度加深后，企业进口产品的规模如何变动也鲜有研究。下面，我们首先就 2000～2006 年我国进口产品关税水平、进口产品质量和进口产品规模的变动情况进行统计描述。其次基于企业异质性理论，就进口关税水平变动后，我国不同性质企业的进口产品质量和进口产品规模的变动情况进行实证分析。

5.2 进口贸易自由化与企业进口投入的变动情况

正如第 3 章第 1 节所述，自加入 WTO 以后，我国实行了关税的大幅度削减，进口战略也从之前的强调以进口满足国内生产需求为主，转为进口多元化和扩大先进技术进口为主。进出口总额从 2000 年的 4742.9 亿美元上升到了 2015 年的 39530.3 亿美元，其中进口额从 2000 年的 2250.9 亿美元上升到了 2015 年的 16795.6 亿美元，2000 年进口额所占比重为 47.46%，2015 年的进口比重占 42.49%[①]，从一个侧面说明了我国部分商品已经实现了国内生产代替进口。本节主要就进口关税水平下降后，我国进口产品质量的变化进行相关分析。首先，我们从进口关税水平的变动和进口产品质量以及进口产品规模（集约边际和扩展边际）等几个方面进行相应的统计描述。

5.2.1 进口贸易自由化的变动情况

在本书选取的样本期间(2000～2006 年)内，进口关税的变动如图 5-1 所示。

从图 5-1 可知，2000～2006 年，进口产品关税水平呈下降趋势，从 2000 年的 16.38% 下降至 2006 年的 9.22%，下降幅度为 43.71%，说明此期间我国的贸易自由化水平在不断提升。可以看到，在我国加入世贸期间，关税下降幅度尤为明显。从 2001 年的 15.37% 下降至 2002 年的 11.78%，下降幅度达到了 23.36%。从 2005 年开始，进口关税的下降幅度开始趋于平缓，这是因为 2005 年为我国承诺加入 WTO 后大幅降税的最后一年[②]。另外，图 5-1 中还显示了进口关税的标准差变动情况，逐渐下降的趋势说明不同行业、不同产品间的进口关税差异在不断缩小，进口关税标准差从 2000 年的 10.21% 下降至 2006 年的 6.35%，降幅高达 37.81%。

---

① 相关年份的《中国统计年鉴》。
② http：//www.china.com.cn/news/txt/2009-12/16/content_19074830.htm。

第5章 进口贸易自由化对企业进口投入的影响研究

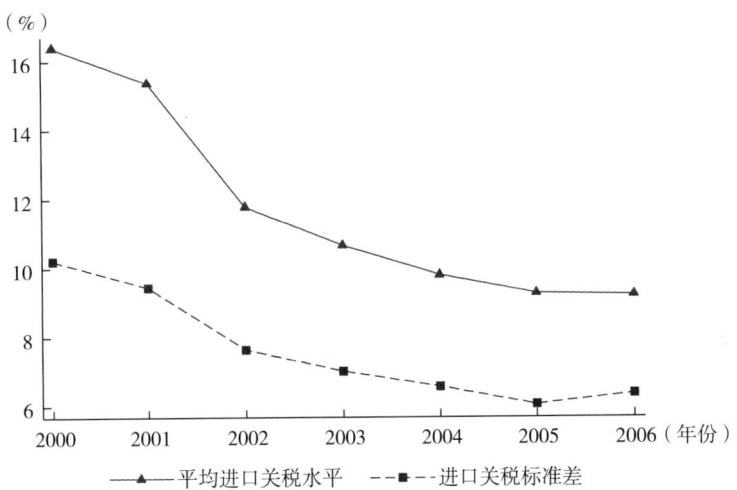

图 5-1 2000~2006 年我国进口产品关税变化趋势

资料来源：作者根据 UNCTAD 的 Trains 数据库、WTO 的 IDB 数据库整理。

接下来，我们采用核密度估计方法对 2000~2005 年我国进口产品关税的变化趋势做进一步分析①。具体如图 5-2 所示。

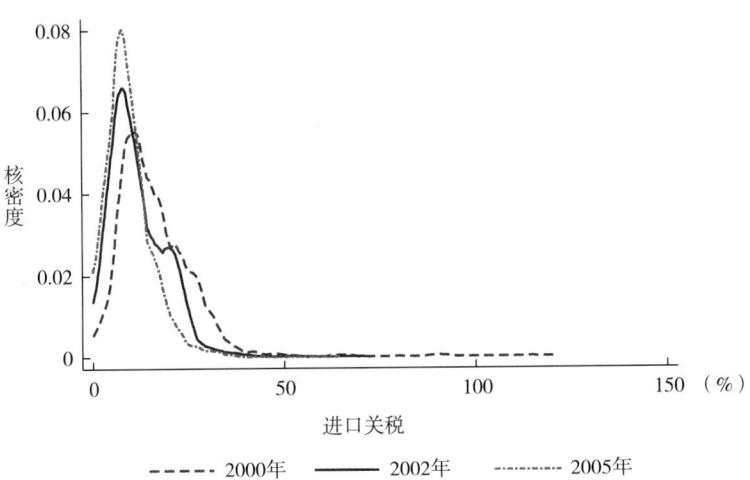

图 5-2 我国进口产品关税核密度估计曲线

资料来源：作者根据 UNCTAD 的 Trains 数据库、WTO 的 IDB 数据库整理。

---

① 这里之所以未选 2006 年，是因为 2005 年为我国承诺加入 WTO 后大幅降税的最后一年，因此观察 2005 年的情况即可。

从图 5-2 可以看到，进口关税的核密度估计曲线由 2000 年的"矮胖型"变为 2002 年的"高瘦型"，说明我国在进入 WTO 之前，其进口产品关税水平进行了较大幅度的调整；2002~2005 年，核密度曲线的宽度变化不大，但 2005 年曲线的高度增幅较大，说明我国在进入 WTO 后，在单一的减少进口关税水平的同时，还注意不同行业间关税水平的差异。可以看出，从 2000~2005 年，我国进口产品关税水平既经历了大幅下降，另外行业间的进口关税水平差异也在逐步缩小，这与图 5-1 的结果一致。

上述分别从国家和产品两个层面分析了我国进口关税水平的变动情况，那么企业所面临的贸易自由化变动又会是怎样的呢？按照第 4 章第 2 节的企业层面贸易自由化水平计算方法，我们可以得到进口贸易自由化水平。同样，我们这里采用的是核密度估计方法，具体如图 5-3 所示。

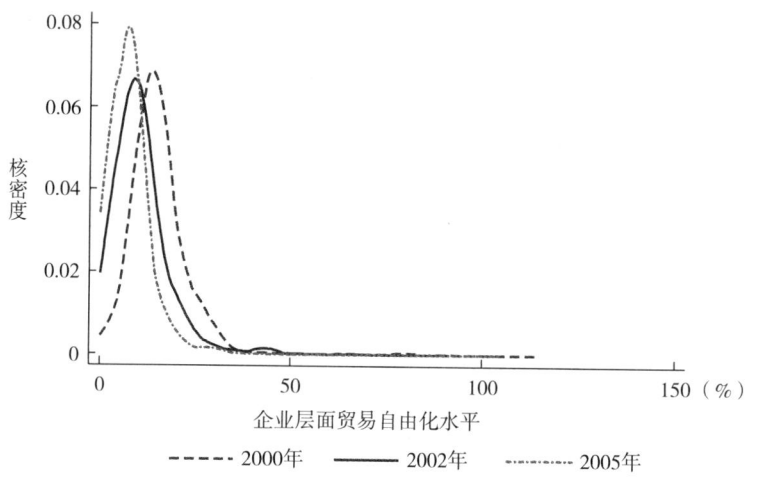

图 5-3 我国企业进口贸易自由化水平核密度估计曲线

资料来源：作者根据中国海关数据库、UNCTAD 的 Trains 数据库、WTO 的 IDB 数据库整理。

我们可以发现，企业所面临的贸易自由化水平变动更加明显，从 2000~2005 年，核密度曲线不断向左移动，表明企业面临的贸易自由化水平在提升。再来看三条曲线的波峰高度，其中 2000 年和 2002 年的高度变化不大，而 2005 年核密度曲线波峰的高度有明显上升，再一次说明了我国在"入世"后，进口关税水平在不同行业间的差异在逐步缩小。那么，行业间的这种差距是否在缩小呢？图 5-4 为分行业的进口关税水平。

第5章 进口贸易自由化对企业进口投入的影响研究

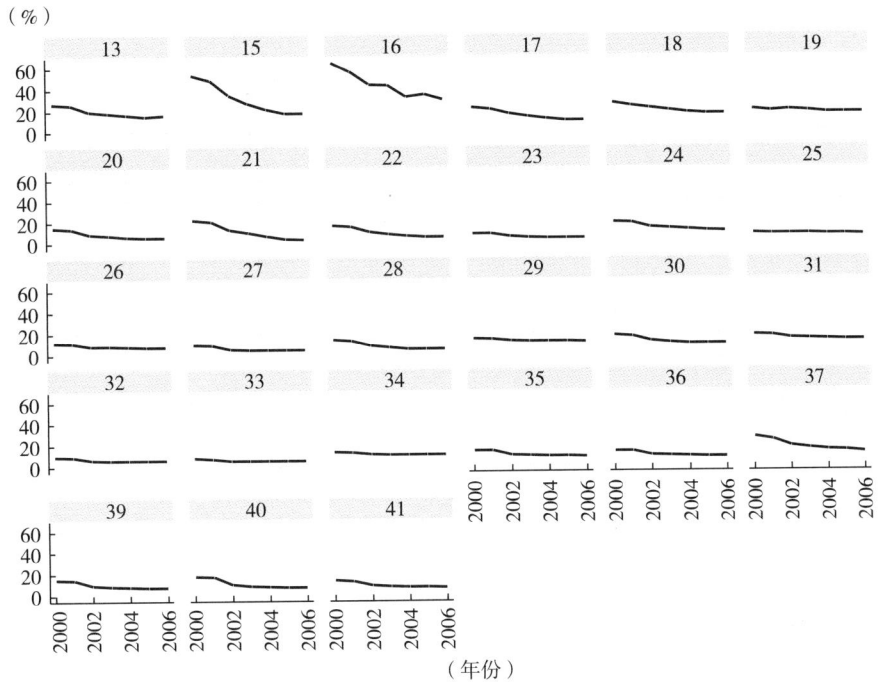

图5-4 分行业进口关税水平变化趋势①

注：行业分类标准为 GB/T 4754—2002。Graphs by gb2002。
资料来源：作者根据 UNCTAD 的 Trains 数据库、WTO 的 IDB 数据库整理。

从图5-4可以看出，行业15（饮料制造业）和行业16（烟草制造业）②所面临的进口关税下降幅度是最大的，其中，饮料制造业的进口关税水平从53.61%下降至17.63%，烟草制造业的进口关税水平从65%下降至30.04%。其余行业也有不同程度的下降，例如，与2000年相比，2006年行业17（纺织业）下降幅度为56.36%，行业18（纺织服装、鞋帽制造业）下降幅度为39.89%，行业21（家具制造业）下降幅度高达84.22%，行业22（造纸及纸制品业）下降幅度为65.96%，行业27（医药制造业）下降幅度为54.36%，行业39（电气机械及器材制造业）下降幅度为50.4%，行业40（通信设备、计算机及其他电子设备制造业）下降幅度为57.74%，行业41（仪器仪表及文化、办公用机械制造业）下降幅度为48.93%。可以看出，下降幅度较大的行业大部分为劳动密集

---

① 为了方便后文数据配对，我们将行业13（农副食品加工业）和行业14（食品制造业）合并为一个行业。
② 一直以来，烟草行业都属于国家垄断行业。

型行业和技术密集型行业,这也与当初国家制定"十五"计划和"十一五"规划的初衷相符,即加大对高技术产品的进口。资本密集型行业的进口关税由于在"入世"前就基本处于较低水平,所以在"入世"后的变化不大。另外,虽然各行业在2000年时的进口关税水平相差较大,但我们可以发现,到2006年,这种差距已经得到了大幅度的缩小。

以上的分析表明,在2000~2006年这个时间段内,我国的进口关税水平在逐渐下降,并且在"入世"后的2002年尤为显著。另外,行业间进口关税水平的差异在"入世"后开始逐渐缩小。

5.2.2 进口产品质量的变动情况

随着进口关税水平的下降所带来的可变成本降低,企业是否有动力进口高质量的产品呢?下面,我们就企业的进口产品质量变动趋势进行分析①。进口产品质量的测算方法参照第4章第4节,在此不再赘述。2000~2006年我国企业进口产品质量的变动情况如图5-5所示。

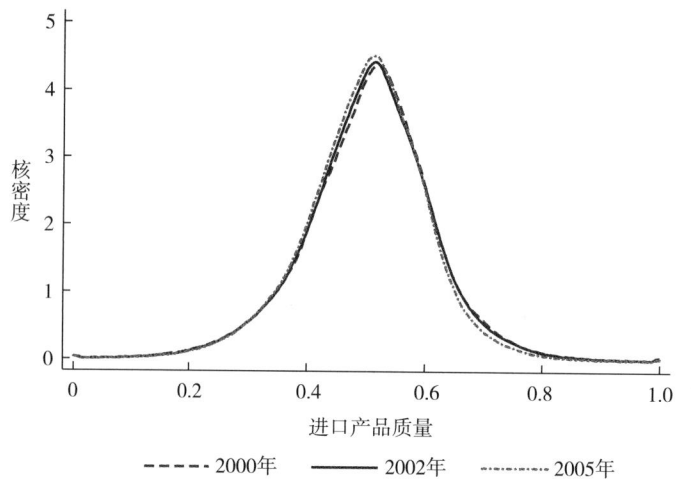

图5-5 我国进口产品质量核密度估计曲线

资料来源:作者根据中国海关数据库整理。

虽然不如进口关税水平变动那么明显,但我们依然可以从图5-5中看到,在选取的样本区间内,我国进口产品的质量获得了提升,核密度曲线在逐步向左

---

① 我们选取的进口产品质量指标是进行过标准化后的进口产品质量,因为只有去掉量纲才能进行年份间的对比分析。

上方移动，但幅度不大，另外，曲线的宽度变化也不大。这说明，我国进口产品的质量虽然获得了提升，但增幅并不大，并且不同行业间的差异还依然存在，这与施炳展和曾祥菲（2015）所得结果类似。

我们再进一步地看看不同类别企业在进口关税水平下降后，其进口产品的质量有什么变化，具体如表5-1所示。

表5-1以七种不同分类方法为依据，分别对2000~2006年我国进口产品质量的变动趋势进行了简单描述。下面，我们进行一一分析。

关于我国进口产品技术含量划分的方法有几种，有采用最优分割法的（魏浩和李晓庆，2015），也有直接用Lall（2000）提供的分类标准的（马述忠和吴国杰，2016），本书选取Lall（2000）所提供的技术划分标准对我国进口产品进行了划分①，总共分为三类，即低技术产品、中技术产品和高技术产品。可以看出，在样本期间内，低技术含量产品的质量是最高的，其次是中技术产品和高技术产品。在这七年里，三种不同技术水平的进口产品，其产品质量均经历了上升—下降—再上升的过程。其中，2000~2001年，低技术产品、中技术产品和高技术产品的产品质量均有所提高，但在随后的四年里，三种技术水平的进口产品，其产品质量均有不同幅度的下降。而在2005~2006年，所有产品质量开始有所提升，大致呈"U"形分布。我们认为，之所以会出现此种情况，可能有如下两个原因：一是2000~2001年，我国正在为"入世"做准备，因此很多国外企业也打算借此机会开拓新的市场，所以会出口高质量的产品；二是2005年是我国承诺大幅度降低关税的最后一年，在此之前，由于关税变动的不确定性，会使得国外企业在出口产品时有所顾忌，而在2005年后，关税已基本敲定，所以其出口产品的质量开始上升。

对生产阶段的划分，我们采用的是目前学术界较为常见的方法，即联合国提供的BEC分类法。借助此方法，我们可以将进口产品分为资本品、中间品和消费品。通常来说，资本品被认为是企业用于生产的机器设备，属于固定资产的一部分；中间品被认为是用于生产其他产品或服务的商品；消费品则是和人们生活息息相关的，用来满足人们物质和文化需求的"生活资料"。可以看到，中间品和消费品的进口产品质量远高于资本品。这与我国当时的经济环境有关，从"十五"计划和"十一五"规划中也可觉出端倪。在"十五"计划和"十一五"规划中，强调要加大对我国经济发展需要的商品的进口，扩大对技术含量高的产品的进口。这从另一个侧面说明了当时我国在这方面所面临的问题。和不同技术水

---

① 由于采用最优分割法对计算机性能要求较高，一般需要高端的特种计算机设备，并且在考察一个实体经济的贸易结构时，如此细致的考察往往过于繁琐，也没有必要（杜修立和王维国，2007），因此，本书选择采用Lall（2000）的分类标准。

表 5-1 不同产品分类下进口产品质量变化趋势

分类依据	类别	2000年	2001年	2002年	2003年	2004年	2005年	2006年	均值
技术含量	低技术	0.5094716	0.510775	0.5094207	0.5062705	0.5048055	0.5006243	0.500753	0.506017
	中技术	0.5066719	0.5070742	0.5049279	0.5027046	0.5025207	0.4997861	0.5011348	0.503546
	高技术	0.4831506	0.4835895	0.4800927	0.4805026	0.4801773	0.4799294	0.4802661	0.481101
生产阶段	资本品	0.4635712	0.4658692	0.4617795	0.4604551	0.4596517	0.458537	0.4593872	0.461322
	中间品	0.5148094	0.5158734	0.5162542	0.5146789	0.5133097	0.5090261	0.5090868	0.513291
	消费品	0.5188529	0.5190774	0.5164171	0.5129416	0.5106495	0.5070802	0.5073395	0.513194
产品性质	同质性产品	0.512047	0.5158113	0.5194004	0.522474	0.5217259	0.5162628	0.5050517	0.51611
	异质性产品	0.4996974	0.5000073	0.4972012	0.4951452	0.494594	0.4924727	0.4935936	0.496101
贸易方式	一般贸易	0.509701	0.5124441	0.5102278	0.5065985	0.5037266	0.5003967	0.5019528	0.506435
	加工贸易	0.5129471	0.5116665	0.5109733	0.5110821	0.5111409	0.5073651	0.5051101	0.510041
所有制	国有企业	0.5078061	0.5100181	0.5077928	0.5043093	0.5003654	0.4955232	0.4935919	0.502772
	中外合资/合作	0.5018997	0.5033034	0.5021117	0.49983	0.4982987	0.4958185	0.4962587	0.499646
	外商独资	0.5054115	0.5048959	0.5037639	0.5026262	0.5026504	0.4989946	0.4995559	0.502557
	集体/私营	0.5133012	0.5182848	0.5148545	0.5113205	0.5077278	0.5047617	0.5059761	0.51089
行业差异	劳动密集型	0.5103456	0.5116517	0.5092686	0.5068029	0.5068665	0.502852	0.5030742	0.507266
	资本密集型	0.5215758	0.5224616	0.525535	0.524411	0.5205513	0.5152377	0.5141597	0.520562
	技术密集型	0.4848279	0.4858242	0.4821999	0.4804834	0.4816142	0.479224	0.481106	0.482183
进口来源国收入水平	低收入国家	0.5328367	0.5380804	0.5405871	0.5355462	0.512866	0.5226467	0.5237926	0.529479
	低中收入国家	0.5357205	0.5369745	0.5410799	0.5379218	0.5374041	0.5322283	0.5289398	0.535753
	高中收入国家	0.5137582	0.5337219	0.5344349	0.5318141	0.5262479	0.519358	0.5101821	0.524217
	高收入国家	0.5051809	0.5064416	0.5045185	0.5027263	0.5007255	0.4987178	0.4979948	0.502329

资料来源:作者根据中国海关数据库、BEC 分类标准、Lall (2000) 分类标准、Rauch (1999) 分类标准、世界银行国家收入分类标准整理。

第5章 进口贸易自由化对企业进口投入的影响研究

平的产品类似,资本品、中间品和消费品也经历了2000~2001年的进口产品质量的上升阶段和2001~2005年进口产品质量的下降阶段以及2005~2006年的上升阶段,其分布形状和按技术含量分组的结果类似,也呈"U"形分布。其原因和上述类似,在此不再赘述。

同质性产品和异质性产品的划分标准来自Rauch(1999)。一般来说,同质性产品指的是产品间在性能、品质、造型等方面区别不大,之间可以完全替代或具有较强的替代性,例如大米、煤炭等;而异质性产品正好相反,产品间往往在款式、性能、商标或者质量上存在差异,对于消费者来说,不具有替代性。通过表5-1可以看到,在样本期间内,所进口的同质性产品的质量要高于异质性产品。并且,可以发现,和上述两种划分的结果不同,所进口的同质性产品的质量基本呈上升趋势,而所进口的异质性产品的质量呈下降趋势。因为企业想要保证其市场占有率,就必须不断提高其所生产的产品质量,通过使用相类似、可替代的,且产品质量又比之前所投入的生产要素高的中间品,往往可以事半功倍。反之,使用异质性产品就未必能达到此效果。

我们可以将贸易方式大致分为一般贸易和加工贸易两类,其中加工贸易包括来料加工和进料加工。由于加工进口是免关税的,所以其对进口关税水平所带来的冲击反应不大,这从表5-1中加工贸易2000~2006年进口产品质量的变动情况可以看出。而对于以一般贸易方式进行交易的产品而言,其产品质量在我国加入WTO时有所提升,随后呈下降趋势。2005年进口关税水平基本稳定后,以一般贸易方式交易的进口产品质量开始有上升趋势,在本书样本区间内,以一般贸易方式交易的产品质量整体呈"U"形趋势。

当然,除了从不同层面对产品进行的划分,我们还从企业、行业和国家层面对进口产品质量进行了分类分析。其中,企业层面的划分主要是基于企业的所有制形式不同,将样本划分为国有企业、中外合资/合作企业、外商独资企业和集体/私营企业四类。从表5-1中可以看出,集体/私营企业的进口产品质量均值是最高的,最低的是中外合资/合作企业,国有企业进口产品的质量仅次于集体/私营企业,外商独资企业进口产品的质量仅高于中外合资/合作企业。在我们的样本区间内,这四类企业所进口的产品质量水平依然经历了先上升后下降,然后在进口关税水平较稳定后的上升。

参照刘帷韬和刘德学(2017)的分类方法,我们可以将行业分为劳动密集型行业、资本密集型行业和技术密集型行业。具体分类情况见附录。可以看到,资本密集型行业所进口产品的质量水平均值最高,其次是劳动密集型行业进口的产品,最后是技术密集型行业进口的产品。另外,2000~2006年,除了资本密集型行业所进口产品的质量呈倒"U"形分布外,劳动密集型和技术密集型行业所进口产品的产品质量均呈"U"形分布。

大量的研究均表明,来自不同国家的产品对企业的影响是不同的(Coe 和 Helpman,1995;Bas 和 Strauss - Kahn,2014;Bastos 等,2014),据此,根据世界银行公布的国家收入标准分类,可以将进口来源国分为低收入国家、低中收入国家、高中收入国家和高收入国家四类。具体如图 5 - 6 所示。可以看到,来自低中收入国家的进口产品质量最高,而最低质量的进口产品来自高收入国家。并且,我们发现,来自低收入国家的进口产品质量呈"S"形分布,而来自其余三类国家的进口产品质量呈倒"U"形分布。不过,四类国家在我国加入WTO前后,其出口到我国的产品质量均有所提高。

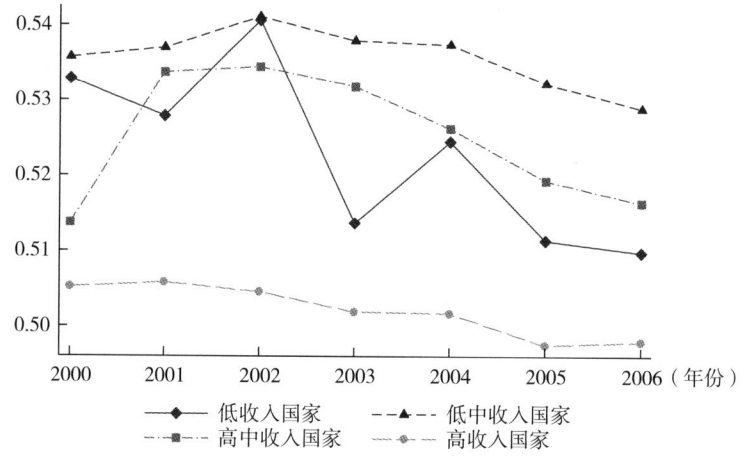

图 5 - 6 不同进口来源国产品质量的变化趋势

资料来源:作者根据中国海关数据库、世界银行国家收入分类标准①整理。

从图 5 - 6 中不难发现,来自不同收入国家的进口产品质量存在一定差异,来自高收入国家的产品质量一直处于最低水平,这与表 5 - 1 的结果类似,因为,往往高收入国家所生产的产品技术水平较高;而来自低中收入国家的产品质量却在这四类国家中处于最高水平②。可以看到,2000 ~ 2001 年,也就是我国进口关税水平大幅下降的时候,除了来自低收入国家的进口产品质量下降外,低中收入国家、高中收入国家以及高收入国家的进口产品质量都有所提升,并且在 2002

---

① https://data.worldbank.org/country。
② 据世界银行网站消息,2000 年低中收入国家的平均 GDP 为 1.335 万亿美元,中国当时的 GDP 水平为 1.211 万亿美元,到 2006 年,低中收入国家的平均 GDP 为 2.598 万亿美元,而中国的 GDP 达到了 2.752 万亿美元。

年我国"入世"后的第一年,来自低中收入国家和高中收入国家的进口产品质量依然保持着上升的势头,但来自高收入国家的进口产品质量开始下降。在随后的四年里,来自高收入国家的产品质量在 2003~2004 年和 2005~2006 年均有小幅上升;来自高中收入国家的产品质量却一直处于下降的趋势中;来自低中收入国家的产品质量在 2003~2004 年有小幅的上升,但总体也呈下降趋势;来自低收入国家的产品质量和低中收入国家一样,仅在 2003~2004 年经历了小幅度的上升。

可以看出,来自不同收入国家的产品质量存在一定差异,在我国进口关税水平下降的情况下,来自这些国家的进口产品质量变动也存在不同。我们知道,当进口关税水平下降时,企业会有更多的选择,特别是对于那些之前因为成本约束而不能选择进口产品的企业来说,这无疑为它们打开了新的一扇窗口。可能导致此部分企业虽然可以进入进口市场,但往往由于经验不足等主观条件以及限制过多等客观条件,致使其所选择的进口产品质量低于平均水平。另外,已处于出口市场中的企业也有可能从自身成本角度出发,由以往只能从高收入国家市场进口转为向高中收入国家进口或者向中低收入国家进口。并且,加上本书的数据跨度有限,虽然在 2000~2006 年的样本期内,来自不同收入国家的进口产品质量总体趋势是下降的,但我们也看到,在某些时间段,诸如 2000~2001 年、2001~2002 年、2003~2004 年所进口的产品质量大体是上升的。

总体来说,无论是不同技术含量水平的产品,还是处于不同生产阶段的产品,还是具有不同产品性质或不同贸易方式的产品,抑或是不同所有制的企业、要素密集度不同的行业所进口的产品和不同收入国家出口到我国的产品,其产品质量在 2000~2006 年均大致呈"U"形分布,并且在我国加入 WTO 前后,其进口产品质量均有所提升,这与赵春明等(2017)所得结果类似。那么,企业所进口的产品规模将如何变化呢?是扩大从新的市场进口老产品、从老的市场进口新产品,抑或从新的市场进口新产品,又或者还是维持已有的进口伙伴,即从老市场持续进口老产品呢?下面,我们将从进口产品规模的集约边际和扩展边际两个角度进行分析。

5.2.3 进口产品规模的变动情况

进口关税水平的下降必然能给企业带来更多的可用资源,其生产可变成本也将进一步降低,从而使原本只能进口一定数额产品的企业可以选择进口更多的产品;使原本在其成本可控范围内不能从国外进口产品的企业开始选择从国外进口;使原本只能从国外进口质量相对较低产品的企业可以选择进口质量更高的产品;使原本只能从一个国家进口产品的企业可以选择从更多的国家产品中优中选优，其中，第一种可能性为进口集约边际，后三种可能性为进口扩展边际。当然，正如第3章的机制分析所述，以上四种可能都是以企业能获得利润为前提的。那么，在2000~2006年，我国进口企业在面临进口关税水平下降的情况下，其变化究竟怎样？具体如表5-2所示。

表5-2给出了我国2000~2006年进口企业层面上，进口产品规模，即集约边际和扩展边际的变动情况。首先，可以看到，在观察期间内，进口企业的数量在逐步增加①，并且进口的企业—国家对数量也在逐年上升。其次，再来看细分后的进口产品规模。这里，我们将集约边际定义为从老市场进口老产品，将扩展边际分为三类，分别是：从老市场进口新产品、从新市场进口老产品和从新市场进口新产品。下面，我们进行一一分析。

先来看企业进口的集约边际，虽然自2000年起，进口企业从老市场进口老产品的贸易额呈上升趋势，但其占当年的整体进口额比重却呈下降趋势，从2000年的44.43%下降至2006年的31.3%。

再来看进口扩展边际的变动趋势。企业在进口市场上面临更多选择时，既可以维持原有的进口模式不变，也可以选择进入新的市场，获取新的产品来进行投资、生产和消费。可以看到，三个种类的扩展边际在贸易额的绝对数值上都保持着上升的趋势，但每种类别占所有进口额比重的变化却各有不同。从老市场进口新产品是这三类扩展边际中一直保持占比最高的进口模式，其次是从新市场进口老产品，最后是从新市场进口新产品。不过，这里要注意一个事实，那就是进口企业似乎更愿意从老市场进口新产品，但却不太愿意从新市场进口老产品，其在新市场中更愿意得到的是新产品，这从此二类进口模式的占比变化中可以看出。据作者了解，现有研究还未有从进口二元边际进行的具体分析。这里，我们主要分析中国进口企业的实际情况。因为从一个新的市场进口需要付出许多未知的成本，如进口来源国的制度环境、未知的运输成本等沉没成本。因此，如果是选择进口一种新的产品，那么，企业更多地会选择从老市场进口。但我们也观察到，企业从新市场进口产品时，其进口模式存在一定差异。具体来说，当企业决定从新市场进口产品时，新产品对企业的吸引力更大，而若企业需要进口老产品，一般会选择从老市场进口，这样更为稳妥。而相对于老市场老说，进口新产品本身就需要支付一定的成本，既然如此，大部分企业会选择从新市场进口。这也是表5-2进口产品集约边际和扩展边际的变动趋势在表5-2中从新市场进口老产品的占比在一直下降，而从新市场进口新产品的占比在一直上升的原因。

---

① 虽然我们这里所显示的企业数目不是新进入企业，但其存量也能说明，随着进口关税水平的下降，越来越多的企业开始选择进入进口市场。

第5章 进口贸易自由化对企业进口投入的影响研究

表5-2 进口产品集约边际和扩展边际的变动趋势

年份	企业数（家）	企业—国家对（对）	集约边际 从老市场进口老产品 贸易额（百万美元）	集约边际 从老市场进口老产品 占比（%）	集约边际 从老市场进口新产品 贸易额（百万美元）	集约边际 从老市场进口新产品 占比（%）	扩展边际 从新市场进口老产品 贸易额（百万美元）	扩展边际 从新市场进口老产品 占比（%）	扩展边际 从新市场进口新产品 贸易额（百万美元）	扩展边际 从新市场进口新产品 占比（%）
2000	41935	114665	—	—	—	—	—	—	—	—
2001	51444	141688	19580	44.43	12545	28.47	9767	22.16	2176	4.94
2002	58527	161815	16630	35.3	16341	34.69	9617	20.42	4519	9.59
2003	66285	180408	19915	32.47	21498	35.06	12297	20.05	7616	12.42
2004	75489	202228	23718	31.95	26751	36.03	12836	17.29	10941	14.74
2005	82250	214776	24036	29.87	27987	34.78	14403	17.90	14032	17.44
2006	72711	192302	25433	31.30	28445	35.01	14590	17.96	12782	15.73

注：①这里使用的是进口贸易额。②所有集约边际和扩展边际均从企业有进口行为后的第二年开始算起，即采用一年参照法。③由于计算过程中四舍五入，总量上难免存在些许偏差。

资料来源：作者根据中国海关数据库整理。

5.3 进口贸易自由化对进口产品质量的实证检验

在上述统计描述的基础上,我们大致知道了进口关税变动情况以及产品质量、产品规模的变动趋势。施炳展和曾祥菲(2015)首次测算了我国进口产品的质量水平。随后,余淼杰和李乐融(2016)以及施炳展和张雅睿(2016)就进口关税下降后,进口产品质量的变动做了初步的研究,但其都未从企业异质性的角度来进一步分析贸易自由化加深后,进口产品质量变化的差异。另外,还鲜有研究就进口关税下降后,对企业的进口产品规模,尤其是企业的进口扩展边际进行详尽分析。本节主要从产品层面和企业层面出发,就进口关税变动对进口产品质量和进口产品规模的影响进行实证分析。本章第4节将就进口贸易自由化对企业进口产品的规模进行细致分析。

5.3.1 模型设定与变量描述

根据已有研究,我们可以设定以下模型来检验贸易自由化是否对企业进口产品质量存在影响。

$$quality_{ijcmt}^{imp} = \alpha_0 + \alpha_1 tariff_{ijct}^{imp} + \alpha_2 year_t + \varepsilon_{ijcmt}^{imp} \tag{5.1}$$

其中,i、j、c、m、t 分别表示企业、产品、进口来源国、贸易方式和年份,$quality_{ijcmt}^{imp}$ 为进口产品质量①,$tariff_{ijct}^{imp}$ 为进口关税水平②,$year_t$ 为年份控制变量,$\varepsilon_{ijcmt}^{imp}$ 为产品层面的误差项。式(5.1)是本节实证检验的基准模型。考虑产品进口来源国、产品贸易方式、产品所处行业以及企业所在地区的影响,可将模型改写为以下形式。

$$quality_{ijcmt}^{imp} = \alpha_0 + \alpha_1 tariff_{ijct}^{imp} + \alpha_2 country_{ct}^{imp} + \alpha_3 \text{mode}_{mt}^{imp} + \alpha_4 ind_{jt}^{imp} + \alpha_5 locat_{it}^{imp} + \alpha_6 year_t + \varepsilon_{ijcmt}^{imp} \tag{5.2}$$

其中,$country_{ct}^{imp}$、mode_{mt}^{imp}、ind_{jt}^{imp}、$locat_{it}^{imp}$ 分别为进口来源国、贸易方式、产品所处行业以及企业所在地区的控制变量。由于海关数据库仅包括了企业进出口产品的数据,在企业层面上的变量也仅有企业所有制性质,但实际上许多企业层面的因素也会影响企业对进口产品质量的选择(施炳展和张雅睿,2016)。因此,我们选择将其与中国工业企业数据库合并③,这样,可以获得有关企业更全面的

---

① 这里的产品质量已进行完标准化,去掉量纲。
② 具体计算方法参见第4章详细内容。
③ 具体合并细节参见第4章详细内容。

第5章 进口贸易自由化对企业进口投入的影响研究

信息。在数据合并后,可以建立如式(5.3)所示的模型。

$$quality_{ijcmt}^{imp} = \alpha_0 + \alpha_1 tariff_{ijct}^{imp} + \alpha_2 tfp_{it} + \alpha_3 age_{it} + \alpha_4 scale_{it} + \alpha_5 control_{ijcmt}^{imp} + \alpha_6 year_t + \varepsilon_{ijcmt}^{imp} \tag{5.3}$$

式(5.3)为控制企业层面影响因素后的实证模型。其中,tfp_{it}、age_{it}、$scale_{it}$分别表示企业的全要素生产率、企业年龄和企业规模①,$control_{ijcmt}^{imp}$为控制变量,和式(5.2)中的一样。Melitz(2003)所提出的企业异质性理论的核心思想就是:生产率高的企业会选择将产品出口到国际市场,而生产率低的企业只能将产品销往国内市场。我们将此思想应用到企业的进口行为上,并对企业异质性指标进行了扩充,包括企业生产率、企业年龄、企业规模。依照第4章给出的相应企业层面产品质量和进口贸易自由化指标测算方法,我们可以构建企业层面进口贸易自由化对进口产品质量的影响。

通过构建进口贸易自由化水平与企业异质性指标的交互项,可以更清楚地观察不同企业在面临进口关税水平下降时的决策。具体模型如式(5.4)至式(5.6)所示。

$$quality_{ijcmt}^{imp} = \alpha_0 + \alpha_1 tariff_{ijct}^{imp} \times tfp_{it} + \alpha_2 age_{it} + \alpha_3 scale_{it} + \alpha_4 control_{it} + \alpha_5 year_t + \varepsilon_{it}^{imp} \tag{5.4}$$

$$quality_{ijcmt}^{imp} = \alpha_0 + \alpha_1 tariff_{ijct}^{imp} \times age_{it} + \alpha_2 tfp_{it} + \alpha_3 scale_{it} + \alpha_4 control_{it} + \alpha_5 year_t + \varepsilon_{it}^{imp} \tag{5.5}$$

$$quality_{ijcmt}^{imp} = \alpha_0 + \alpha_1 tariff_{ijct}^{imp} \times scale_{it} + \alpha_2 tfp_{it} + \alpha_3 age_{it} + \alpha_4 control_{it} + \alpha_5 year + \varepsilon_{it}^{imp} \tag{5.6}$$

$free_{it}^{imp} \times tfp_{it}$、$free_{it}^{imp} \times age_{it}$、$free_{it}^{imp} \times scale_{it}$分别表示企业进口贸易自由化水平与企业全要素生产率、企业年龄、企业规模的交互项。相关变量的统计性描述如表5-3所示。

表5-3 主要变量统计性描述

	变量	观测值	均值	标准差	最小值	最大值
产品层面	进口产品质量	4651523	0.502676	0.10928	0	1
	进口关税水平	4650861	10.82252	6.318611	0	114
企业层面	企业全要素生产率	132217	2.234467	1.494849	-9.3749	15.02787
	企业年龄	142628	5.580861	9.951369	1	99
	企业规模	142633	0.001357	0.0087216	0	0.48102

---

① 具体计算方法参见第4章详细内容。

本章我们所使用的数据主要有中国工业企业数据库、中国海关数据库、产品关税数据库以及各种编码转换表，具体的数据来源和相关的数据合并处理过程见第4章第1节。

5.3.2 产品层面的经验分析

依照式（5.1）和式（5.2），我们先进行初步的基准回归（混合 OLS），然后在其基础上展开后续的分析。基准回归结果如表5-4所示。

表5-4 进口关税对进口产品质量的影响

变量	(1)	(2)
	quality_im	quality_im
tariff_im	-0.000325***	-0.000359***
	(1.10e-05)	(1.10e-05)
行业效应	YES	YES
地区效应	YES	YES
年份效应	YES	YES
进口来源国		YES
贸易方式		YES
Constant	0.554***	0.626***
	(0.000581)	(0.0431)
Observations	4636117	4636117
R-squared	0.052	0.066

注：圆括号内的数值为标准误，*、**和***分别表示在10%、5%和1%的水平上显著。

如表5-4所示，列（2）在列（1）的回归基础上控制了来自不同进口国以及使用不同贸易方式可能带来的影响，结果表明，进口关税水平的下降确实能促进进口产品质量的提升。从表5-1可知，按不同标准所划分的产品组，其受到的进口关税水平下降所带来的影响是不同的。因此，我们还按产品性质、贸易方式、生产阶段、进口来源国收入水平、产品技术含量企业所有制形式以及企业所处行业进行了分组回归，结果如表5-5所示。

第一，表5-5的列（1）和列（2）为按 Rauch（1999）提供的产品性质分类标准①进行的分组回归。可以看到，不论是同质性产品还是异质性产品，在其

---

① 在 Rauch（1999）的分类中，共有三种性质的产品，分别为：Homogeneous goods、Differentiated products 和 Reference priced，不同学者对 Reference priced 的产品没有明确归类，因此，我们在进行统计描述和分组实证检验的时候，选择将此类别的产品予以剔除。

第5章 进口贸易自由化对企业进口投入的影响研究

表5-5 不同分类下进口关税对进口产品质量的影响

变量	(1) 同质性产品 quality_im	(2) 异质性产品 quality_im	(3) 一般贸易 quality_im	(4) 加工贸易 quality_im	(5) 资本品 quality_im	(6) 中间品 quality_im	(7) 消费品 quality_im
tariff_im	-0.00129*** (5.20e-05)	-0.000399*** (1.31e-05)	-0.000518*** (1.72e-05)	0.000274*** (1.62e-05)	0.00142*** (3.15e-05)	-4.81e-05*** (1.38e-05)	-0.00134*** (2.81e-05)
Constant	0.649*** (0.110)	0.633*** (0.0479)	0.469*** (0.111)	0.561*** (0.0463)	0.771*** (0.116)	0.571*** (0.0501)	0.722*** (0.111)
Observations	102268	3532887	2194743	1728349	917330	3249764	463966
R-squared	0.086	0.059	0.057	0.064	0.066	0.042	0.053

变量	(8) 低收入国家 quality_im	(9) 低中收入国家 quality_im	(10) 高中收入国家 quality_im	(11) 高收入国家 quality_im	(12) 低技术产品 quality_im	(13) 中技术产品 quality_im	(14) 高技术产品 quality_im
tariff_im	8.43e-05 (0.000111)	-0.000314*** (6.21e-05)	-0.000328*** (5.24e-05)	-0.000366*** (1.16e-05)	0.000787*** (2.04e-05)	-0.00217*** (2.20e-05)	0.00106*** (2.57e-05)
Constant	0.623*** (0.0430)	0.572*** (0.102)	0.588*** (331.4)	0.458*** (0.106)	0.535*** (30.94)	0.540*** (0.107)	0.660*** (0.109)
Observations	31470	72642	131186	4400819	1492463	1469283	953925
R-squared	0.067	0.054	0.078	0.064	0.055	0.057	0.106

变量	(15) 国有企业 quality_im	(16) 中外合资/合作 quality_im	(17) 外商独资 quality_im	(18) 集体/私营 quality_im	(19) 劳动密集型 quality_im	(20) 资本密集型 quality_im	(21) 技术密集型 quality_im
tariff_im	-0.000453*** (2.34e-05)	-0.000268*** (2.29e-05)	-0.000235*** (1.74e-05)	-0.000502*** (3.37e-05)	-0.000989*** (1.72e-05)	0.000833*** (2.55e-05)	-0.000214*** (1.89e-05)
Constant	0.673*** (0.0818)	0.574*** (0.0735)	0.683*** (0.102)	0.577*** (0.102)	0.638*** (0.0612)	0.538*** (0.0987)	0.601*** (0.0783)
Observations	1033159	1059374	2005824	480975	1507768	1464644	1560170
R-squared	0.076	0.058	0.069	0.070	0.045	0.039	0.063
其余控制变量	YES	YES	YES	YES	YES	YES	YES

注：圆括号内的数值为标准误，*、** 和 *** 分别表示在10%、5%和1%的水平上显著。

进口关税水平下降时，进口的产品质量均会有所提升，并且同质性产品从进口贸易自由化变动的趋势中获益更大，这从另一个侧面反映了我国所进口的同质性产品替代性较强。

第二，由于我国产品的进口方式主要有加工进口和普通进口两种，其中普通进口也就是常见的一般贸易形式，加工进口可以分为来料加工和进料加工两种，这两种加工进口方式都是免关税的①。因此，我们将样本分为一般贸易和加工贸易两个组别。可以看到，以一般贸易方式进入我国境内的产品，其质量会在进口关税水平下降后有所上升。而产品进口属于加工贸易方式的，却会由于一般贸易加强所带来的替代效应，导致以此种方式进口的产品质量存在下降的可能。

第三，依据现有研究者大多采用的 BEC 分类标准，可以将进口产品分为资本品、中间品和消费品三类。其中，资本品进口关税水平的下降并不能带来其质量的上升，但中间品和消费品均能从自身进口关税水平的下降中获益，使其产品质量获得提高。资本品通常是指企业生产中的固定资本，即生产所用的机器设备，显然产品关税的下降并不能促使我国进口更高质量的机器设备。而中间品一般为用于生产最终品的产品，属于企业生产中的可变成本。当进口关税下降后，必然会促使企业在进口端面临更多更好的选择，在一定的成本约束下，更好更优的经营理念必将驱使企业进口更多高质量的中间品。至于进口消费品质量的提高，主要来自于国内不断上升的消费能力，其对企业的进口决策也产生了一定影响。

第四，现有研究表明，从事国际贸易的企业，进口和出口行为都会与其贸易伙伴所处的国家或地区制度水平、地理距离等因素有关。因此，按照世界银行公布的国家收入标准，可以将进口来源国分为低收入国家、低中收入国家、高中收入国家和高收入国家四类。在我们的样本期间内，来自低中收入国家、高中收入国家和高收入国家的进口产品会随着进口关税水平的下降而上升。而来自低收入国家的产品质量会逐步下降，虽然其出口到我国的产品质量相对其余三类国家更高（见表5-5），但差距在不断缩小。

第五，采用 Lall（2000）的分类标准，可以将产品按技术水平分为低技术产品、中技术产品和高技术产品。从表5-5的结果可以看到，2000~2006年，通过进口关税水平下降所带来的进口产品质量提升主要集中在中技术产品，而低技术产品和高技术产品的进口质量却会因此而下降。我们认为，有可能是因为企业进入进口市场的门槛降低，这使得原本处于生产链低端或生产率较低的企业也能获得进口产品的机会，而这些企业所选择的进口产品质量恰恰会给整个行业中企

---

① 实际上，来料加工和进料加工这两种加工进口方式在征收关税时存在一定差异，即来料加工是完全免征关税的，而进料加工是"先征后退"，但本书主要关注一般贸易和加工贸易的区别，因此不对加工进口方式进行再分类。

业的进口行为带来负向的溢出效应，在部分程度上可以解释进口产品的质量提升主要集中在技术的中端，即中技术产品上。

第六，依照原始数据中所提供的企业所有制代码，可将样本分为国有企业、中外合资/合作企业、外商独资企业和集体/私营企业。可以发现，这四类企业均在进口关税水平下降后，提高了所进口产品的质量。并且受益于关税下降最大的是集体/私营企业，其次是国有企业，而中外合资/合作企业与外商独资企业在进口关税水平下降后，其选择进口的产品质量提升仅有以上两类企业的一半。从中可以看出，集体/私营企业依然是我国最活跃的企业，另外国有企业的改革也为其带来了新的机遇。

第七，参照刘帷韬和刘德学（2017）对我国制造业行业的划分标准，可以将样本分别归类到劳动密集型行业、资本密集型行业和技术密集型行业。在我国具有比较优势的劳动密集型行业中，企业从进口关税水平下降中所获得的收益最大，这也促进了我国劳动密集型产业的转型升级。其次获益的是处于技术密集型行业中的企业。

综上所述，在进口关税水平下降后，同质性产品的质量水平，以一般贸易从事交易的产品、消费品以及所进口的中技术产品质量都将获得提升，另外，来自高收入国家的进口产品质量也将有所提高。从进口关税水平下降中获益最多的企业是集体/私营企业，其次是国有企业。当然，进口关税水平的下降，还能使劳动密集型行业和技术密集型行业的进口产品质量得到提升，这将有利于提高此类行业出口产品的质量水平。

5.3.3 基于企业异质性理论的经验分析

在上述研究基础上，我们做了进一步的分析，即将海关产品数据库与工业企业数据库合并。这样，我们可以控制企业层面因素可能对结果产生的内生性影响，例如生产率更高的企业也可能更有动力或更能从关税下降中获益。当然，也可以进一步研究不同企业在面对贸易自由化时，其进口投入存在哪些异同。下面，我们就式（5.3）进行相应的实证分析。具体如表 5-6 至表 5-8 所示。

表 5-6 企业层面进口关税对进口产品质量的影响

变量	(1) 整体 quality_im	(2) 国有企业 quality_im	(3) 合资/合作 quality_im	(4) 外商独资 quality_im	(5) 集体/私营 quality_im
tariff_im	-0.000440 *** (7.71e-05)	-0.000723 *** (0.000165)	-0.000369 ** (0.000147)	-0.000471 *** (0.000139)	-0.000313 (0.000194)

续表

变量	（1） 整体	（2） 国有企业	（3） 合资/合作	（4） 外商独资	（5） 集体/私营
	quality_im	quality_im	quality_im	quality_im	quality_im
tfp_op	7.30e-05 (0.000212)	0.000655 (0.000484)	-0.000193 (0.000374)	0.000322 (0.000386)	-0.00119* (0.000640)
age	2.25e-05 (4.03e-05)	9.59e-05 (7.98e-05)	-7.84e-05 (8.30e-05)	0.000361*** (0.000138)	9.51e-05 (8.52e-05)
scale	0.0257 (0.0361)	-0.0248 (0.159)	0.548** (0.230)	0.0163 (0.230)	0.107 (0.144)
行业效应	YES	YES	YES	YES	YES
地区效应	YES	YES	YES	YES	YES
年份效应	YES	YES	YES	YES	YES
进口来源国	YES	YES	YES	YES	YES
贸易方式	YES	YES	YES	YES	YES
Constant	0.541*** (0.00444)	0.570*** (0.00917)	0.535*** (0.00842)	0.525*** (0.0111)	0.553*** (0.0116)
Observations	131856	23482	43104	49948	15032
R-squared	0.042	0.070	0.034	0.037	0.072

注：圆括号内的数值为标准误，*、**和***分别表示在10%、5%和1%的水平上显著。

在加入企业层面的控制变量，诸如企业全要素生产率、企业年龄、企业规模后，进口关税水平的下降依然能显著促进进口产品质量的提升。列（2）至列（5）为国有企业、中外合资/合作企业、外商独资企业和集体/私营企业的分组回归。在控制企业特征后，国有企业变为从进口关税水平下降中获益最多的企业类型，其次是外商独资企业和中外合资/合作企业。和表5-5的结果不同，集体/私营企业所受的影响，在控制企业特征后变得不太明显。这说明在进口关税水平下降时，企业自身的特征确实会影响其对进口产品的选择。例如，企业年龄对外商独资企业相对更重要，经验越足的外商独资企业其进口产品质量越高；而对中外合资/合作企业而言，企业规模似乎更重要。因此，需要进一步从企业异质性角度对上述现象进行分析。下面，我们就式（5.4）至式（5.6）所构建的企业异质性交互模型进行实证检验。具体如表5-7和表5-8所示。

第5章 进口贸易自由化对企业进口投入的影响研究

表5-7 进口关税与企业异质性的交互分析

变量	(1) quality_im	(2) quality_im	(3) quality_im
tariff_im	-0.000377***	-0.000452***	-0.000417***
	(0.000110)	(8.62e-05)	(7.78e-05)
tfp_op	0.000352	7.11e-05	8.03e-05
	(0.000407)	(0.000212)	(0.000212)
age	2.45e-05	4.13e-06	2.33e-05
	(4.04e-05)	(7.25e-05)	(4.03e-05)
scale	0.0249	0.0259	0.138**
	(0.0361)	(0.0361)	(0.0635)
tariff_im × tfp_op	-2.80e-05		
	(3.48e-05)		
tariff_im × age		1.58e-06	
		(5.21e-06)	
tariff_im × scale			-0.0130**
			(0.00603)
行业效应	YES	YES	YES
地区效应	YES	YES	YES
年份效应	YES	YES	YES
进口来源国	YES	YES	YES
贸易方式	YES	YES	YES
Constant	0.540***	0.541***	0.541***
	(0.00451)	(0.00444)	(0.00444)
Observations	131856	131856	131856
R-squared	0.042	0.042	0.042

注：圆括号内的数值为标准误，*、**和***分别表示在10%、5%和1%的水平上显著。

从表5-7可以看出，企业全要素生产率的提高、企业年龄的增长和企业规模的扩大能促进企业进口产品质量的提升，但影响均不太显著。另外，随着进口关税水平的下降，生产率高的企业和规模大的企业相对更能从其中获益，并能促使企业进口产品的质量获得提升，而进口关税水平的下降对不同年龄的企业似乎影响并不大。表5-6的结果说明，不同所有制性质的企业由于自身特征的不同，其对进口关税水平下降所带来的影响也会呈不同反应。因此，需要对不同所有制的企业进行一一分析。表5-8为不同所有制性质下，进口关税与企业异质性的交互分析结果。

表 5-8 分组后进口关税与企业异质性的交互分析——产品质量

变量	国有企业			中外合资/合作		
	(1)	(2)	(3)	(4)	(5)	(6)
	quality_im	quality_im	quality_im	quality_im	quality_im	quality_im
tariff_im	-0.000290	-0.000795***	-0.000623***	-0.000520***	-0.000282*	-0.000423***
	(0.000248)	(0.000210)	(0.000170)	(0.000199)	(0.000157)	(0.000151)
tfp_op	0.00248***	0.000639	0.000580	-0.000865	-0.000168	-0.000239
	(0.000920)	(0.000485)	(0.000485)	(0.000703)	(0.000375)	(0.000375)
age	0.000108	3.22e-05	0.000101	-9.10e-05	0.000124	-9.71e-05
	(8.00e-05)	(0.000140)	(7.99e-05)	(8.37e-05)	(0.000152)	(8.38e-05)
scale	-0.0274	-0.0251	1.070**	0.535**	0.545**	-0.153
	(0.159)	(0.159)	(0.485)	(0.230)	(0.230)	(0.495)
tariff_im × c.tfp_op	-0.000180**	5.96e-06		6.88e-05	-1.65e-05	
	(7.70e-05)	(1.08e-05)		(6.10e-05)	(1.03e-05)	
tariff_im × age						
tariff_im × scale			-0.0809**			0.0718
			(0.0339)			(0.0449)
行业效应	YES	YES	YES	YES	YES	YES
地区效应	YES	YES	YES	YES	YES	YES
年份效应	YES	YES	YES	YES	YES	YES
进口来源国	YES	YES	YES	YES	YES	YES
贸易方式	YES	YES	YES	YES	YES	YES
Constant	0.565***	0.570***	0.569***	0.537***	0.536***	0.535***
	(0.00934)	(0.00932)	(0.00918)	(0.00853)	(0.00843)	(0.00842)
Observations	23482	23482	23482	43104	43104	43104
R-squared	0.070	0.070	0.070	0.034	0.034	0.034

续表

变量	外商独资			集体/私营		
	(7)	(8)	(9)	(10)	(11)	(12)
	quality_im	quality_im	quality_im	quality_im	quality_im	quality_im
tariff_im	-0.000662***	-0.000543***	-0.000444***	-8.34e-05	-0.000280	-0.000259
	(0.000219)	(0.000148)	(0.000140)	(0.000277)	(0.000224)	(0.000199)
tfp_op	-0.000457	0.000339	0.000324	8.53e-05	-0.00119*	-0.00118*
	(0.000794)	(0.000386)	(0.000386)	(0.00127)	(0.000640)	(0.000640)
age	0.000370***	0.000125	0.000358***	9.19e-05	0.000134	9.33e-05
	(0.000138)	(0.000214)	(0.000138)	(8.53e-05)	(0.000158)	(8.52e-05)
scale	0.0171	0.0198	0.113	0.110	0.106	0.292
	(0.0421)	(0.0422)	(0.0746)	(0.144)	(0.144)	(0.206)
tariff_im × tfp_op	9.34e-05	2.55e-05		-9.50e-05	-3.01e-06	
	(8.32e-05)	(1.76e-05)		(8.17e-05)	(1.02e-05)	
tariff_im × age			-0.0122			
			(0.00777)			
tariff_im × scale						-0.0140
						(0.0111)
行业效应	YES	YES	YES	YES	YES	YES
地区效应	YES	YES	YES	YES	YES	YES
年份效应	YES	YES	YES	YES	YES	YES
进口来源国	YES	YES	YES	YES	YES	YES
贸易方式	YES	YES	YES	YES	YES	YES
Constant	0.527***	0.521***	0.525***	0.550***	0.553***	0.553***
	(0.0112)	(0.0114)	(0.0111)	(0.0118)	(0.0116)	(0.0116)
Observations	49948	49948	49948	15032	15032	15032
R-squared	0.037	0.037	0.037	0.072	0.072	0.072

注：圆括号内的数值为标准误，*、** 和 *** 分别表示在10%、5%和1%的水平上显著。

从表5-8中可以看到，进口关税水平下降所带来的贸易自由化能促使不同所有制性质企业所进口产品质量的提升，但不同所有制企业的异质性在其中所起的作用不尽相同。首先，对于国有企业来说，企业全要素生产率越高越能提升其进口产品的质量，高生产率的国有企业也越能从不断下降的进口关税水平中获益，从而获得更高质量的进口产品。而国有企业存活越久，其受体制的束缚也相对越严重，年龄相对较短的国有企业更倾向于进口高质量的产品。另外，国有企业的规模越大也会促使其进口更高质量的产品。其次，对于中外合资/合作企业而言，企业全要素生产率越高和企业经验越丰富，似乎并不利于此类性质企业进口产品质量的提升，但大规模的中外合资/合作企业会选择进口更高质量的产品，这和表5-6情况一样。另外，进口关税水平与企业异质性指标的交互项均不显著。再次，外商独资企业年龄越大，越容易进口到质量高的产品，并且进口关税水平对其进口产品质量的影响会随着其规模的扩大而上升，与表5-6的结果类似。最后，在加入关税水平和企业异质性的交互项后，集体/私营企业受进口关税水平的影响变得不再显著，并且生产率越高的企业，其所进口产品的质量反而会下降，其结果与表5-6相似。

综上，进口关税水平下降均能提高四类企业进口产品的质量，但集体/私营企业受自身企业特征影响较大。另外，生产率较高、规模较大的国有企业，经验越丰富的中外合资/合作企业和外商独资企业，以及生产率较高的集体/私营企业更易从进口关税水平的下降中获益，即获得进口产品质量的提升。

5.3.4 稳健性检验

参照施炳展和张雅睿（2016）、Yu（2015）的做法，采取关税滞后四期的变量替代当前的关税水平对以上结果进行稳健性检验（见表5-9至表5-11）。

表5-9 滞后四期进口关税对进口产品质量的影响

变量	(1)	(2)	(3)
	quality_im	quality_im	quality_im
tariff	-0.000283***	-0.000452***	-0.000470***
	(6.51e-06)	(8.58e-06)	(8.59e-06)
行业效应		YES	YES
地区效应		YES	YES
年份效应	YES	YES	YES
进口来源国			YES
贸易方式			YES

续表

变量	(1) quality_im	(2) quality_im	(3) quality_im
Constant	0.512***	0.561***	0.597***
	(0.000216)	(0.000594)	(0.00858)
Observations	4570605	4556030	4556030
R-squared	0.001	0.053	0.067

注：圆括号内的数值为标准误，*、**和***分别表示在10%、5%和1%的水平上显著。

表5-10　企业层面滞后四期进口关税对进口产品质量的影响

变量	(1) 整体 quality_im	(2) 国有企业 quality_im	(3) 合资/合作 quality_im	(4) 外商独资 quality_im	(5) 集体/私营 quality_im
tariff	-0.000565***	-0.000976***	-0.000298**	-0.000585***	-0.000376**
	(6.39e-05)	(0.000133)	(0.000123)	(0.000124)	(0.000149)
tfp_op	6.56e-05	0.000626	-0.000211	0.000420	-0.00148**
	(0.000212)	(0.000487)	(0.000375)	(0.000387)	(0.000641)
age	2.54e-05	8.31e-05	-6.27e-05	0.000334**	0.000101
	(4.04e-05)	(8.05e-05)	(8.32e-05)	(0.000138)	(8.50e-05)
scale	0.0280	-0.0311	0.489**	0.0176	0.169
	(0.0360)	(0.160)	(0.233)	(0.0420)	(0.146)
行业效应	YES	YES	YES	YES	YES
地区效应	YES	YES	YES	YES	YES
年份效应	YES	YES	YES	YES	YES
进口来源国	YES	YES	YES	YES	YES
贸易方式	YES	YES	YES	YES	YES
Constant	0.549***	0.584***	0.536***	0.534***	0.556***
	(0.00455)	(0.00931)	(0.00874)	(0.0113)	(0.0115)
Observations	130279	22950	42664	49595	14783
R-squared	0.043	0.073	0.034	0.037	0.072

注：圆括号内的数值为标准误，*、**和***分别表示在10%、5%和1%的水平上显著。

其余分组稳健性结果见附录。如表5-9至表5-11所示结果分别与表5-4、表5-6、表5-7相对应，可以看到，用滞后四期的进口关税水平替代当期关税，结果依然与之前一致。

表 5-11 滞后四期进口关税与企业异质性的交互分析

变量	(1) quality_im	(2) quality_im	(3) quality_im
tariff	-0.000484***	-0.000611***	-0.000549***
	(8.61e-05)	(7.21e-05)	(6.45e-05)
tfp_op	0.000565	5.15e-05	7.51e-05
	(0.000414)	(0.000213)	(0.000212)
age	3.10e-05	-6.47e-05	2.74e-05
	(4.06e-05)	(7.74e-05)	(4.05e-05)
scale	0.0281	0.0287	0.178**
	(0.0360)	(0.0360)	(0.0868)
tariff × tfp_op	-3.54e-05		
	(2.52e-05)		
tariff × age		5.31e-06	
		(3.88e-06)	
tariff × scale			-0.0109*
			(0.00576)
行业效应	YES	YES	YES
地区效应	YES	YES	YES
年份效应	YES	YES	YES
进口来源国	YES	YES	YES
贸易方式	YES	YES	YES
Constant	0.548***	0.550***	0.549***
	(0.00464)	(0.00457)	(0.00455)
Observations	130279	130279	130279
R-squared	0.043	0.043	0.043

注：圆括号内的数值为标准误，*、**和***分别表示在10%、5%和1%的水平上显著。

5.4 进口贸易自由化对进口产品规模的实证检验

上文分别从产品和企业两个层面就进口产品关税对我国企业进口产品"质"

第5章 进口贸易自由化对企业进口投入的影响研究

的影响进行了细致的分析,下面我们从企业层面入手,就进口贸易自由化对进口产品的"量"进行相应的实证检验。

5.4.1 模型设定与变量描述

本节主要考察的是进口贸易自由化对进口产品"量"的影响,即集约边际和扩展边际的影响,因此,实证模型设定层面为企业层面。具体模型如下:

$$intensive_{it}^{imp} = \alpha_0 + \alpha_1 free_{it}^{imp} + \alpha_2 year_t + \varepsilon_{it}^{imp} \tag{5.7}$$

$$extensive_{it}^{imp} = \alpha_0 + \alpha_1 free_{it}^{imp} + \alpha_2 year_t + \varepsilon_{it}^{imp} \tag{5.8}$$

其中,$intensive_{it}^{imp}$为企业进口的集约边际,$extensive_{it}^{imp}$为企业进口的扩展边际,$free_{it}^{imp}$为企业层面的进口贸易自由化水平,$year_t$为时间固定效应,ε_{it}^{imp}为企业层面的误差项。

从表5-2可知,虽然在2000~2006年企业进口的三类扩展边际在绝对量上都呈上升趋势,但从老市场进口老产品的比重却在下降。为此,我们将企业进口的扩展边际分为三类,并对其分别进行验证,具体如式(5.9)至式(5.11)所示。

$$extensive\_on_{it}^{imp} = \alpha_0 + \alpha_1 free_{it}^{imp} + \alpha_2 control_{it} + \varepsilon_{it}^{imp} \tag{5.9}$$

$$extensive\_no_{it}^{imp} = \alpha_0 + \alpha_1 free_{it}^{imp} + \alpha_2 control_{it} + \varepsilon_{it}^{imp} \tag{5.10}$$

$$extensive\_nn_{it}^{imp} = \alpha_0 + \alpha_1 free_{it}^{imp} + \alpha_2 control_{it} + \varepsilon_{it}^{imp} \tag{5.11}$$

在式(5.9)、式(5.10)和式(5.11)中,$extensive\_on_{it}^{imp}$、$extensive\_no_{it}^{imp}$、$extensive\_nn_{it}^{imp}$分别表示企业进口的三类扩展边际,即从老市场进口新产品、从新市场进口老产品以及从新市场进口新产品,$control_{it}$为控制变量,控制了企业所在省份的地区效应、所处行业的行业效应和所在年份的年份效应。

考虑企业异质性,我们可以将模型改写成以下形式。

$$intensive_{it}^{imp} = \alpha_0 + \alpha_1 free_{it}^{imp} + \alpha_2 tfp_{it} + \alpha_3 age_{it} + \alpha_4 scale_{it} + \alpha_5 control_{it} + \varepsilon_{it}^{imp} \tag{5.12}$$

$$extensive_{it}^{imp} = \alpha_0 + \alpha_1 free_{it}^{imp} + \alpha_2 tfp_{it} + \alpha_3 age_{it} + \alpha_4 scale_{it} + \alpha_5 control_{it} + \varepsilon_{it}^{imp} \tag{5.13}$$

其中,tfp_{it}、age_{it}、$scale_{it}$分别为企业全要素生产率、企业年龄和企业规模。

和本章第3节类似,我们还可以构建交互项模型,以考察不同企业在面临进口贸易自由化程度加深时,其所进口产品的"量"有什么差异。具体模型如下:

$$\begin{cases} intensive_{it}^{imp} = \alpha_0 + \alpha_1 free_{it}^{imp} \times tfp_{it} + \alpha_2 age_{it} + \alpha_3 scale_{it} + \alpha_4 control_{it} + \varepsilon_{it}^{imp} \\ intensive_{it}^{imp} = \alpha_0 + \alpha_1 free_{it}^{imp} \times age_{it} + \alpha_2 tfp_{it} + \alpha_3 scale_{it} + \alpha_4 control_{it} + \varepsilon_{it}^{imp} \\ intensive_{it}^{imp} = \alpha_0 + \alpha_1 free_{it}^{imp} \times scale_{it} + \alpha_2 tfp_{it} + \alpha_3 age_{it} + \alpha_4 control_{it} + \varepsilon_{it}^{imp} \end{cases} \tag{5.14}$$

$$\begin{cases} extensive_{it}^{imp} = \alpha_0 + \alpha_1 free_{it}^{imp} \times tfp_{it} + \alpha_2 age_{it} + \alpha_3 scale_{it} + \alpha_4 control_{it} + \varepsilon_{it}^{imp} \\ extensive_{it}^{imp} = \alpha_0 + \alpha_1 free_{it}^{imp} \times age_{it} + \alpha_2 tfp_{it} + \alpha_3 scale_{it} + \alpha_4 control_{it} + \varepsilon_{it}^{imp} \\ extensive_{it}^{imp} = \alpha_0 + \alpha_1 free_{it}^{imp} \times scale_{it} + \alpha_2 tfp_{it} + \alpha_3 age_{it} + \alpha_4 control_{it} + \varepsilon_{it}^{imp} \end{cases} \tag{5.15}$$

其中,$free_{it}^{imp} \times tfp_{it}$、$free_{it}^{imp} \times age_{it}$、$free_{it}^{imp} \times scale_{it}$ 分别表示企业进口贸易自由化水平与企业全要素生产率、企业年龄、企业规模的交互项。

5.4.2 进口贸易自由化对进口产品规模影响的实证分析

首先,我们对式(5.7)至式(5.11)进行检验(面板FE),结果如表5-12所示。

表5-12 进口贸易自由化对企业进口规模的影响

变量	(1) intensive_im	(2) intensive_im	(3) extensive_im	(4) extensive_im
free_im	-5874*** (747.0)	-12066*** (831.5)	-5828*** (1044)	2925** (1160)
行业效应		YES		YES
地区效应		YES		YES
年份效应	YES	YES	YES	YES
Constant	551531*** (10012)	797390*** (34031)	748791*** (13214)	676480*** (45304)
Observations	348535	347761	281151	280710
Number of id	111293	111048	88786	88601

注:圆括号内的数值为标准误,*、**和***分别表示在10%、5%和1%的水平上显著。

在表5-12中,我们分别就进口贸易自由化对企业进口规模的集约边际和扩展边际进行了分析,其中列(1)、列(2)为进口贸易自由化加深后,企业进口集约边际的变化,可以看到,在加入行业效应、地区效应以及年份效应的控制变量后,企业层面的进口贸易自由化水平提高依然能促进企业进口集约边际的提高,即会促使从老市场进口更多的老产品,但这里有很大一部分原因应该来自新进入进口市场的企业。从表5-2可知,2000~2006年,随着进口关税水平的不断下降,进口贸易自由化程度的不断提高,越来越多的企业可以迈过进口门槛,选择从国外进口更便宜、更先进的产品。这也是在控制住行业效应、地区效应和年份效应后,企业层面的进口贸易自由化水平对企业进口集约边际的影响反而越来越大的原因之一。

再来看进口贸易自由化水平对企业进口扩展边际的影响,我们发现,在加入行业效应、地区效应和年份效应后,原本能显著影响企业进口扩展边际的进口贸易自由化水平不再显著,并且符号也发生了改变。我们知道,一个企业的扩展边际是由三个部分组成的,包括从老市场进口新产品、从新市场进口老产品和从新市场进口新产品。从表5-2可以得知,三类扩展边际的变化趋势存在一定差异,每种扩展边际的绝对量虽然呈上升趋势,但不可否认的是,从老市场进口新产品的占比已在逐步下降,而从新市场进口老产品和从新市场进口新产品已开始逐步替代原有的进口模式。因此,我们基于式(5.9)、式(5.10)、式(5.11)分别就企业从老市场进口新产品、从新市场进口老产品和从新市场进口新产品进行一一检验①,结果如表5-13所示。

表5-13 进口贸易自由化对企业进口扩展边际的分类影响

变量	(1) extensive_on	(2) extensive_no	(3) extensive_nn
free_im	1057 (1146)	-16737*** (1133)	-7677*** (931.1)
行业效应	YES	YES	YES
地区效应	YES	YES	YES
年份效应	YES	YES	YES
Constant	346845*** (26492)	685457*** (26528)	52134* (26746)
Observations	221587	167631	141325
Number of id	68766	64469	49457

注:圆括号内的数值为标准误,*、**和***分别表示在10%、5%和1%的水平上显著。

在表5-13进口贸易自由化水平对企业进口扩展边际的分类检验中,列(1)至列(3)的被解释变量分别为企业从老市场进口新产品(extensive_on)、企业从新市场进口老产品(extensive_no)以及企业从新市场进口新产品(extensive_nn)。从表5-13中可以看出,进口贸易自由化对企业进口扩展边际的影响之所以在控制住行业效应、地区效应和年份效应后,其符号由负变为正,原因在于进口贸易自由化对企业进口的三类扩展边际影响各不相同。我们发现,在进口贸易自由化水平升高后,企业更倾向于从新市场进口老产品和从新市场进口新产品,并会减

---

① 我们对样本进行了筛选,每一列的回归均基于指定样本,即被解释变量为extensive_on时,其实证的观测样本为有从老市场进口新产品行为的企业,以此类推。

贸易自由化、进口投入与出口选择

少从老市场进口新产品。确实，2000~2006年，我国的进口战略明确将进口产品种类集中在设备和原材料上，其所强调的也只是进口来源的多元化，而不是进口产品结构的优化①。因此，在本书的样本期间内，综合外部贸易自由化的提升以及内在政策的指导性建议，首先，会使得企业加大对原有产品的进口幅度，并且这种增加主要来自于新进入进口市场的企业，而其主要进口来源为新进入我国进口市场中的国家，这从表5-2中所示"企业—国家对"的变化中可以看出；其次，会为企业打开更多新的国际进口市场，鉴于已有产品进口的成功经验，企业从新的市场进口老产品所付出的成本也必低于从新市场进口新产品。当然，不断下降的进口产品关税，也为企业带来了更多的经营空间，能使其进口更多的新产品，这也是虽然进口贸易自由化水平上升能促进企业提高从新市场进口新产品的行为，但其对从新市场进口老产品的行为影响更大的原因。

综合表5-12和表5-13的分析，我们可以得出以下结论，即我国进口企业在面临进口贸易自由化程度加深时，其进口规模的扩大主要来自于从老市场进口老产品以及从新市场进口老产品和从新市场进口新产品。但不同所有制企业的选择是否都一样呢？表5-14就不同所有制企业进行了分组回归。

从表5-14中可以看出，国有企业、中外合资/合作企业在进口贸易自由化程度加深后，均会减少从新市场进口新产品，据此可以判断如表5-2所示的从新市场进口新产品的增加，应主要来自于新进入进口市场的企业，且主要为外商独资企业和集体/私营企业。再来看四类企业的另两种扩展边际的变化情况。先来看国有企业，可以看到，在进口关税水平下降后，国有企业主要选择从新市场进口老产品，但不会选择从老市场进口新产品，亦会降低从新市场进口新产品的比例。说明国有企业在面对进口关税水平下降后，主要侧重的还是老产品的进口，但更多新市场的开放又给其带来了新的机遇。相对于国有企业来说，另一类无外来资本的企业就是集体/私营企业，此类企业进口扩展边际的上升主要来自从新市场进口老产品和从新市场进口新产品，但从新市场进口新产品的上升并不明显。另两类有外资成分的企业，即中外合资/合作企业和外商独资企业，这两类企业受进口贸易自由化程度提高的影响类似，进口贸易自由化程度的提高，均会导致这两类企业扩大从新市场进口老产品的贸易额。但也可以看到，相对于从新市场进口新产品，中外合资/合作企业和外商独资企业更偏向于从新市场进口老产品。

---

① 在2011~2015年的"十二五"规划以及2016~2020年的"十三五"规划中，提出要优化进口结构，更多进口优质消费品。

第5章 进口贸易自由化对企业进口投入的影响研究

表5-14 不同所有制下进口贸易自由化对企业进口扩展边际的分类影响

变量	国有企业				中外合资/合作		
	(1)	(2)	(3)	(4)	(5)	(6)	
	extensive_on	extensive_no	extensive_nn	extensive_on	extensive_no	extensive_nn	
free_im	6562	-13344***	25268***	2324	-16161***	6229***	
	(4823)	(3660)	(2389)	(2139)	(2082)	(1534)	
行业效应	YES	YES	YES	YES	YES	YES	
地区效应	YES	YES	YES	YES	YES	YES	
年份效应	YES	YES	YES	YES	YES	YES	
Constant	628853***	812025***	-139360**	331709***	621678***	-12907	
	(103972)	(75643)	(59746)	(48607)	(46522)	(38669)	
Observations	29319	25714	27185	57931	45366	35359	
Number of id	9506	10073	8093	16387	15464	11980	

变量	外商独资			集体/私营			
	(7)	(8)	(9)	(10)	(11)	(12)	
	extensive_on	extensive_no	extensive_nn	extensive_on	extensive_no	extensive_nn	
free_im	2338*	-16228***	-3140*	-168.3	-8757***	-2500	
	(1356)	(1578)	(1648)	(2091)	(2257)	(1954)	
行业效应	YES	YES	YES	YES	YES	YES	
地区效应	YES	YES	YES	YES	YES	YES	
年份效应	YES	YES	YES	YES	YES	YES	
Constant	183429***	554621***	46553	330418***	603999***	165918*	
	(30830)	(36682)	(47317)	(77376)	(95322)	(93796)	
Observations	111001	74867	57601	23336	21684	21180	
Number of id	32265	26746	20558	10665	12220	8849	

注：圆括号内的数值为标准误，*、**和***分别表示在10%、5%和1%的水平上显著。

5.4.3 基于企业异质性理论的分析

由于中国海关数据库中并未有企业相关信息,因此,在将海关数据库的产品层面的信息归总到企业层面后,将其与中国工业企业数据库合并,我们可以获取许多企业层面的信息,有利于我们对模型的准确性进行进一步验证,具体结果如表5–15和表5–16所示。

表5–15 不同所有制下进口贸易自由化对企业进口集约边际的影响

变量	(1) 整体 intensive_im	(2) 国有企业 intensive_im	(3) 合资/合作 intensive_im	(4) 外商独资 intensive_im	(5) 集体/私营 intensive_im
free_im	-10160** (5103)	-23824*** (8013)	-1983 (8655)	-2454 (7836)	-13381*** (3549)
tfp_op	12054 (25510)	47975 (44894)	22331 (45610)	-9701 (35643)	-4676 (22386)
age	-9566** (4748)	2683 (5447)	-13512 (14237)	5938 (18117)	1794 (2573)
scale	732803 (3.519e+06)	-319398 (4.802e+06)	6.923e+06 (1.363e+07)	2.308e+07*** (5.069e+06)	-144610 (3.213e+06)
行业效应	YES	YES	YES	YES	YES
地区效应	YES	YES	YES	YES	YES
年份效应	YES	YES	YES	YES	YES
Constant	438471 (694854)	157461 (939330)	274896 (2.668e+06)	1.002e+06 (2.087e+06)	357081 (300030)
Observations	8802	1901	2253	2075	2476
Number of panelid	6010	878	1904	1924	1243

注:圆括号内的数值为标准误,*、**和***分别表示在10%、5%和1%的水平上显著。

从表5–15中可以看出,整体而言,进口贸易自由化水平的提高,能促使企业更多地从老市场进口老产品,但这一点似乎只对国有企业和集体/私营企业的影响比较明显,其中尤以国有企业所受影响最大。虽然中外合资/合作企业和外商独资企业也会在进口贸易自由化程度加深的情况下,增加从老市场进口老产品的贸易额,但其影响并不明显。另外,企业全要素生产率、企业年龄和企业规模对四类不同所有制企业的影响也不尽相同。具体来说,高生产率的国有企业和中外合资/合作企业更会提高其从老市场进口老产品的数额;而企业年龄越大、经验越丰富反而会对中外合资/合作企业带来负向影响;企业规模越大越有利于中

第5章 进口贸易自由化对企业进口投入的影响研究

外合资/合作企业和外商独资企业,尤其有利于外商独资企业扩大其从老市场进口老产品的贸易。

下面,再来看看加入企业层面控制变量后,进口贸易自由化对不同所有制企业扩展边际的影响,如表5-16所示。

表5-16 不同所有制下进口贸易自由化对企业进口扩展边际的影响

变量	（1）整体 extensive_im	（2）国有企业 extensive_im	（3）合资/合作 extensive_im	（4）外商独资 extensive_im	（5）集体/私营 extensive_im
free_im	9177* (5113)	6316 (9181)	5495 (10537)	-3884 (16481)	1249 (4881)
tfp_op	-46587 (30585)	-59221 (56628)	-101952* (59623)	-6702 (79993)	13213 (34010)
age	-3957 (6456)	3482 (7351)	6288 (15418)	-14104 (28965)	-4509 (5317)
scale	-7.551e+06 (6.619e+06)	-3.395e+06 (1.792e+07)	-7.966e+06 (2.024e+07)	3.403e+07*** (1.044e+07)	-1.547e+06 (6.484e+06)
Constant	647173 (919182)	1.108e+06 (1.252e+06)	313312 (2.156e+06)	718982 (2.430e+06)	63310 (654617)
行业效应	YES	YES	YES	YES	YES
地区效应	YES	YES	YES	YES	YES
年份效应	YES	YES	YES	YES	YES
Observations	9508	2024	2827	2552	2075
Number of panelid	6684	789	2500	2405	965

注:圆括号内的数值为标准误,*、**和***分别表示在10%、5%和1%的水平上显著。

表5-16所示结果与表5-12相似,即在控制住其余外生变量后,整体水平上,进口贸易自由化程度的加深并不能促使企业进口产品在扩展边际上的扩大。在分所有制的回归结果中也可以看出,除了外商独资企业外,其余三种类型的企业在进口贸易自由化程度上升,即其所进口产品的关税水平下降时,并不会扩大其进口的扩展边际。

另外,我们还发现,不同的企业异质性对企业进口的扩展边际影响也不一样。和本章第3节类似,通过构建进口贸易自由化水平与企业异质性指标的交互项,可以更细致地探讨进口贸易自由化对不同企业进口规模影响的异同,具体如表5-17、表5-18所示①。

---

① 由于经过多次合并数据过程,导致最终进行此回归的样本量大幅度缩减。因此这里我们选取混合OLS方法。

表5-17 不同所有制下进口贸易自由化与企业异质性的交互分析——集约边际

变量	国有企业				中外合资合作	
	(1) intensive_im	(2) intensive_im	(3) intensive_im	(4) intensive_im	(5) intensive_im	(6) intensive_im
free_im	-8619 (15915)	-35819*** (10224)	-18018** (8255)	4164 (13270)	-4796 (10893)	-1042 (9224)
tfp_op	106564 (69445)	50543 (44883)	32581 (45134)	40691 (54490)	23390 (45744)	22024 (45646)
age	2740 (5446)	-10571 (8885)	2125 (5440)	-13762 (14246)	-15234 (14807)	-13750 (14261)
scale	-382901 (4.802e+06)	-596718 (4.800e+06)	6.103e+07*** (2.213e+07)	7.034e+06 (1.363e+07)	6.825e+06 (1.365e+07)	1.363e+07 (2.631e+07)
free_im × tfp_op	-5698 (5153)			-2114 (3462)		
free_im × age		1299* (688.4)			192.4 (452.7)	
free_im × scale			-4.082e+06*** (1.437e+06)			-531035 (1.782e+06)
行业效应	YES	YES	YES	YES	YES	YES
地区效应	YES	YES	YES	YES	YES	YES
年份效应	YES	YES	YES	YES	YES	YES
Constant	88537 (535411)	356003 (518862)	244021 (514986)	1.846e+06* (1.047e+06)	1.897e+06* (1.045e+06)	1.885e+06* (1.045e+06)
Observations	1901	1901	1901	2253	2253	2253
R-squared	878	878	878	1904	1904	1904

续表

变量	外商独资			集体/私营		
	(7) intensive_im	(8) intensive_im	(9) intensive_im	(10) intensive_im	(11) intensive_im	(12) intensive_im
free_im	-8480 (11698)	-6291 (9572)	-1333 (7942)	-21081*** (6740)	-14705*** (4431)	-14320*** (3715)
tfp_op	-35143 (51336)	-12173 (35892)	-6781 (35840)	-39414 (34195)	-3775 (22462)	-4450 (22389)
age	6808 (18159)	475.9 (19761)	7121 (18155)	2071 (2580)	-107.6 (4596)	1911 (2576)
scale	2.306e+07*** (5.081e+06)	2.301e+07*** (5.082e+06)	2.555e+07*** (5.685e+06)	-378951 (3.217e+06)	-16955 (3.223e+06)	-2.329e+06 (4.100e+06)
free_im × tfp_op		2315 (3354)	2872 (2137)			
free_im × age		451.3 (650.8)			147.3 (294.8)	
free_im × scale			-808521 (832730)			144638 (168700)
行业效应	YES	YES	YES	YES	YES	YES
地区效应	YES	YES	YES	YES	YES	YES
年份效应	YES	YES	YES	YES	YES	YES
Constant	983515 (899810)	980545 (899418)	903896 (896658)	434610 (295065)	361105 (289396)	352258 (287466)
Observations	2075	2075	2075	2476	2476	2476
R-squared	1924	1924	1924	1243	1243	1243

注：圆括号内的数值为标准误，*、** 和 *** 分别表示在10%、5%和1%的水平上显著。

表5-18 不同所有制下进口贸易自由化与企业异质性的交互分析——扩展边际

变量	国有企业			中外合资合作		
	(1) extensive_im	(2) extensive_im	(3) extensive_im	(4) extensive_im	(5) extensive_im	(6) extensive_im
free_im	6425 (16244)	-2291 (11609)	7418 (9533)	10605 (17539)	2415 (12754)	4877 (10945)
tfp_op	-58862 (73192)	-58069 (56628)	-60516 (56714)	-87522 (71833)	-101256* (59688)	-101464* (59733)
age	3483 (7355)	-4882 (10088)	3447 (7351)	5994 (15441)	3716 (16551)	6449 (15435)
scale	-3.396e+06 (1.793e+07)	-3.332e+06 (1.792e+07)	6.262e+06 (2.855e+07)	-7.897e+06 (2.026e+07)	-7.870e+06 (2.027e+07)	-1.482e+07 (3.837e+07)
free_im × tfp_op	-42.83 (5634)			-1940 (5320)		
free_im × age		1012 (836.2)			313.7 (730.8)	
free_im × scale			-1.073e+06 (2.468e+06)			589377 (2.802e+06)
行业效应	YES	YES	YES	YES	YES	YES
地区效应	YES	YES	YES	YES	YES	YES
年份效应	YES	YES	YES	YES	YES	YES
Constant	942759 (673919)	1.021e+06 (668638)	937320 (665863)	2.420e+06** (1.001e+06)	2.453e+06** (997535)	2.451e+06** (997558)
Observations	2024	2024	2024	2827	2827	2827
R-squared	789	789	789	2500	2500	2500

第5章 进口贸易自由化对企业进口投入的影响研究

续表

变量	外商独资			集体/私营		
	(7) extensive_im	(8) extensive_im	(9) extensive_im	(10) extensive_im	(11) extensive_im	(12) extensive_im
free_im	-4744 (28589)	-12358 (19256)	-6042 (16603)	-86.38 (9213)	-1661 (6584)	1106 (5049)
tfp_op	-9752 (114246)	-7328 (80011)	-4344 (80043)	7566 (47409)	13296 (34015)	13225 (34019)
age	-13978 (29186)	-31225 (35250)	-13307 (28967)	-4479 (5322)	-7961 (7469)	-4505 (5318)
scale	-3.389e+07*** (1.047e+07)	-3.395e+07*** (1.045e+07)	-3.856e+07*** (1.123e+07)	-1.529e+06 (6.486e+06)	-1.527e+06 (6.485e+06)	-2.174e+06 (8.613e+06)
free_im × tfp_op	368.8 (9961)	1529 (1794)	2.051e+06 (1.791e+06)	553.6 (3236)		
free_im × age					301.0 (457.2)	
free_im × scale						76464 (690720)
行业效应	YES	YES	YES	YES	YES	YES
地区效应	YES	YES	YES	YES	YES	YES
年份效应	YES	YES	YES	YES	YES	YES
Constant	390193 (1.270e+06)	345677 (1.255e+06)	317080 (1.256e+06)	130961 (548373)	171270 (548431)	117783 (542366)
Observations	2552	2552	2552	2075	2075	2075
R-squared	2405	2405	2405	965	965	965

注：圆括号内的数值为标准误，*、** 和 *** 分别表示在10%、5%和1%的水平上显著。

表 5-17 和表 5-18 所观察的是，不同所有制下，进口贸易自由化如何由于企业异质性的不同，而对其进口集约边际和扩展边际带来影响上的差异。从表 5-17 所示结果可以发现，国有企业和集体/私营企业在进口贸易自由化程度加深后会增加其从老市场进口老产品的数量，虽然中外合资/合作企业与外商独资企业也会增加此类贸易额，但进口贸易自由化的影响似乎并不明显。

再来看不同企业异质性的影响，对于国有企业来说，高生产率与大规模的国有企业更倾向"行老路"，反而年龄较小的国有企业会选择其余的进口模式。中外合资/合作企业与外商独资企业中，只有规模大的企业才会选择继续从老市场进口老产品。而从集体/私营企业的分组回归结果来看，似乎低生产率的、企业年龄较小的、规模不大的企业才会扩大其从老市场进口老产品的贸易额。

那么，这些企业除了在进口集约边际受到不同影响外，在扩展边际又有什么区别呢？从表 5-18 中可以看出，除中外合资/合作企业外，其余三类企业均会扩大其在扩展边际的进口行为。就企业异质性的影响来说，只有大规模的具有高生产率的国有企业和高生产率的中外合资/合资企业，才会增加其从新的进口市场进口产品或进口新的产品等行为。

5.4.4 稳健性检验

此小节我们采用分位数回归法对上述主要实证结果进行检验。分位数回归的原理就是，利用最小化加权残差项绝对值，以避免 OLS 回归产生的偏误（Koenker，1978），因此可以很好地处理残差项分布非正态的情况。其目标方程为：

$$\phi_q = \operatorname{argmin} \sum_{i:y_i \geqslant X_i\phi_q}^{n} q|y_i - X_i\phi_q| + \sum_{i:y_i < X_i\phi_q}^{n} (1-q)|y_i - X_i\phi_q| \quad (5.16)$$

其中，q 为分位数值，我们选择在 25%、50% 和 75% 三个分位数点进行估计①。结果如表 5-19 和表 5-20 所示。其中，表 5-19 为进口贸易自由化对企业进口集约边际和扩展边际的分位数回归，表 5-20 为进口贸易自由化对企业进口扩展边际分类的分位数回归。

从表 5-19 中可以看到，随着分位数的增加（25%—50%—75%），进口贸易自由化的分位数回归系数呈现上升趋势。这表明，进口贸易自由化对企业集约边际和扩展边际条件分布最末端的影响最大，说明进口贸易自由化的增强对企业集约边际的影响主要集中在中间阶层和高集约边际的企业，而对扩展边际影响较大的主要集中在本身进口扩展边际较高的企业。接下来，我们对扩展边际进行了分类的分位数回归，具体如表 5-20 所示。

---

① 这里我们的种子值设置为 10101，bootstrap 次数为 100。

第5章 进口贸易自由化对企业进口投入的影响研究

表5-19 进口贸易自由化对企业进口规模的影响——分位数回归

变量	集约边际			扩展边际		
	(1)	(2)	(3)	(4)	(5)	(6)
	q25	q50	q75	q25	q50	q75
free_im	62.59***	-180.8***	-2048***	244.0***	283.8***	-2143***
	(8.514)	(41.18)	(117.4)	(25.51)	(74.71)	(232.1)
行业效应	YES	YES	YES	YES	YES	YES
地区效应	YES	YES	YES	YES	YES	YES
年份效应	YES	YES	YES	YES	YES	YES
Constant	10223***	62670***	290960***	13421***	82500***	394046***
	(111.8)	(614.1)	(2162)	(258.8)	(810.7)	(3016)
Observations	348535	348535	348535	281151	281151	281151

注：圆括号内的数值为标准误，*、**和***分别表示在10%、5%和1%的水平上显著。

表5-20 进口贸易自由化对企业进口扩展边际的分类影响——分位数回归

Panel A	(1)	(2)	(3)
从老市场进口新产品	q25	q50	q75
free_im	114.5***	213.1***	-1938***
	(7.026)	(47.20)	(202.4)
行业效应	YES	YES	YES
地区效应	YES	YES	YES
年份效应	YES	YES	YES
Constant	8534***	54296***	284454***
	(91.74)	(423.9)	(2103)
Observations	221587	221587	221587
Panel B	(4)	(5)	(6)
从新市场进口老产品	q25	q50	q75
free_im	-129.2***	-842.8***	-3916***
	(4.352)	(25.04)	(94.10)
行业效应	YES	YES	YES
地区效应	YES	YES	YES
年份效应	YES	YES	YES
Constant	6979***	44852***	216409***
	(68.76)	(341.6)	(2163)

续表

Panel B	(4)	(5)	(6)
从新市场进口老产品	q25	q50	q75
Observations	167631	167631	167631
Panel C	(7)	(8)	(9)
从新市场进口新产品	q25	q50	q75
free_im	-111.4***	-530.8***	-1967***
	(10.65)	(46.86)	(198.5)
行业效应	YES	YES	YES
地区效应	YES	YES	YES
年份效应	YES	YES	YES
Constant	3821***	25650***	133282***
	(95.24)	(333.7)	(2054)
Observations	141325	141325	141325

注：圆括号内的数值为标准误，*、**和***分别表示在10%、5%和1%的水平上显著。

表5-20中的Panel A、Panel B、Panel C分别表示企业进口扩展边际中的从老市场进口新产品、从新市场进口老产品以及从新市场进口新产品三类。我们可以看到，进口贸易自由化对企业从老市场进口新产品的影响呈上升趋势，并且对于原本此类扩展边际不大的低扩展边际和中间阶层的企业影响不大，甚至会减少其进口规模。但进口贸易自由化的提升，会促进全部企业扩大其从新市场进口老产品和从新市场进口新产品的规模，这与前文所得结果一致。

5.5 本章小结

本章以中国工业企业数据库、中国海关数据库、进口产品关税数据库以及各种编码转换表等为基础，从产品质量和产品规模两个方面，就进口贸易自由化对企业进口投入的影响进行了相应分析。具体可以得到以下几点结论：

首先，在对我国进口产品关税水平、进口产品质量水平和进口产品规模的分析中可以发现，2000~2006年，我国进口产品的关税水平在逐步下降，产品间关税的差异也在进一步缩小。随着进口产品关税水平的下降，进口产品的质量水平在逐渐提升，进口产品的集约边际和扩展边际规模均有增加，其中增幅最大的

第5章 进口贸易自由化对企业进口投入的影响研究

是从新市场进口新产品这类扩展边际。

其次,我们从产品层面入手,分析了进口产品关税水平对企业进口产品质量的影响。研究结果表明,进口关税水平下降后,异质性产品,以一般贸易方式进行交易的产品、消费品、中技术产品以及国有企业和集体/私营企业所进口产品、劳动密集型行业进口的产品和从高收入国家进口的产品,其质量水平的上升均高于其他类别的产品。在加入企业层面控制变量及其与进口关税水平的交互项后,我们发现,进口关税水平的下降对生产率较高且规模较大的国有企业、经营年限较长的中外合资/合作企业和外商独资企业,以及生产率较高的集体/私营企业所进口产品质量水平的提升影响更大。

最后,我们构建了企业层面的进口贸易自由化指标和进口产品质量水平指标,并将进口规模分为了进口集约边际和进口扩展边际,其中,进口扩展边际又包括从老市场进口新产品、从新市场进口老产品和从新市场进口新产品三类。基准模型的结果显示,从老市场进口老产品、从新市场进口老产品和从新市场进口新产品是2000~2006年我国进口企业进口规模扩大的主要来源。在随后基于企业异质性理论的分析中,我们发现,在进口关税水平下降后,高生产率、大规模的国有企业更倾向于从老市场中进口老产品以及进口新产品和开拓新的进口市场。只有大规模的中外合资/合作企业和外商独资企业才会继续扩大其从老市场进口老产品的规模。至于从老市场进口新产品、从新市场进口老产品以及从新市场进口新产品这三类进口扩展边际,除了中外合资/合作企业外,其余三类均会在进口贸易自由化程度加深后,扩大其进口规模。

当然,采用滞后四期关税水平和分位数回归法的稳健性检验也支持上述主要结果。

第6章 出口贸易自由化对企业出口选择的影响研究

在分析完企业进口端关税水平变动对企业进口投入的影响后,本章主要从企业出口端出发,考察出口关税下降后,企业在出口产品质量和出口产品规模这两个方面所受到的影响。

6.1 引言

在针对关税下降对企业出口行为的研究中,学者们大多是从进口关税视角来进行相应的研究。Bernard等(2007)基于美国制造业企业的研究表明,进口贸易自由化能降低企业的贸易成本,进而影响其出口行为。Goldberg等(2010)就印度1991年实行的贸易自由化进行了分析,发现进口关税的下降将扩大企业的产品规模,并且这种获益主要是来自于进口中间品的可获得性提升而不是进口中间品的价格下降。Besedes和Nair–Reichert(2009)与Bas(2012)分别针对印度和阿根廷制造业企业的研究也证实了Bernard等(2007)的结论。国内亦有学者对此问题进行了相关研究,田巍和余淼杰(2012)发现,进口关税下降能使企业获得更多进口中间投入品,这将促进企业生产成本下降,进而提高企业的出口强度。毛其淋和盛斌(2013,2014,2015)就贸易自由化对企业出口行为的影响做了大量研究。但以上的研究均未从出口关税即出口贸易自由化视角入手,本章将就出口贸易自由化程度加深对企业出口产品质量和出口产品规模的影响进行深入探讨。

6.2 出口贸易自由化与企业出口选择的变动情况

在"十五"计划、"十一五"规划期间,我国出口战略的重点是提高高附加值劳动密集型产品的出口,并且完善加工贸易,着重提高产业层次和加工深度,以促进国内产业升级。出口额从 2000 年的 2492 亿美元上升到了 2015 年的 22734.7 亿美元,其占进出口总额的比重也从 52.54% 上升到了 57.51%[①],说明我国已开始从依靠进口国外产品来满足国内需求,逐步过渡到以国外先进进口产品促进国内生产,并使产品满足国内外两个市场的局面。本节主要就出口关税水平下降后,我国出口产品质量的变化进行相关分析。首先从出口关税的变动和出口产品质量以及出口产品规模等几个方面进行相应的统计描述。

6.2.1 出口贸易自由化的变动情况

出口关税过高会大大影响企业出口的热情,也会减少企业从出口中不断提升自身技术管理水平的机会。自我国改革开放以来,不仅逐步降低了进口关税水平,还逐渐调整了出口关税水平,具体情况如图 6-1 所示。

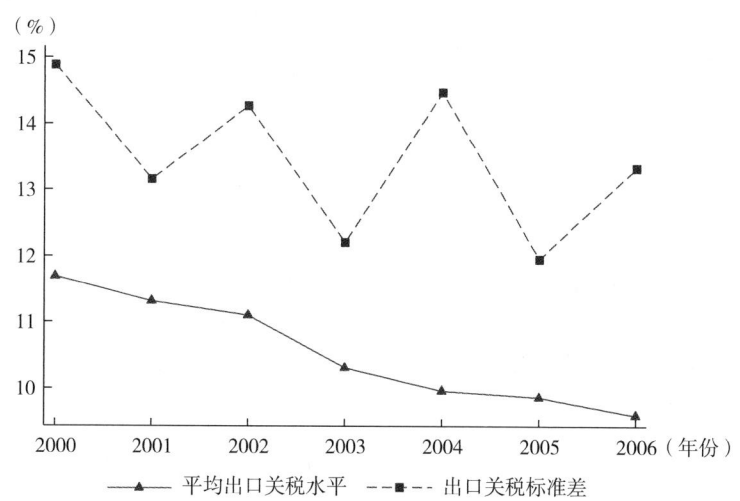

图 6-1 2000~2006 年我国出口关税变化趋势

资料来源:作者根据 UNCTAD 的 Trains 数据库、WTO 的 IDB 数据库整理。

---

① 相关年份的《中国统计年鉴》。

从图 6-1 中可以发现，2000~2006 年，我国的出口关税水平呈下降趋势。2000 年时，出口平均关税水平达 11.69%，2006 年出口关税水平下降至 9.59%，下降幅度为 17.96%。其中，在加入 WTO 的前后两年中，我国关税水平的下降幅度最大，这一点与进口关税水平的变化类似，两者均有大幅度的下降。但与进口关税水平变动不同的是，出口关税的标准差时而变大时而变小，这与我国当初保护部分产业有关，这种标准差时而大时而小的现象说明在本书样本期间内，我国产业间的出口关税水平确实存在一定差异，并且我国出口端的关税相较于进口端的关税更易受国家宏观调控政策的影响。当然，不可否认的是，这种行业间的差异也在逐步缩小，可以看到，2000 年时的出口关税标准差为 14.89%，而到 2006 年，此标准差变为 13.33%。

与第 5 章类似，我们进一步地使用核密度估计的方法，通过选取几个典型年份的出口关税水平，构建核密度图，具体如图 6-2 所示。

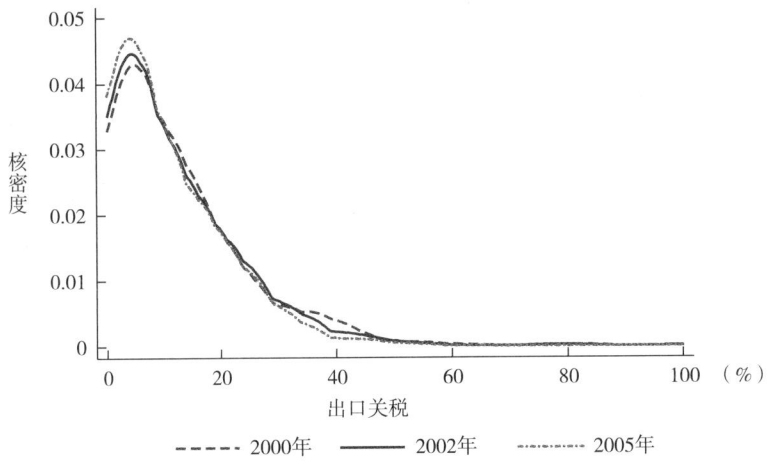

图 6-2　我国出口产品关税核密度估计曲线①

资料来源：作者根据 UNCTAD 的 Trains 数据库、WTO 的 IDB 数据库整理。

与图 5-2 相比，我们会发现，图 6-2 所示的出口产品关税核密度估计曲线在 2000 年、2002 年、2005 年三年的形状变化不大，不像进口产品关税核密度曲线经历了从"矮胖型"向"高瘦型"的变化，但还是能明显地看到，该曲线从 2000 年开始有向左移动的趋势，这与图 6-1 所呈现的结果一致。另外，核密度曲线宽度的变动不大也进一步验证了图 6-1 中进口关税水平标准差曲线变动不

---

① 为了提高图像的可视性，删掉了关税水平大于 100 的产品，涉及 HS 六位数层面 216 种产品。

第6章 出口贸易自由化对企业出口选择的影响研究

大的事实。

同样,借助第4章所提供的企业层面贸易自由化计算公式,可以得出产品关税加权后的出口贸易自由化水平。在此基础上,我们画出了企业层面出口贸易自由化水平的核密度估计曲线,具体如图6-3所示。

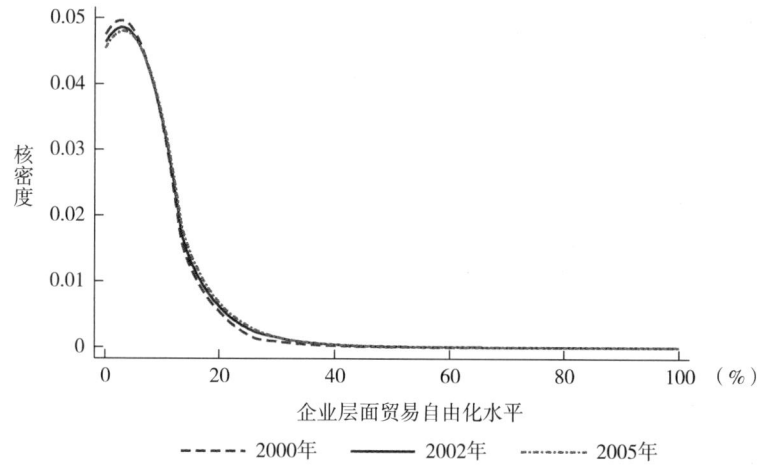

图6-3 我国企业出口贸易自由化水平核密度估计曲线

资料来源:作者根据中国海关数据库、UNCTAD的Trains数据库、WTO的IDB数据库整理。

如图6-3所示的企业层面出口贸易自由化水平延续了图6-2所示的产品层面出口关税变动情况,即水平位移不太明显,但可以看到的是,从2000年到2002年再到2005年,每次的波峰位置在逐步上升。虽然在本书的样本期内,出口关税水平变动不大,但出口关税水平的行业间差异在逐渐缩小,这对于多产品企业来说也是好事一件。

那么行业间关税水平的差异是否在逐渐缩小呢,按照制造业行业的分类标准,我们对27个制造业行业进行了相应的分析,结果如图6-4所示。

从分行业出口关税水平的变化中可以看到,出口关税水平变化较大的仅有行业15(饮料制造业)和行业16(烟草制造业),这两个行业同时也是进口关税水平下降最大的行业。而其余25个行业的出口关税变化均不太大,但与2000年相比,还是基本呈下降趋势。

从上述国家、行业、企业、产品四个层面的统计描述中可以看到,2000~2006年,我国出口关税水平的下降幅度有所下降,但与进口关税相比,其幅度不大,这也符合当时我国制定的进出口战略,这在第3章所总结的我国进出口战略中就有所体现,譬如在"十五"计划和"十一五"规划中,我国出口战略主要

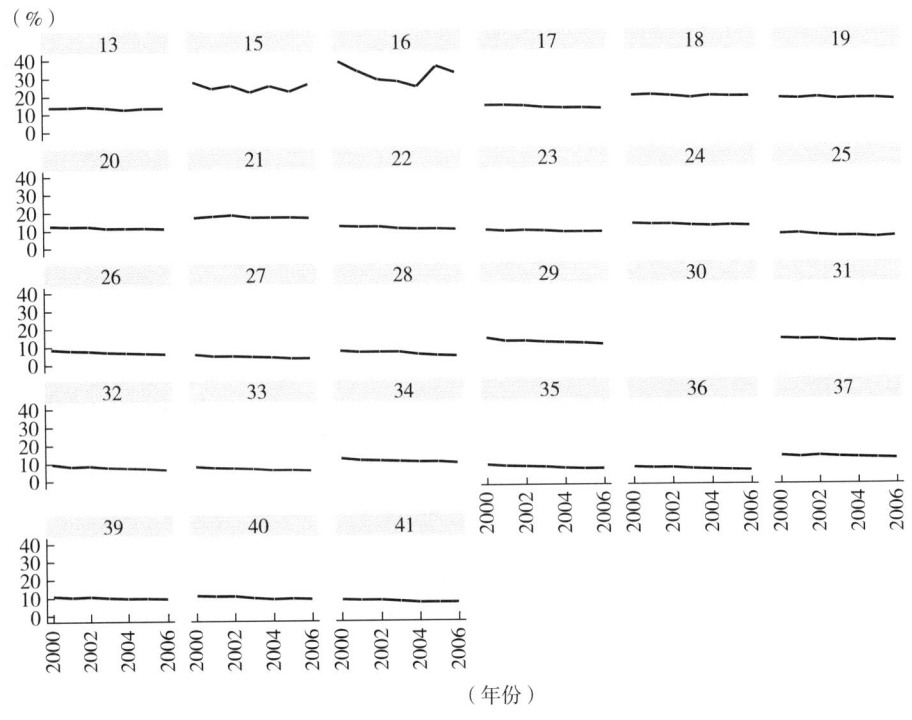

图 6-4 分行业出口关税水平变化趋势①

注：行业分类标准为 GB/T 4754—2002。Graphs by gb2002。

资料来源：作者根据 UNCTAD 的 Trains 数据库、WTO 的 IDB 数据库整理。

强调的是优化出口结构、以自主品牌为销售重点，而且需要进一步扩大机电产品的出口，借助出口到国际市场的契机，加快诸如轻纺业等劳动密集型行业的转型升级。另外，我们也可以看到，即使我国出口产品关税的下降程度并不大，但不同行业间出口关税的差异在不断缩小，这样更有利于相应企业开拓新的市场，获取更大的市场份额，并从中获取宝贵的技术管理经验，促使其进一步地提高出口产品质量。那么，在出口关税水平下降后，我国出口产品的质量发生了多大变化呢？下面，我们就出口产品质量的变动情况进行相应的分析。

6.2.2 出口产品质量的变动情况

从上一章的分析中我们知道，我国在"入世"后，所进口产品的质量在逐渐提升，这得益于不断下降的进口产品关税水平，给许多之前不能进入进口市场

---

① 行业选取标准和第 5 章一致。

或者在进口市场中拥有选择不多的企业带来了新的机遇。同样地,随着进口产品质量的提升,出口产品质量是否也会有所提升呢?具体如图6-5所示。

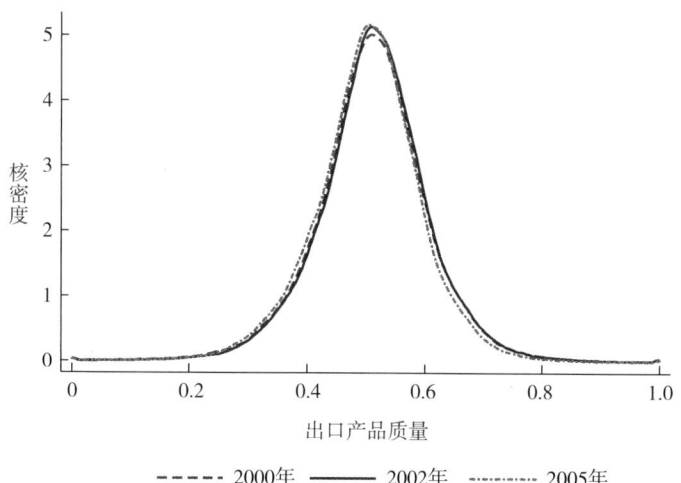

图6-5 我国出口产品质量核密度估计曲线

资料来源:作者根据中国海关数据库整理。

从图6-5中可以看到,2000~2006年,我国出口产品质量的变动不太明显,上升幅度不大,但产品质量核密度曲线的波峰位置有所上升。相对于2000年来说,2005年的产品质量还是有些许程度的提升。

为了更全面地观察我国出口产品质量的变化情况,我们按照产品的技术含量高低、产品生产阶段、产品性质、产品的贸易方式以及企业所有制形式、企业所处的行业差异和出口目的国的收入水平进行了分类,具体结果如表6-1所示。

表6-1为不同分类情况下,2000~2006年我国出口产品质量的变化情况。先来看不同技术分类下,我国出口产品质量的变动情况。借助Lall(2000)提供的技术分类标准,我们将出口产品分为低技术出口产品、中技术出口产品和高技术出口产品。可以看到,出口产品质量最高的是高技术出口产品,质量最低的是低技术出口产品。和进口产品质量不同的是,三类技术水平的出口产品质量均呈倒"U"形变化趋势。具体来说,在我国加入WTO的前后两年,低技术出口产品的质量开始上升,但从2003年开始,其出口产品质量开始下降。中技术水平的出口产品和高技术水平的出口产品,其产品质量从2004年起,也开始呈下降趋势。

根据BEC提供的分类标准,可以将产品按生产阶段分为资本品、中间品和消费品三种。从表6-1中可以看到,首先资本品的出口质量是最高的,其次是中间品,最后是消费品。当时我国正逐步加入全球价值链的生产中,需要不断在

表6-1 不同产品分类下出口产品质量变化趋势

分类依据	类别	2000年	2001年	2002年	2003年	2004年	2005年	2006年	均值
技术含量	低技术	0.5026407	0.5034718	0.5053795	0.504841	0.4993753	0.4946384	0.4885974	0.499849
	中技术	0.5207766	0.5216462	0.5230893	0.5235533	0.5182193	0.5129593	0.5066872	0.518133
	高技术	0.5238714	0.5256529	0.5263977	0.5265977	0.5227579	0.5186235	0.5140263	0.522561
生产阶段	资本品	0.5209425	0.5220996	0.5213303	0.5211524	0.5164591	0.5120451	0.5078466	0.517411
	中间品	0.5119562	0.5124962	0.516055	0.5157525	0.5084477	0.5034555	0.4981864	0.509479
	消费品	0.5065561	0.5089264	0.5094089	0.5094062	0.5053992	0.4999323	0.4921096	0.504534
产品性质	同质性产品	0.5194375	0.5268707	0.5472569	0.5417853	0.5094238	0.5087446	0.4782984	0.518831
	异质性产品	0.5095487	0.5112141	0.5125449	0.5127813	0.5087622	0.5040446	0.4977109	0.508087
贸易方式	一般贸易	0.5086374	0.5111416	0.513236	0.5134246	0.5074438	0.5026591	0.4968783	0.507632
	加工贸易	0.5159173	0.5142546	0.5140533	0.5133551	0.5104105	0.5043552	0.4943957	0.509535
所有制	国有企业	0.5098041	0.5119521	0.5138009	0.5134904	0.5069866	0.501259	0.4950194	0.507473
	中外合资/合作	0.5079913	0.5083555	0.5101832	0.5089766	0.5040768	0.4984566	0.4929446	0.504426
	外商独资	0.5137676	0.5130624	0.5116615	0.5098373	0.5059319	0.500011	0.4917301	0.506572
	集体/私营	0.5097267	0.513712	0.5163057	0.517432	0.511358	0.5065623	0.5011993	0.510899
行业差异	劳动密集型	0.5060529	0.5078415	0.5090866	0.5086101	0.5036159	0.4985055	0.4919228	0.503662
	资本密集型	0.5137567	0.5163155	0.521043	0.5214234	0.5134572	0.5068782	0.5016793	0.513508
	技术密集型	0.5182298	0.5181296	0.5180564	0.5182529	0.5137832	0.510032	0.5036871	0.51431
出口目的国收入水平	低收入国家	0.5087526	0.5124607	0.5149605	0.5132473	0.5044881	0.5005872	0.4969941	0.507356
	低中收入国家	0.5082243	0.5125112	0.5146102	0.5149239	0.50836	0.5029838	0.4974718	0.508441
	高中收入国家	0.5100286	0.5120618	0.512706	0.5132158	0.5080321	0.5037312	0.4985566	0.508333
	高收入国家	0.5105176	0.5116101	0.5132553	0.5131634	0.5082862	0.5030304	0.4962641	0.508018

资料来源:作者根据中国海关数据库、BEC分类标准、Lall(2000)分类标准、Rauch(1999)分类标准,世界银行国家收入分类标准整理。

国际贸易中学习新的规则以及获得新的技术水平。而三类产品中,资本品的出口产品质量远高于中间品和消费品的产品质量,也从侧面说明了我国出口企业的不断进步。从表6-1中我们还可以发现,这三类出口产品的质量水平也基本呈倒"U"形的变化趋势,和技术分类下出口产品质量的变动类似,也是在我国加入WTO前后两年,其质量有所提高。

按Rauch(1999)所提供的分类标准,可以将企业所生产的产品分为同质性产品和异质性产品。可以看到,我国出口同质性产品的质量大于出口异质性产品的质量。并且同质性出口产品的质量在2001~2003年获得了极大的提高,这很有可能是随着我国出口关税水平的下降,更多的企业加入出口市场中,其带来的竞争效应、溢出效应以及示范效应都使得整个行业中所有出口企业提高了其出口产品的质量水平,从而使得出口产品质量的差异得以缩小,这与图6-5所示相符。

施炳展等(2013)在对中国出口企业产品质量的分析中发现,从事一般贸易的出口企业其出口产品质量的上升趋势相对于从事加工贸易出口企业的上升趋势较低。在将出口产品按贸易方式分为一般贸易和加工贸易后,我们的结果和施炳展等(2013)的一致,即以加工贸易方式出口的产品比以一般贸易出口的产品,其质量水平更高,这种情况持续存在。另外,二者的变化趋势也大致相同,均从2003年开始,其产品质量开始了大幅的下滑。二者的质量水平变化均呈倒"U"形。

分析完不同产品层面的变化趋势后,我们还将样本分为国有企业、中外合资/合作企业、外商独资企业以及集体/私营企业四类。可以看到,这四类企业所出口产品质量最高的是集体/私营企业,其次是国有企业,最低的是中外合资/合作企业。从我国改革开放以来,一直走在改革前沿的就是集体/私营企业。许多研究都已表明,集体/私营企业通常是创新能力最强的企业,其发展的动力也往往是最强的。而国有企业恰恰正进入国有企业改制的过程中,制度的倒逼机制也会促使其提高出口产品的质量水平。反而中外合资/合作企业以及外商独资企业,其出口的方式主要是以加工贸易为主,中国是其主要的加工基地之一,因此其产品质量相较于国有企业和集体/私营企业而言,处于低位水平。另外,从出口产品质量的变动幅度中也可以看出,国有企业和集体/私营企业所受影响较大,波动的幅度也比中外合资/合作企业和外商独资企业要大。但这四种所有制类型的企业,其所出口产品的质量水平均呈倒"U"形分布。

2000~2006年,我国低廉的劳动力成本是当时参与国际贸易的比较优势,但其产品质量一直不高也是不争的事实。从表6-1中我们发现,劳动密集型行业所出口的产品质量是最低的,最高的是技术密集型行业,第二是资本密集型行业。在"十五"计划和"十一五"规划中,政府明确提出了要进一步优化出口商品结构,提高劳动密集型工业制成品出口以及提高其技术含量和附加值,并增加高新技术产品和高附加值产品的出口。从表6-1所示的数据中可以看到,我国基本完成了"十五"计划和"十一五"规划所定的目标,技术密集型行业的出口产品质量在不断提升。

在按出口目的国收入进行的分组中,我们发现,我国企业出口产品到高中收入国家和低中收入国家的质量最高,最低的是低收入国家,基本符合当前学界认为的出口产品质量与出口目的国国家收入水平有关的结论。但在2004年时,无论是出口到高收入国家,还是出口到低收入国家,抑或是高中收入国家和低中收入国家,其产品质量出现了大幅的下降,并且一直持续到2006年。

综合以上七种不同分类下的出口产品质量变化趋势,我们可以得出以下的结论,我国出口产品质量最高的主要集中在高技术出口产品、出口的资本品、同质性产品、以加工贸易方式进行交易的产品以及集体/私营企业所出口的产品、技术密集型行业出口的产品,还有出口到高收入国家和低收入国家的产品,但总体出口产品的质量变动呈倒"U"形。

6.2.3 出口产品规模的变动情况

出口关税水平的下降为企业提供了更大的市场空间,企业生产成本中的可变成本获得了下降,这让许多之前无法进入出口市场进行国际贸易的企业获得了机会,而"干中学"效应为企业带来的收益又会使得其逐步提高生产效率,从而使其进一步扩大出口规模。当然,和企业进口端的分析一样,在面临逐步敞开的国际市场,企业是选择继续出口老产品到老市场,还是开辟新路,选择出口新产品到老市场,抑或是出口老产品到新市场,还是出口新产品到新市场呢?表6-2给出了这四种出口情形的变动趋势。

正如我们之前所预计的一样,2000~2006年,从事出口的企业个数在不断增加①,而出口关税水平的下降也确实为企业带来了更广阔的市场空间,这从不断上升的"企业—国家对"上就能看出。

另外,表6-2将企业出口产品的规模分为了四类,分别为出口老产品到老市场的出口集约边际,和包含了出口新产品到老市场、出口老产品到新市场以及出口新产品到新市场的出口扩展边际。

从贸易额的绝对量上来看,企业出口老产品到老市场的贸易额在逐年增加,但实际上,其占总出口规模的比重却在不断下降。再来看三类出口扩展边际的变

---

① 和企业进口端的分析一样,这里所显示的出口企业数指的是流量,不是存量。

表6-2 出口产品集约边际和扩展边际的变动趋势

年份	企业数（家）	企业—国家对（对）	集约边际		扩展边际					
			出口老产品到老市场		出口新产品到老市场		出口老产品到新市场		出口新产品到新市场	
			贸易额（百万美元）	占比（%）	贸易额（百万美元）	占比（%）	贸易额（百万美元）	占比（%）	贸易额（百万美元）	占比（%）
2000	43620	211958	—	—	—	—	—	—	—	—
2001	54841	290536	47006	69.72	10540	15.63	8325	12.34	1552	2.3
2002	64019	363493	41547	55.07	17178	22.77	12879	17.07	3836	5.1
2003	77579	453956	47248	46.79	25457	25.21	19701	19.51	8581	8.5
2004	96086	562520	62987	44.54	34564	24.44	30111	21.29	13742	9.7
2005	114500	671321	69327	42.93	39146	24.24	34445	21.33	18573	11.5
2006	103948	591223	89438	45.46	46231	23.49	39494	20.07	21572	10.97

注：①这里使用的是出口贸易额。②所有集约边际和扩展边际均从企业有出口行为后的第二年开始算起，即采用一年参照法。③由于计算过程中四舍五入，总量上难免存在些许偏差。

资料来源：作者根据中国海关数据库整理。

动情况。如表6-2所示，这三类扩展边际的绝对贸易额均有大幅提升。其中，出口新产品到老市场的贸易额从2000年的105.4亿美元上升到了2006年的462.31亿美元，上升了3.39倍，另外，出口老产品到新市场和出口新产品到新市场也分别上升了3.74倍和3.77倍。虽然后两种出口扩展边际上升的幅度最大，但是出口新产品到老市场在所有扩展边际中所占的比重仍然是最大的。众所周知，企业开发一个新的市场所付出的成本肯定比其开发一个新的产品所付出的成本要高，但这都是在出口关税居高不下的时候，在出口关税水平下降后，企业将有更多的选择，并且之前可能需要付出的沉没成本也不复存在，这也是为什么虽然出口新产品到老市场所占比重依然最高，但其占比的增长率只有50.29%，而出口老产品到新市场的增长率却有62.62%。另外，我们还发现，出口新产品到新市场的增长率达到了377%，这从侧面说明了自出口关税水平下降后，越来越多的企业开始加入出口市场，而之前就处于出口市场中的企业也开发了新的贸易伙伴，表6-2出口产品集约边际和扩展边际的变动趋势这两个原因都是导致出口新产品到新市场这一扩展边际增长率得以大幅度上升的原因。

综上分析，我们发现，随着出口关税水平的逐步下降，越来越多的企业开始加入出口市场，并且出口目的地也在大幅增加，以前主要靠出口老产品到老市场的模式在渐渐改变，新产品、新市场成为企业扩大其出口的新路径。

6.3 出口贸易自由化对出口产品质量的实证检验

在 Melitz（2003）提出企业异质性框架后，产品更微观层面的产品质量视角开始为学者们所关注。国内部分学者就我国出口产品质量进行了有益的探索。殷德生（2011）以我国加入 WTO 后进出口快速增长的现象为背景，构建了包含企业异质性和产品质量升级的理论框架。随后，施炳展等（2013）、张杰等（2014）以中国海关数据库为研究样本，测算了我国企业出口产品质量的变动情况。汪建新（2014）以及刘晓宁和刘磊（2015）对进口产品关税与出口产品质量的关系进行了相关研究。但上述研究还存在需要完善的地方，首先，现有研究对贸易自由化的度量均是基于进口产品关税水平，但实际上我国出口关税水平在 2000～2006 年也有大幅度下降，出口关税的变动也会对企业的生产成本造成影响，进而影响其出口产品质量和出口产品规模，但已有研究并未对此进行相应的分析。其次，现有研究未从企业异质性角度入手进行细致分析，导致结论还存在许多需要完善的地方。根据上文的统计描述，可以看出，随着出口关税水平的下降，我国企业出口产品的质量水平和出口规模也出现了不同幅度的上升，那么，两者之间是否有相应的联系，或者说，出口关税水平的下降在多大程度上促进了企业出口产品质量的提升和出口规模的扩大？本节将就出口关税变动后，企业出口产品质量的变动情况进行相应分析。

6.3.1 模型设定与变量描述

借鉴现有的研究成果，我们可以将模型设定如下。

$$quality_{ijcmt}^{exp} = \alpha_0 + \alpha_1 tariff_{ijct}^{exp} + \alpha_2 year_t + \varepsilon_{ijcmt}^{exp} \tag{6.1}$$

其中，i、j、c、m、t 分别表示企业、产品、进口来源国、贸易方式和年份，$quality_{ijcmt}^{exp}$ 为出口产品质量①，$tariff_{ijct}^{exp}$ 为进口关税水平②，$year_t$ 为时间趋势控制变量，$\varepsilon_{ijcmt}^{exp}$ 为产品层面的误差项。式（6.1）是本节实证检验的基准模型。考虑产品出口目的国、产品贸易方式、产品所处行业、企业所在地区的影响，可将模型改写为以下形式。

$$quality_{ijcmt}^{exp} = \alpha_0 + \alpha_1 tariff_{ijct}^{exp} + \alpha_2 country_{ct}^{exp} + \alpha_3 \text{mode}_{mt}^{exp} + \alpha_4 ind_{jt}^{exp} + \alpha_5 locat_{it}^{exp} + \alpha_6 year_t + \varepsilon_{ijcmt}^{exp} \tag{6.2}$$

---

① 和第 5 章的进口产品质量一样，这里的出口产品质量已标准化，去掉量纲。
② 具体计算方法参见第 4 章详细内容。

其中，$country_{ct}^{exp}$、$mode_{mt}^{exp}$、ind_{jt}^{exp}、$locat_{it}^{exp}$分别为出口目的国、贸易方式、产品所处行业、企业所在省份的控制变量。和第5章类似，我们将海关数据库与中国工业企业数据库合并①，这样，可以获得有关企业更全面的信息。在数据合并后，可以建立如下模型：

$$quality_{ijcmt}^{exp} = \alpha_0 + \alpha_1 tariff_{ijct}^{exp} + \alpha_2 tfp_{it} + \alpha_3 age_{it} + \alpha_4 scale_{it} + \alpha_5 control_{ijcmt}^{exp} + \varepsilon_{ijcmt}^{exp}$$
(6.3)

式（6.3）为控制企业层面影响因素后的实证模型。其中tfp_{it}、age_{it}、$scale_{it}$分别表示企业的全要素生产率、企业年龄和企业规模②，$control_{ijcmt}^{exp}$为控制变量，和式（6.2）中的一样，包含行业、地区、时间以及出口目的国和贸易方式。在式（6.3）的基础上，我们还可以通过构建出口关税与企业异质性的交互项，来更清楚地观察不同企业在面临进口关税水平下降时的决策。具体模型如下：

$$quality_{ijcmt}^{exp} = \alpha_0 + \alpha_1 tariff_{ijct}^{exp} \times tfp_{it} + \alpha_2 age_{it} + \alpha_3 scale_{it} + \alpha_4 control_{ijcmt}^{exp} + \varepsilon_{ijcmt}^{exp} \quad (6.4)$$

$$quality_{ijcmt}^{exp} = \alpha_0 + \alpha_1 tariff_{ijct}^{exp} \times age_{it} + \alpha_2 tfp_{it} + \alpha_3 scale_{it} + \alpha_4 control_{ijcmt}^{exp} + \varepsilon_{ijcmt}^{exp} \quad (6.5)$$

$$quality_{ijcmt}^{exp} = \alpha_0 + \alpha_1 tariff_{ijct}^{exp} \times scale_{it} + \alpha_2 tfp_{it} + \alpha_3 age_{it} + \alpha_4 control_{ijcmt}^{exp} + \varepsilon_{ijcmt}^{exp} \quad (6.6)$$

在式（6.4）、式（6.5）、式（6.6）中，$tariff_{ijct}^{exp} \times tfp_{it}$、$tariff_{ijct}^{exp} \times age_{it}$、$tariff_{ijct}^{exp} \times scale_{it}$分别表示出口关税水平与企业全要素生产率、企业年龄、企业规模的交互项，其前面的系数分别表示企业生产率越高、年龄越长、规模越大，出口关税变动对其出口产品质量的影响。

本章所使用的数据依然是中国工业企业数据库、中国海关数据库、产品关税数据库以及各种编码转换表，具体的数据来源和相关的数据合并处理过程见第4章。

6.3.2 产品层面的经验分析

依照式（6.1）和式（6.2）进行初步回归（混合OLS），可得表6-3。

表6-3 出口关税对出口产品质量的影响

变量	(1) quality_ex	(2) quality_ex	(3) quality_ex	(4) quality_ex
tariff_ex	-0.000239***	-9.78e-05***	-5.78e-05***	-9.85e-05***
	(3.66e-06)	(3.71e-06)	(4.46e-06)	(2.53e-05)

---

① 具体合并细节参见第4章详细内容。
② 具体计算方法参见第4章详细内容。

续表

变量	(1) quality_ex	(2) quality_ex	(3) quality_ex	(4) quality_ex
tfp_op				0.000150 (0.000199)
age				1.77e−06 (2.50e−05)
scale				0.0202 (0.0364)
行业效应		YES	YES	YES
地区效应		YES	YES	YES
年份效应	YES	YES	YES	YES
出口目的国			YES	YES
贸易方式			YES	YES
Constant	0.509*** (5.13e−05)	0.508*** (0.000412)	0.497*** (0.00130)	0.514*** (0.00268)
Observations	4863630	4857692	4857692	131872
R−squared	0.001	0.036	0.037	0.039

注：圆括号内的数值为标准误，*、**和***分别表示在10%、5%和1%的水平上显著。

从表6-3中可以看出，在依次加入行业效应、地区效应、年份效应以及出口目的国和贸易方式等控制变量后，出口关税的下降依然能显著地促进企业出口产品质量的提升，但从列（4）所示结果也可以看到，企业全要素生产率、企业年龄以及企业规模，虽然对企业出口产品质量的提升有促进作用，但其影响并不明显。按照表6-1的划分方法，我们还进行了更细致的分析，结果如表6-4所示。

在表6-4中，我们将样本分为了七组分别进行检验，包括了产品层面的分组：同质性产品和异质性产品；以一般贸易进行交易的产品和以加工贸易进行交易的产品；按生产阶段划分的资本品、中间品和消费品；按技术水平划分的低技术产品、中技术产品和高技术产品；还包括了企业层面的分组：按所有制形式划分的国有企业、中外合资/合作企业、外商独资企业和集体/私营企业；另外，还有按行业要素使用密集度划分的劳动密集型行业、资本密集型行业和技术密集型行业，以及按出口目的国收入水平划分的低收入国家、低中收入国家、高中收入国家和高收入国家。下面，依次来看不同分组下，出口关税水平对企业出口产品质量的影响。

第6章 出口贸易自由化对企业出口选择的影响研究

表6-4 不同分类下出口关税对出口产品质量的影响

变量	(1) 同质性产品 quality_ex	(2) 异质性产品 quality_ex	(3) 一般贸易 quality_ex	(4) 加工贸易 quality_ex	(5) 资本品 quality_ex	(6) 中间品 quality_ex	(7) 消费品 quality_ex
tariff_ex	-6.48e-06 (1.40e-05)	-9.01e-05*** (6.32e-06)	-3.58e-05*** (4.66e-06)	-0.000318*** (1.81e-05)	0.000806*** (2.38e-05)	-3.49e-05*** (6.83e-06)	-1.00e-04*** (6.18e-06)
Constant	0.442*** (0.00999)	0.479*** (0.00137)	0.494*** (0.00142)	0.533*** (0.00353)	0.513*** (0.00399)	0.493*** (0.00208)	0.498*** (0.00189)
Observations	45979	4224527	4018264	710538	588536	2110993	2156602
R-squared	0.137	0.032	0.036	0.067	0.048	0.071	0.062

变量	(8) 低收入国家 quality_ex	(9) 低中收入国家 quality_ex	(10) 高中收入国家 quality_ex	(11) 高收入国家 quality_ex	(12) 低技术产品 quality_ex	(13) 中技术产品 quality_ex	(14) 高技术产品 quality_ex
tariff_ex	-0.000141*** (1.60e-05)	-0.000166*** (1.48e-05)	1.49e-08 (1.11e-05)	-2.35e-05*** (5.62e-06)	-0.000217*** (1.01e-05)	0.000434*** (1.48e-05)	-1.45e-07 (1.98e-05)
Constant	0.528 (227.0)	0.499*** (0.0136)	0.521 (55.48)	0.495*** (0.00135)	0.548*** (0.0180)	0.561*** (0.00254)	0.513*** (0.00327)
Observations	353028	645570	767462	3091632	2045870	1332889	742917
R-squared	0.041	0.039	0.035	0.040	0.067	0.045	0.085

续表

变量	(15) 国有企业 quality_ex	(16) 中外合资/合作 quality_ex	(17) 外商独资 quality_ex	(18) 集体/私营 quality_ex	(19) 劳动密集型 quality_ex	(20) 资本密集型 quality_ex	(21) 技术密集型 quality_ex
tariff_ex	-3.61e-05*** (7.06e-06)	-3.35e-05*** (1.16e-05)	-5.25e-05*** (1.10e-05)	-0.000105*** (8.42e-06)	-4.18e-05*** (5.54e-06)	-0.000127*** (9.38e-06)	-0.000185*** (1.48e-05)
Constant	0.498*** (0.00212)	0.501*** (0.00338)	0.514*** (0.00351)	0.488*** (0.00238)	0.489*** (0.00183)	0.412*** (0.00347)	0.487*** (0.00250)
Observations	1885812	615908	813621	1515623	2511308	983681	1172739
R-squared	0.034	0.042	0.048	0.047	0.047	0.030	0.023
其余控制变量	YES	YES	YES	YES	YES	YES	YES

注：圆括号内的数值为标准误，*、** 和 *** 分别表示在 10%、5% 和 1% 的水平上显著。

第6章 出口贸易自由化对企业出口选择的影响研究

首先,依照 Rauch(1999)提供的分类标准,我们可以将产品分为同质性产品、异质性产品和参考价格产品三类①。表6-4中的列(1)和列(2)所显示的就分别是同质性产品和异质性产品在出口关税下降时,其产品质量的变动情况。可以看到,在出口关税水平下降后,同质性产品和异质性产品的产品质量水平都会有所提升,并且异质性产品所受的影响更大。这说明,在受到出口关税下降的影响后,企业所面临的出口市场和所出口的产品都将有大幅的变化。从表6-2中可以看到,出口老产品到老市场的比重加上出口老产品到新市场的比重在逐年下降,从2000年的82.06%下降至2006年的65.53%。

其次,按照贸易方式,可以将产品的交易行为分为一般贸易和加工贸易。明显地,在本书的样本期间内,加工贸易更易受出口关税水平下降的影响,以加工贸易方式进行国际贸易的产品,其质量水平上升幅度更大。这也符合我国在"十一五"规划中所提的要求:完善加工贸易政策,继续发展加工贸易,着重提高产业层次和加工深度,增强国内配套能力,促进国内产业升级。

按照 BEC 的分类标准,可以将出口产品分为资本品、中间品和消费品。在表6-1中,我们就已经获知,2000~2006年,消费品和中间品的出口质量远高于资本品的出口质量。从表6-4的列(5)至列(7)中也可以得到一定程度的验证。可以看到,资本品在出口关税水平下降后,反而会降低其出口产品的质量水平。其原因可能是多方面的,有可能是出口关税水平下降后,进入出口市场的企业增加,其间的竞争效应使得企业降低资本品的出口质量;也有可能是企业选择将资本品出口到低收入的国家,这也会导致出口资本品质量的下降。另外,由于出口关税水平下降,进入出口市场的门槛降低,这会导致进入企业的生产率整体水平下降,也是可能导致出口资本品质量水平下降的原因之一。反观出口中间品和出口消费品的质量水平,可以看到的是,这两类出口产品的质量水平会因为出口关税水平的下降而获得提升,尤其是出口消费品。众所周知,美国、日本、欧洲各国等发达国家是我国较大的贸易伙伴,而其日常消费中的产品正是我国生产具有比较优势的产品。因此,降低出口关税水平将有利于企业出口更多的消费品到高收入的国家,而从出口中所习得的经验和先进技术也将促使企业进一步提升其产品质量水平。

正如前文所述,出口产品到收入越高的国家越有利于企业提高其产品质量水平。那么,出口关税水平的下降是否有利于企业出口到高收入国家产品质量的提升呢?参照世界银行公布的以国家收入水平分类的标准,可以将出口目的国分为低收入国家、低中收入国家、高中收入国家和高收入国家四类。可以很明显地看

---

① 这里,我们仅选取 Rauch(1999)中定义的同质性产品和异质性产品。

到，出口关税水平的下降会促使企业出口到低收入国家的产品质量上升。由于出口关税水平下降能为企业带来更多的贸易市场和贸易伙伴，那么出口企业必然会根据出口目的国的制度环境以及其居民的消费水平进行重新选择。同时，降低进入出口市场的门槛，会让许多生产率较低的企业进入出口市场，而这些企业往往会首选将产品出口到收入较低的国家，这也是为什么在表6-4中我们所观察到的，随着出口关税水平的下降，出口到低收入国家和低中收入国家的产品质量水平得到了提升的原因。同样地，我们发现，在出口关税水平下降后，出口到高收入国家的产品质量水平得到了提升。因为出口产品到高收入的国家时，企业间的相互竞争会促进出口企业不断提升生产标准和产品质量，同时，在高收入国家市场中所获取的来自消费市场的经验，以及与出口目的国先进企业的合作，都会促使其产品质量获得提升。在本书的样本中，在出口关税水平下降后，仅出口到高中收入国家的产品质量水平会有所下降。

依照Lall（2000）提供的分类标准，可以将出口产品分为低技术产品、中技术产品和高技术产品三类。2000~2006年，我国大部分的先进零部件还需要进口才能满足国内企业生产的需求，高技术产品主要以进口为主。从表6-4中的列（12）至列（14）可以看到，在出口关税水平下降后，低技术出口产品和高技术出口产品的质量水平均会上升，但中技术出口产品的质量水平会有所下降。这说明，随着出口关税水平的逐步下降，有更多的生产率较低的企业进入出口市场，这部分企业的加入会促使企业整体出口低技术产品的质量水平上升。另外，对于那些在出口市场中一直存活的企业来说，它们所面对的是更好的机遇，既可以借助出口关税水平下降所打开的新市场，又可以在已有的市场出口新的产品，这将促进出口高技术产品的质量进一步提升。

与表5-5类似，我们将样本分为国有企业、中外合资/合作企业、外商独资企业和集体/私营企业。对比表5-5与表6-4，可以发现，任何企业都会在关税下降后，提升其自身生产经营水平。在表5-5中，进口关税水平的下降会促进不同所有制企业的进口产品质量水平获得提升；同样，出口关税水平的下降也会促进不同所有制企业的出口产品质量水平得到提升。具体来说，集体/私营企业受出口关税水平下降的影响最大，而国有企业所受影响较小。这是因为集体/私营企业相对国有企业而言，更具有活力，其生产决策上所受到的政策性约束较少，使得其能很好地把握住出口关税水平下降所带来的便利。当然，作为以加工贸易为主的中外合资/合作企业和外商独资企业，也会随着出口关税水平的下降，而提升其出口产品质量的水平，不可否认的是，有一部分因素是来自其不断上升的进口产品质量水平①。

依据要素使用密集程度分类，可将出口产品所处的行业分为劳动密集型、资本密集型和技术密集型三类。可以看到，这三类行业所出口产品的质量水平均会随着出口关税水平的下降而有所提升。其中，提升最多的是技术密集型行业，其次是资本密集型行业和劳动密集型行业。通常，我们将技术密集型行业定义为具有先进且尖端的科学技术的生产部门或服务部门，是能较好体现国家科学技术发展水平的行业。2000～2006年，我国的制造业主要还是以劳动密集型行业为主，在"十五"计划和"十一五"规划中，对我国出口战略均着重强调了，要进行出口结构优化，促进产业升级。从表6-4所示的结果可以看到，出口关税的下降，将大大增加我国技术密集型行业出口产品质量水平的提升，这与"十五"计划和"十一五"规划所提的出口战略思想相符。另外，资本密集型行业和劳动密集型行业的出口产品质量也会随着出口关税水平的下降而有所上升，但劳动密集型行业出口产品质量水平上升的幅度较小。

综上所述，我们可以得到以下结论，出口关税水平的下降将更有利于提高异质性产品，以一般贸易方式进行交易的产品、消费品、高技术和低技术产品出口产品质量的提升，另外，出口关税水平的下降，还能使集体/私营企业提升其出口产品质量水平，亦会提升技术密集型行业的出口产品质量水平，并提升出口到高收入国家产品的质量水平。

6.3.3 基于企业异质性理论的经验分析

通过将海关数据库和工业企业数据库合并，我们可以得到包含有企业信息的面板数据，以进一步观察诸如企业生产率、企业年龄以及企业规模等企业异质性对企业出口产品质量的影响。基于式（6.3）的实证检验结果如表6-5所示。

表6-5 企业层面出口关税对出口产品质量的影响

变量	（1） 整体 quality_ex	（2） 国有企业 quality_ex	（3） 合资/合作 quality_ex	（4） 外商独资 quality_ex	（5） 集体/私营 quality_ex
tariff_ex	$-9.85e-05^{***}$ $(2.53e-05)$	-0.000171^{***} $(6.12e-05)$	-0.000104^{*} $(5.45e-05)$	$2.95e-05$ $(7.32e-05)$	-0.000117^{***} $(3.52e-05)$
tfp_op	0.000150 (0.000199)	0.000508 (0.000456)	0.000263 (0.000451)	0.000231 (0.000601)	-0.000769^{**} (0.000300)

---

① 在第8章中，我们会就此进行详尽的分析。

续表

变量	(1) 整体 quality_ex	(2) 国有企业 quality_ex	(3) 合资/合作 quality_ex	(4) 外商独资 quality_ex	(5) 集体/私营 quality_ex
age	1.77e-06 (2.50e-05)	-0.000235*** (3.94e-05)	0.000214** (8.30e-05)	5.66e-05 (0.000210)	0.000205*** (4.04e-05)
scale	0.0202 (0.0364)	0.557*** (0.121)	-0.138 (0.274)	-0.141** (0.0581)	0.0649 (0.0523)
行业效应	YES	YES	YES	YES	YES
地区效应	YES	YES	YES	YES	YES
年份效应	YES	YES	YES	YES	YES
出口目的国	YES	YES	YES	YES	YES
贸易方式	YES	YES	YES	YES	YES
Constant	0.514*** (0.00268)	0.500*** (0.00500)	0.513*** (0.00874)	0.524*** (0.0122)	0.524*** (0.00383)
Observations	131872	32062	24201	19472	55652
R-squared	0.039	0.048	0.048	0.050	0.044

注：圆括号内的数值为标准误，*、** 和 *** 分别表示在 10%、5% 和 1% 的水平上显著。

表 6-5 为加入了企业异质性控制变量后，出口关税水平变动对企业出口产品质量的影响。可以看到，在控制住企业生产率、企业年龄、企业规模，以及行业效应、地区效应、年份效应、出口目的国和贸易方式后，出口关税水平下降能促进企业出口产品质量水平的提高。

接下来，我们将样本分为国有企业、中外合资/合作企业、外商独资企业和集体/私营企业四类，进行了相应的分组检验。从实证结果中可以看到，外商独资企业受出口关税水平变动的影响不大，但其企业规模越大，会造成其出口产品质量的下降。另一类含有外资成分的企业是中外合资/合作企业，该类企业所出口产品的质量会随着出口关税水平的下降而上升，并且年龄越大，经验越丰富的该类企业更能从中获益。同外商独资企业一样，规模越大的中外合资/合作企业反而不利于其提高出口产品质量。

从表 6-5 中可知，从出口关税水平下降中能获得较大收益的是国有企业和集体私营企业。其中，国有企业出口产品质量的提升较大。另外，成立时间较短的国有企业在出口端更易受到出口关税水平下降所带来的各种机遇的冲击，这与国有企业在进口端的表现一样，即越是存活时间久的国有企业，其所受的政策性

第6章 出口贸易自由化对企业出口选择的影响研究

约束和体制内盘根错杂的关系越复杂,越容易制约其未来的发展走向,国有企业的体制改革确实是势在必行。而企业生产率和企业规模这两个异质性指标的结果都表明,高生产率和大规模的国企更加容易受到出口关税水平下降的影响,并且大规模的国有企业和具有高生产率的国有企业会借助出口关税水平下降所带来的机遇,进一步提高其出口产品的质量水平。

再来看集体/私营企业的分组回归结果。表6–5中的列(5)为对集体/私营企业出口产品质量所做的实证检验。结果表明,出口关税水平的下降能提升该类企业出口产品质量水平。另外,企业规模越大,也能促进其出口产品质量的提高。与国有企业不同的是,集体/私营企业的生产率越低、企业年龄越大(经验越丰富),更有利于出口产品质量的提高。企业年龄越大对于国有企业来说,意味着经营关系越复杂,但对于集体/私营企业来说,意味着经历过的各种冲击更多,有更多的生产经验,所以随着经营年限的增长,集体/私营企业所出口的产品质量水平会越高。

从表6–5所示的结果可以看出,不同的企业异质性指标对企业出口产品的质量水平存在差异,那么究竟哪种企业会在出口关税水平下降后,提高其所出口产品的质量水平呢?为此,我们构建了式(6.4)至式(6.6),通过构建交互项模型,我们可以更准确地识别企业的异质性因素在出口关税水平变动的情况下,对企业出口产品质量的影响差异,其实证检验结果如表6–6所示。

表6–6 出口关税与企业异质性的交互分析

变量	(1) quality_ex	(2) quality_ex	(3) quality_ex
tariff_ex	−0.000130** (5.09e−05)	−0.000156*** (3.07e−05)	−0.000104*** (2.58e−05)
tfp_op	4.63e−05 (0.000246)	0.000172 (0.000199)	0.000150 (0.000199)
age	2.81e−06 (2.51e−05)	−4.83e−05* (2.93e−05)	1.79e−06 (2.50e−05)
scale	0.0206 (0.0364)	0.0194 (0.0364)	0.00985 (0.0379)
tariff_ex × tfp_op	1.30e−05 (1.81e−05)		

续表

变量	(1) quality_ex	(2) quality_ex	(3) quality_ex
tariff_ex × age		8.49e – 06 *** (2.59e – 06)	
tariff_ex × scale			0.00141 (0.00146)
行业效应	YES	YES	YES
地区效应	YES	YES	YES
年份效应	YES	YES	YES
出口目的国	YES	YES	YES
贸易方式	YES	YES	YES
Constant	0.514 *** (0.00270)	0.514 *** (0.00268)	0.514 *** (0.00268)
Observations	131872	131872	131872
R – squared	0.039	0.039	0.039

注：圆括号内的数值为标准误，*、** 和 *** 分别表示在10%、5%和1%的水平上显著。

从表6-6所示的交互项实证结果中可以看出，首先，出口关税下降对企业出口产品质量的促进作用依然是显著的。其次，我们发现，在各企业异质性指标对企业出口产品质量的影响中，只有企业年龄的作用是显著的，但却显著为负，这表明成立越晚的企业，其出口产品的质量越高，从表6-5的实证结果中可知，这种关系仅在国有企业中存在。而企业全要素生产率和企业规模与出口产品关税水平的交互项均不显著。表6-5的实证结果也告诉我们，不同所有制企业在面对出口关税水平下降时，其表现存在一定差异，那么在加入出口关税水平与企业异质性的交互项后，其差异是否还存在呢？为此，我们对样本进行了按所有制分组的回归，结果如表6-7所示。

在所有制的分组回归中，我们可以发现一些有意思的结果。首先是出口关税对出口产品质量的影响，表6-7所示结果均支持之前表6-6和表6-5所得结论，即出口关税水平下降会促进企业出口产品质量水平的提升，并且这一影响在国有企业和集体/私营企业中尤为明显。

第6章 出口贸易自由化对企业出口选择的影响研究

表6-7 分组后出口关税与企业异质性的交互分析——产品质量

变量	国有企业			中外合资/合作		
	(1)	(2)	(3)	(4)	(5)	(6)
	quality_ex	quality_ex	quality_ex	quality_ex	quality_ex	quality_ex
tariff_ex	-0.000285**	-0.000206**	-0.000123*	-2.95e-05	-8.02e-05	-5.22e-05
	(0.000118)	(8.14e-05)	(6.38e-05)	(9.77e-05)	(6.00e-05)	(5.71e-05)
tfp_op	0.000188	0.000523	0.000486	0.000515	0.000248	0.000190
	(0.000537)	(0.000457)	(0.000456)	(0.000528)	(0.000451)	(0.000452)
age	-0.000232***	-0.000247***	-0.000234***	0.000208**	0.000255***	0.000176**
	(3.95e-05)	(4.35e-05)	(3.94e-05)	(8.32e-05)	(9.35e-05)	(8.39e-05)
scale	0.557***	0.554***	0.818***	-0.166	-0.162	0.420
	(0.121)	(0.121)	(0.155)	(0.276)	(0.275)	(0.329)
tariff_ex × tfp_op	4.68e-05			-3.38e-05		
	(4.15e-05)			(3.66e-05)		
tariff_ex × age		3.51e-06			-6.94e-06	
		(5.33e-06)			(7.24e-06)	
tariff_ex × scale			-0.0357***			-0.107***
			(0.0134)			(0.0347)
行业效应	YES	YES	YES	YES	YES	YES
地区效应	YES	YES	YES	YES	YES	YES
年份效应	YES	YES	YES	YES	YES	YES
进口来源国	YES	YES	YES	YES	YES	YES
贸易方式	YES	YES	YES	YES	YES	YES
Constant	0.501***	0.500***	0.500***	0.512***	0.513***	0.514***
	(0.00502)	(0.00500)	(0.00500)	(0.00875)	(0.00874)	(0.00875)
Observations	32062	32062	32062	24201	24201	24201
R-squared	0.048	0.048	0.048	0.048	0.048	0.049

续表

变量	外商独资			集体私营		
	(7)	(8)	(9)	(10)	(11)	(12)
	quality_ex	quality_ex	quality_ex	quality_ex	quality_ex	quality_ex
tariff_ex	-8.27e-05	-3.46e-06	-1.28e-05	-0.000143*	-0.000181***	-0.000106***
	(0.000165)	(8.00e-05)	(8.11e-05)	(7.70e-05)	(4.70e-05)	(3.65e-05)
tfp_op	-6.30e-05	0.000228	0.000228	-0.000868**	-0.000762**	-0.000761**
	(0.000714)	(0.000601)	(0.000601)	(0.000398)	(0.000300)	(0.000300)
age	5.49e-05	-3.82e-05	5.62e-05	0.000205***	0.000134**	0.000205***
	(0.000210)	(0.000230)	(0.000210)	(4.04e-05)	(5.30e-05)	(4.04e-05)
scale	-0.140**	-0.141**	-0.153***	0.0649	0.0641	0.137
	(0.0581)	(0.0581)	(0.0590)	(0.0523)	(0.0523)	(0.0833)
tariff_ex × tfp_op	4.46e-05			1.03e-05		
	(5.87e-05)			(2.72e-05)		
tariff_ex × age		1.43e-05			7.97e-06**	
		(1.40e-05)			(3.87e-06)	
tariff_ex × scale			0.00201			-0.00875
			(0.00165)			(0.00788)
行业效应	YES	YES	YES	YES	YES	YES
地区效应	YES	YES	YES	YES	YES	YES
年份效应	YES	YES	YES	YES	YES	YES
进口来源国	YES	YES	YES	YES	YES	YES
贸易方式	YES	YES	YES	YES	YES	YES
Constant	0.524***	0.523***	0.524***	0.524***	0.524***	0.524***
	(0.0122)	(0.0122)	(0.0122)	(0.00389)	(0.00384)	(0.00384)
Observations	19472	19472	19472	55652	55652	55652
R-squared	0.050	0.050	0.050	0.044	0.044	0.044

注：圆括号内的数值为标准误，*、** 和 *** 分别表示在10%、5%和1%的水平上显著。

其次是企业异质性指标对出口产品质量的影响。可以看到,生产率越高的企业,其出口产品质量的水平也越高,但这一点在集体/私营企业中却未得到体现。相反,集体/私营企业的生产率越高,反而会促使企业出口产品的质量下降。

通常来说,企业年龄越大即企业存活时间较长,意味着企业的抗风险能力和融资能力,抑或创新能力越强,而这些特征都会促进企业出口产品质量的提升,这在表6-7中也有所体现。但国有企业的年龄越长,其对出口产品质量的影响恰恰相反,正如我们之前所描述的,年龄越大的国有企业往往都是各种关系盘根错节,并且国有企业的存活年限在很大程度上并不是由市场机制决定的,政府"输血"在很大程度上延续了国有企业的存活时间,因此,年龄越大的国有企业往往出口产品质量的水平较低。与之相反的是,新的国有企业一般都是为了完成某项政策而成立的,加之国有企业改革,迫使新晋国有企业在市场经济环境中需要发挥自身的主观能动性。以上这两点恰好可以解释为什么对于国有企业而言,企业年龄的增大会降低出口产品的质量水平。对于中外合资/合作企业、外商独资企业以及集体/私营企业来说,随着企业年龄的不断增长,出于维持企业经营的需要,此三类企业均会提升出口产品的质量水平。再来看企业规模变动对出口产品质量水平的影响。我们发现,对于中外合资/合作企业以及外商独资企业来说,企业规模越大似乎会让其降低出口产品的质量。但国有企业和集体/私营企业的规模越大,却能促进企业出口产品质量的提升。

最后是出口关税与各企业异质性指标的交互作用。我们发现,出口关税水平的下降能较大促进低生产率企业和年龄较小企业出口产品质量的提升。但企业规模更大的国有企业、中外合资/合作企业以及集体/私营企业在出口关税水平下降后,其出口产品质量上升较大。

综上可知,出口关税水平的下降确实能提升企业出口产品的质量水平,并且企业自身的全要素生产率、年龄和规模对出口产品质量的提高也有一定影响,不过这种影响在不同所有制企业中却不尽相同。具体来说,年龄小但规模大的国有企业,年龄大但规模小的中外合资/合作企业和外商独资企业,以及年龄大的集体/私营企业在出口关税水平下降时,会提升其出口产品的质量水平。

6.3.4 稳健性检验

与第5章类似,我们选取滞后四期的出口关税水平替代当期关税,对上文主要结果进行稳健性检验,结果如表6-8至表6-10所示。

表 6-8 滞后四期出口关税对出口产品质量的影响

变量	(1) quality_ex	(2) quality_ex	(3) quality_ex
tariff	-0.000235*** (3.53e-06)	-8.79e-05*** (3.58e-06)	-4.62e-05*** (4.57e-06)
行业效应		YES	YES
地区效应		YES	YES
年份效应	YES	YES	YES
进口来源国			YES
贸易方式			YES
Constant	0.513*** (0.000176)	0.509*** (0.000421)	0.498*** (0.00144)
Observations	4685843	4679965	4679965
R-squared	0.005	0.034	0.036

注：圆括号内的数值为标准误，*、** 和 *** 分别表示在10%、5%和1%的水平上显著。

表 6-9 企业层面滞后四期出口关税对出口产品质量的影响

变量	(1) 整体 quality_ex	(2) 国有企业 quality_ex	(3) 合资/合作 quality_ex	(4) 外商独资 quality_ex	(5) 集体/私营 quality_ex
tariff	-6.21e-05*** (2.39e-05)	-0.000153*** (5.65e-05)	-6.36e-05 (5.22e-05)	5.41e-05 (6.77e-05)	-7.46e-05** (3.38e-05)
tfp_op	0.000266 (0.000208)	0.000621 (0.000486)	0.000314 (0.000467)	0.000575 (0.000615)	-0.000686** (0.000316)
age	-1.95e-05 (2.60e-05)	-0.000236*** (4.06e-05)	0.000186*** (8.59e-05)	7.34e-05 (0.000214)	0.000160*** (4.25e-05)
scale	0.0154 (0.0371)	0.477*** (0.134)	-0.0673 (0.280)	-0.141** (0.0587)	0.0873* (0.0527)
行业效应	YES	YES	YES	YES	YES
地区效应	YES	YES	YES	YES	YES
年份效应	YES	YES	YES	YES	YES

第6章 出口贸易自由化对企业出口选择的影响研究

续表

变量	(1) 整体 quality_ex	(2) 国有企业 quality_ex	(3) 合资/合作 quality_ex	(4) 外商独资 quality_ex	(5) 集体/私营 quality_ex
进口来源国	YES	YES	YES	YES	YES
贸易方式	YES	YES	YES	YES	YES
Constant	0.514*** (0.00283)	0.500*** (0.00534)	0.516*** (0.00931)	0.518*** (0.0127)	0.523*** (0.00404)
Observations	120214	28180	22828	18699	50074
R-squared	0.039	0.046	0.048	0.050	0.043

注：圆括号内的数值为标准误，*、**和***分别表示在10%、5%和1%的水平上显著。

其余分组的稳健性检验结果见附录。表6-8至表6-10所示结果分别与表6-3、表6-5、表6-6相对应，可以看到，用滞后四期的进口关税水平替代当期关税，结果依然与之前一致。

表6-10 滞后四期出口关税与企业异质性的交互分析

变量	(1) quality_ex	(2) quality_ex	(3) quality_ex
tariff	-8.39e-05* (4.85e-05)	-0.000102*** (2.92e-05)	-6.69e-05*** (2.44e-05)
tfp_op	0.000186 (0.000260)	0.000283 (0.000208)	0.000268 (0.000208)
age	-1.86e-05 (2.61e-05)	-5.72e-05* (3.04e-05)	-1.95e-05 (2.60e-05)
scale	0.0157 (0.0372)	0.0148 (0.0371)	0.00262 (0.0392)
tariff×tfp_op	9.04e-06 (1.75e-05)		
tariff×age		5.84e-06** (2.45e-06)	

续表

变量	(1) quality_ex	(2) quality_ex	(3) quality_ex
tariff × scale			0.00140 (0.00138)
行业效应	YES	YES	YES
地区效应	YES	YES	YES
年份效应	YES	YES	YES
进口来源国	YES	YES	YES
贸易方式	YES	YES	YES
Constant	0.514*** (0.00285)	0.514*** (0.00283)	0.514*** (0.00283)
Observations	120214	120214	120214
R-squared	0.039	0.039	0.039

注：圆括号内的数值为标准误，*、**和***分别表示在10%、5%和1%的水平上显著。

6.4 出口贸易自由化对出口产品规模的实证检验

上述研究主要针对的是企业在面临出口关税水平下降时，其出口产品质量的变动情况，那么，在出口关税水平下降后，企业出口产品的规模有哪些变动？这种变动在不同性质的企业中又存在哪些异同呢？这是本节主要研究的内容。

6.4.1 模型设定与变量描述

本节主要考察的是出口贸易自由化对进口产品"量"的影响，即集约边际和扩展边际的影响，因此，实证模型设定层面为企业层面。具体模型如下：

$$intensive_{it}^{exp} = \alpha_0 + \alpha_1 free_{it}^{exp} + \alpha_2 year_t + \varepsilon_{it}^{exp} \quad (6.7)$$

$$extensive_{it}^{exp} = \alpha_0 + \alpha_1 free_{it}^{exp} + \alpha_2 year_t + \varepsilon_{it}^{exp} \quad (6.8)$$

其中，$intensive_{it}^{exp}$、$extensive_{it}^{exp}$分别表示企业出口的集约边际和扩展边际，

$free_{it}^{exp}$ 为企业层面的出口贸易自由化水平，$year_t$ 为时间固定效应，ε_{it}^{exp} 为企业层面的误差项。

从表 6-2 可知，将出口扩展边际分为三类后，出口新产品到老市场、出口老产品到新市场以及出口新产品到新市场的增幅呈现不同程度的上升，这说明出口关税水平的下降会给企业出口的不同扩展边际带来不一样的影响。为此，我们将企业的出口扩展边际进行分组检验，具体模型如下：

$$extensive\_on_{it}^{exp} = \alpha_0 + \alpha_1 free_{it}^{exp} + \alpha_2 control_{it} + \varepsilon_{it}^{exp} \qquad (6.9)$$

$$extensive\_no_{it}^{exp} = \alpha_0 + \alpha_1 free_{it}^{exp} + \alpha_2 control_{it} + \varepsilon_{it}^{exp} \qquad (6.10)$$

$$extensive\_nn_{it}^{exp} = \alpha_0 + \alpha_1 free_{it}^{exp} + \alpha_2 control_{it} + \varepsilon_{it}^{exp} \qquad (6.11)$$

在式（6.9）、式（6.10）和式（6.11）中，$extensive\_on_{it}^{exp}$、$extensive\_no_{it}^{exp}$、$extensive\_nn_{it}^{exp}$ 分别表示企业出口的三类扩展边际，即出口老产品到新市场、出口新产品到老市场、出口新产品到新市场，$control_{it}$ 为控制变量，控制了企业所在省份的地区效应、所处行业的行业效应和所在年份的年份效应。

考虑到企业异质性，我们可以将模型改写成以下形式：

$$intensive_{it}^{exp} = \alpha_0 + \alpha_1 free_{it}^{exp} + \alpha_2 tfp_{it} + \alpha_3 age_{it} + \alpha_4 scale_{it} + \alpha_5 control_{it} + \varepsilon_{it}^{exp} \qquad (6.12)$$

$$extensive_{it}^{exp} = \alpha_0 + \alpha_1 free_{it}^{exp} + \alpha_2 tfp_{it} + \alpha_3 age_{it} + \alpha_4 scale_{it} + \alpha_5 control_{it} + \varepsilon_{it}^{exp} \qquad (6.13)$$

其中，tfp_{it}、age_{it}、$scale_{it}$ 分别为企业全要素生产率、企业年龄和企业规模。

和第 5 章一样，我们还可以构建交互项模型，以考察不同企业在面临出口贸易自由化程度加深时，出口产品的规模有何异同。具体模型如下：

$$\begin{cases} intensive_{it}^{exp} = \alpha_0 + \alpha_1 free_{it}^{exp} \times tfp_{it} + \alpha_2 age_{it} + \alpha_3 scale_{it} + \alpha_4 control_{it} + \varepsilon_{it}^{exp} \\ intensive_{it}^{exp} = \alpha_0 + \alpha_1 free_{it}^{exp} \times age_{it} + \alpha_2 tfp_{it} + \alpha_3 scale_{it} + \alpha_4 control_{it} + \varepsilon_{it}^{exp} \\ intensive_{it}^{exp} = \alpha_0 + \alpha_1 free_{it}^{exp} \times scale_{it} + \alpha_2 tfp_{it} + \alpha_3 age_{it} + \alpha_4 control_{it} + \varepsilon_{it}^{exp} \end{cases} \qquad (6.14)$$

$$\begin{cases} extensive_{it}^{exp} = \alpha_0 + \alpha_1 free_{it}^{exp} \times tfp_{it} + \alpha_2 age_{it} + \alpha_3 scale_{it} + \alpha_4 control_{it} + \varepsilon_{it}^{exp} \\ extensive_{it}^{exp} = \alpha_0 + \alpha_1 free_{it}^{exp} \times age_{it} + \alpha_2 tfp_{it} + \alpha_3 scale_{it} + \alpha_4 control_{it} + \varepsilon_{it}^{exp} \\ extensive_{it}^{exp} = \alpha_0 + \alpha_1 free_{it}^{exp} \times scale_{it} + \alpha_2 tfp_{it} + \alpha_3 age_{it} + \alpha_4 control_{it} + \varepsilon_{it}^{exp} \end{cases} \qquad (6.15)$$

其中，$free_{it}^{exp} \times tfp_{it}$、$free_{it}^{exp} \times age_{it}$、$free_{it}^{exp} \times scale_{it}$ 分别表示企业层面的出口贸易自由化水平与企业全要素生产率、企业年龄、企业规模的交互项。

6.4.2 出口贸易自由化对出口产品规模影响的实证分析

下面，我们对式（6.7）至式（6.11）进行实证检验（面板 FE），首先是企业层面的出口贸易自由化水平对企业出口规模的影响，包括出口贸易自由化对企

---

① 具体计算方法详见第 4 章。

业出口集约边际的影响和出口扩展边际的影响。具体如表6-11所示。

表6-11 出口贸易自由化对企业出口规模的影响

变量	(1) intensive_ex	(2) intensive_ex	(3) extensive_ex	(4) extensive_ex
free_ex	-9658*** (1385)	-7575*** (1260)	-8706*** (1870)	-6746*** (1886)
行业效应		YES		YES
地区效应		YES		YES
年份效应	YES	YES	YES	YES
Constant	865884*** (22804)	745396*** (139939)	981707*** (26577)	1.118e+06*** (192386)
Observations	432260	431560	300970	300694
Number of id	133486	133302	97286	97204

注：圆括号内的数值为标准误，*、**和***分别表示在10%、5%和1%的水平上显著。

从表6-11所示结果可以看出，企业层面的贸易自由化程度上升（即企业出口产品所面临的出口关税水平下降）能促使企业扩大其出口的集约边际和扩展边际，并且在控制住行业影响和地区影响后，此结果仍保持不变。但可以看到的是，出口贸易自由化的系数值变小，说明不同企业间和不同地区间的企业对出口关税水平的下降所带来影响的反应还是存在一定差别的。从表6-2对出口扩展边际的分类描述中可知，出口新产品到老市场、出口老产品到新市场以及出口新产品到新市场这三类扩展边际在出口关税水平下降时，扩大的幅度不尽相同，表6-2的统计结果显示，出口新产品到新市场的增幅是最大的，相较于2000年，2006年的占比增加了377%。那么，在企业层面上，贸易自由化水平的变动对出口新产品到新市场这一扩展边际的影响是否是最大的呢？其对不同出口扩展边际的影响又存在哪些差异？对式（6.9）至式（6.11）的分类回归结果如表6-12①所示。

---

① 和企业进口端的分析类似，表6-12所示的扩展边际分类回归子样本分别为有出口新产品到老市场、出口老产品到新市场以及出口新产品到新市场行为的样本。

第6章 出口贸易自由化对企业出口选择的影响研究

表6-12 出口贸易自由化对企业出口扩展边际的分类影响

变量	(1) extensive_no	(2) extensive_on	(3) extensive_nn
free_ex	-3142 (2205)	-5623 (3440)	-7704*** (1738)
行业效应	YES	YES	YES
地区效应	YES	YES	YES
年份效应	YES	YES	YES
Constant	655847*** (57817)	579859*** (56150)	93861** (45429)
Observations	37149	32208	30753
Number of id	10427	9010	8167

注：圆括号内的数值为标准误，*、**和***分别表示在10%、5%和1%的水平上显著。

从表6-12所示的结果中可以看到，企业层面的贸易自由化水平上升，既能促使企业出口更多的新产品到老市场，也能促使其出口更多的老产品到新市场，但对企业出口新产品到新市场行为的影响最大，这与表6-2所示的统计结果一致。那么，不同所有制企业在贸易自由化水平上升后，其出口规模的变化又有哪些差异呢？具体如表6-13所示。

在对所有制进行分组后的出口扩展边际回归中可以看到，不同所有制企业在出口贸易自由化水平上升后，其出口规模扩大所集中的方向是不同的。对于国有企业来说，企业层面的出口贸易自由化水平上升，会促使其提高三种类别的出口扩展边际，而所提高最多的是出口新产品到新市场的份额。而对于中外合资/合作企业而言，出口贸易自由化水平的上升似乎并没有足够的吸引力促使其出口新产品到新市场；反之，此类企业会利用出口关税水平下降带来的机遇，扩大其出口新产品到老市场和出口老产品到新市场的贸易额。外商独资企业与之类似，不同的是，外商独资企业也会扩大其出口新产品到新市场的贸易额，但其受到出口贸易自由化的影响并不显著，其重点主要是放在出口老产品到新市场以及出口新产品到老市场。最后来看集体/私营企业出口扩展边际的变动情况，在出口贸易自由化水平上升后，集体/私营企业的三类出口扩展边际均受到了影响，但所受的影响程度各异。对于集体/私营企业而言，出口贸易自由化水平的上升，会促使其扩大出口新产品到老市场的规模，其次是扩大其出口老产品到新市场的规模，最后才是扩大其出口新产品到新市场的规模。

贸易自由化、进口投入与出口选择

表 6-13　不同所有制下出口贸易自由化对企业进口扩展边际的分类影响

变量	国有企业				中外合资/合作		
	(1)	(2)	(3)	(4)	(5)	(6)	
	extensive_no	extensive_on	extensive_nn	extensive_no	extensive_on	extensive_nn	
free_ex	-3142	-5623	-7704***	-4204***	-7453**	323.3	
	(2205)	(3440)	(1738)	(1618)	(3226)	(1316)	
行业效应	YES	YES	YES	YES	YES	YES	
地区效应	YES	YES	YES	YES	YES	YES	
年份效应	YES	YES	YES	YES	YES	YES	
Constant	655847***	579859***	93861**	244433***	164242**	8963	
	(57817)	(56150)	(45429)	(65213)	(73240)	(39486)	
Observations	37149	32208	30753	54899	47566	28606	
Number of id	10427	9010	8167	16849	13583	9280	

变量	外商独资			集体/私营		
	(7)	(8)	(9)	(10)	(11)	(12)
	extensive_no	extensive_on	extensive_nn	extensive_no	extensive_on	extensive_nn
free_ex	-8314*	-13521***	-13017	-2916***	-2613***	-1476**
	(4885)	(4285)	(9319)	(692.2)	(909.5)	(591.8)
行业效应	YES	YES	YES	YES	YES	YES
地区效应	YES	YES	YES	YES	YES	YES
年份效应	YES	YES	YES	YES	YES	YES
Constant	77132	256005***	22954	303066***	84759***	-99970***
	(171954)	(79257)	(336619)	(36657)	(28515)	(25145)
Observations	75972	56831	34218	68369	58961	46995
Number of id	24071	17015	11459	32155	22923	17422

注：圆括号内的数值为标准误，*、**和***分别表示在10%、5%和1%的水平上显著。

6.4.3 基于企业异质性理论的分析

从上文的分析中我们可以看到，不同所有制企业的出口战略存在一定差异，那么，除了所有制的差别，企业异质性指标是否也对企业的出口有影响呢？或者说，在控制了企业的部分异质性指标后，企业出口的集约边际和扩展边际所受的影响是否会有所改变呢？具体如表 6-14 所示。

表 6-14 不同所有制下出口贸易自由化对企业出口集约边际的影响

变量	（1）整体 intensive_ex	（2）国有企业 intensive_ex	（3）合资/合作 intensive_ex	（4）外商独资 intensive_ex	（5）集体/私营 intensive_ex
free_ex	-7161* (3978)	-51148*** (15543)	-6600 (13588)	-34863 (50201)	-9220** (3717)
tfp_op	25666 (47065)	-44798 (63920)	-12911 (61193)	-191936 (637100)	-4797 (24903)
age	-3079 (7476)	364.0 (2874)	-24558 (38373)	45803 (212451)	4044 (4936)
scale	2.270e+07*** (8.270e+06)	-9.246e+06 (1.759e+07)	1.118e+07 (3.313e+07)	2.336e+08** (9.387e+07)	2.007e+06 (3.194e+06)
行业效应	YES	YES	YES	YES	YES
地区效应	YES	YES	YES	YES	YES
年份效应	YES	YES	YES	YES	YES
Constant	433684 (2.241e+06)	449976 (1.185e+06)	2.493e+06 (7.209e+06)	-1.912e+06 (1.825e+07)	667523 (676955)
Observations	15739	3562	2655	1855	7442
Number of panelid	8660	1413	2124	1679	3290

注：圆括号内的数值为标准误，*、** 和 *** 分别表示在 10%、5% 和 1% 的水平上显著。

从表 6-14 的结果中可以看到，在控制住企业层面的影响因素后，出口贸易自由化的上升依然能促使企业增加出口老产品到老市场的规模，但可以看到的是，这种相关关系的显著性水平下降了，说明企业异质性在一定程度上影响了企业的出口集约边际。从列（1）所示结果看，企业生产率的提高、自身规模的扩大都将促进企业扩大其出口扩展边际。再来看按所有制分类后的实证结果，可以看到，虽然四类不同所有制类型的企业在贸易自由化水平上升后，都会提高出口老产品到老市场的规模,但国有企业和集体/私营企业出口集约边际的变化最大也最显著。另外,企业全要素生产率和企业年龄对出口集约边际的影响不大,也仅有外商独资企业的规模会对其出口集约边际有显著影响,即出口贸易自由化水平上升后,外商独资企业的规模扩大能促进其出口集约边际的增大。

表 6-15 为控制住企业层面影响因素后,企业层面出口贸易自由化水平对其出口扩展边际的影响。可以看到,在控制住企业全要素生产率、企业年龄和企业规模等影响因素后,虽然出口扩展边际会随着出口贸易自由化水平的上升而增大,但其增大的主要因素已经不再来自于出口贸易自由化水平的上升,生产率的提高和企业规模的扩大均能显著地提高企业出口的扩展边际。

表 6-15 不同所有制下出口贸易自由化对企业出口扩展边际的影响

变量	(1) 整体 extensive_ex	(2) 国有企业 extensive_ex	(3) 合资/合作 extensive_ex	(4) 外商独资 extensive_ex	(5) 集体/私营 extensive_ex
free_ex	-8948 (6562)	-755.8 (15090)	-4167 (10138)	-180567 (140939)	-1320 (3401)
tfp_op	94683** (41461)	-151428** (72074)	9083 (67492)	395081 (738238)	-50523** (24778)
age	-21699 (36257)	5558 (12755)	-1428 (27933)	170489 (399057)	-1030 (3906)
scale	7.094e+07*** (9.466e+06)	1.079e+07 (2.157e+07)	2.044e+07 (3.926e+07)	3.979e+08*** (5.989e+07)	-1.432e+06 (4.823e+06)
行业效应	YES	YES	YES	YES	YES
地区效应	YES	YES	YES	YES	YES
年份效应	YES	YES	YES	YES	YES
Constant	884751 (5.528e+06)	632045 (1.681e+06)	757581 (3.783e+06)	-3.939e+06 (3.664e+07)	925100 (637885)
Observations	14217	2933	2992	2142	6112
Number of panelid	8268	1112	2537	1994	2587

注:圆括号内的数值为标准误,*、** 和 *** 分别表示在 10%、5% 和 1% 的水平上显著。

第6章 出口贸易自由化对企业出口选择的影响研究

从不同所有制分类下的结果中可以看出,在加入企业异质性控制变量后,出口贸易自由化程度加深虽然能促进企业出口扩展边际的增加,但其影响均不再显著。另外,国有企业和集体/私营企业的出口扩展边际会随着企业生产率的提高而下降,企业规模的扩大有利于外商独资企业增加其出口扩展边际规模。

综上,关于企业出口集约边际和扩展边际的分析,可以看出,在控制住企业异质性影响因素后,虽然出口贸易自由化水平提升能促使企业出口集约边际和扩展边际规模的扩大,但其影响已不再显著。另外,在所有制的分组回归中也可以看出,国有企业和集体/私营企业出口的集约边际更易受出口贸易自由化所带来的影响。

既然在控制住企业异质性因素后,出口贸易自由化水平的影响不再明显,那么,是否出口贸易自由化会通过企业生产率或企业年龄,抑或是企业规模对其出口的集约边际和扩展边际产生不同影响呢?通过对式(6.14)和式(6.15)的实证检验,可得如表6-16和表6-17所示结果(混合OLS)。

表6-16为按所有制性质分组后,出口贸易自由化与企业异质性对企业出口集约边际的交互影响。从表6-16的结果中可以发现,在加入交互项后,国有企业和集体/私营企业依然在出口贸易自由化水平上升后,会扩大其出口老产品到老市场的规模。相对来说,国有企业增加其出口集约边际规模的趋势更强。当然,中外合资/合作企业和外商独资企业也在一定程度上加大其出口老产品到老市场的规模。

再来看各企业异质性指标对企业出口集约边际的影响。与表6-14的结果类似,随着生产率的提高,企业会逐步降低其出口的集约边际,即缩小出口老产品到老市场的规模。而除了中外合资/合作企业外,国有企业、外商独资企业和集体/私营企业都会因为在市场中的经验积累,随着年龄的增大而扩大其出口集约边际的规模。可以看到,外商独资企业的规模越大,越会增加其出口老产品到老市场的规模。

通过构建交互项,可以进一步观察企业面临出口贸易自由化变化时,对不同性质企业的出口集约边际影响有何差异。我们发现,出口贸易自由化水平的上升会促使生产率越高的企业改变其以往的出口模式,即降低其出口集约边际的规模,将出口的重点放在新产品的出口和拓展新的出口市场上。这一点在年龄越小的国有企业身上体现得越明显,这意味着经营年份越久的国有企业更易进行出口模式上的转变。而中外合资/合作企业、外商独资企业和集体/私营企业随着经营年份的延长会扩大出口老产品到老市场的规模。另外,规模越小的国有企业和中外合资/合作企业在出口贸易自由化上升后,会提高其出口老产品到老市场的规模,而外商独资企业和集体/私营企业会在企业规模扩大后再提高其出口集约边际的规模。

表6-16 不同所有制下出口贸易自由化与企业异质性的交互分析——集约边际

	国有企业			中外合资/合作		
变量	(1)	(2)	(3)	(4)	(5)	(6)
	intensive_ex	intensive_ex	intensive_ex	intensive_ex	intensive_ex	intensive_ex
free_ex	-67936**	-54548***	-51482***	-5838	-5626	-10422
	(30064)	(19611)	(16080)	(14899)	(14346)	(13819)
tfp_op	-61897	-44387	-44590	-10313	-12857	-11821
	(69055)	(63944)	(63971)	(64675)	(61234)	(61087)
age	766.1	298.4	359.2	-24535	-23439	-25000
	(2939)	(2884)	(2875)	(38375)	(38721)	(38380)
scale	-9.604e+06	-9.289e+06	-1.037e+07	1.114e+07	1.146e+07	-3.465e+07
	(1.760e+07)	(1.759e+07)	(2.226e+07)	(3.315e+07)	(3.318e+07)	(4.485e+07)
free_ex × tfp_op	5888		189001	-427.9		
	(9034)		(2.296e+06)	(3414)		
free_ex × age		261.2			-244.9	
		(917.0)			(1151)	
free_ex × scale						1.053e+07
						(6.959e+06)
行业效应	YES	YES	YES	YES	YES	YES
地区效应	YES	YES	YES	YES	YES	YES
年份效应	YES	YES	YES	YES	YES	YES
Constant	647615	604245	609946	1.494e+06	1.497e+06	1.558e+06
	(967929)	(966576)	(966621)	(2.084e+06)	(2.083e+06)	(2.083e+06)
Observations	3562	3562	3562	2655	2655	2655
R-squared	1413	1413	1413	2124	2124	2124

第6章 出口贸易自由化对企业出口选择的影响研究

续表

变量	外商独资						集体/私营		
	(7) intensive_ex	(8) intensive_ex	(9) intensive_ex		(10) intensive_ex	(11) intensive_ex	(12) intensive_ex		
free_ex	-138314 (176229)	-34165 (53780)	-22431 (54007)		-13902* (8099)	-6013 (4552)	-9153** (3805)		
tfp_op	-348709 (686539)	-193498 (638165)	-191833 (636761)		-13474 (28249)	-4530 (24903)	-4773 (24906)		
age	49712 (212517)	49386 (234018)	43597 (212967)		3984 (4937)	7118 (5540)	4052 (4937)		
scale	2.327e+08** (9.397e+07)	2.336e+08** (9.400e+07)	2.533e+08** (9.837e+07)		1.980e+06 (3.194e+06)	2.050e+06 (3.194e+06)	2.237e+06 (4.219e+06)		
free_ex × tfp_op	36710 (59950)								
free_ex × age		-707.8 (19357)			1783 (2741)	-486.9 (398.7)			
free_ex × scale			-845851 (1.345e+06)				-39264 (470024)		
行业效应	YES	YES	YES		YES	YES	YES		
地区效应	YES	YES	YES		YES	YES	YES		
年份效应	YES	YES	YES		YES	YES	YES		
Constant	403422 (8.390e+06)	65663 (8.373e+06)	17087 (8.336e+06)		602967 (611082)	576184 (610269)	582453 (610394)		
Observations	1855	1855	1855		7442	7442	7442		
R-squared	1679	1679	1679		3290	3290	3290		

注：圆括号内的数值为标准误，*、**和***分别表示在10%、5%和1%的水平上显著。

表6-17 不同所有制下出口贸易自由化与企业异质性的交互分析——扩展边际

变量	国有企业				中外合资/合作	
	(1)	(2)	(3)	(4)	(5)	(6)
	intensive_ex	intensive_ex	intensive_ex	intensive_ex	intensive_ex	intensive_ex
free_ex	-27852	781.5	-4221	-3494	-4760	-3676
	(29447)	(19456)	(15797)	(14608)	(11188)	(10547)
tfp_op	-183233**	-151145**	-151773**	10826	9254	8853
	(77935)	(72126)	(72082)	(72732)	(67554)	(67552)
age	4868	6187	5773	-1434	-2103	-1460
	(12773)	(13722)	(12763)	(27935)	(28477)	(27935)
scale	1.107e+07	1.074e+07	2.375e+06	2.047e+07	2.019e+07	2.614e+07
	(2.158e+07)	(2.158e+07)	(2.434e+07)	(3.929e+07)	(3.934e+07)	(5.128e+07)
free_ex × tfp_op	9609	-125.3		-401.0	157.4	
	(8964)	(1005)		(6156)	(1276)	
free_ex × age						
free_ex × scale			-2.210e+06			-1.133e+06
			(2.963e+06)			(6.549e+06)
行业效应	YES	YES	YES	YES	YES	YES
地区效应	YES	YES	YES	YES	YES	YES
年份效应	YES	YES	YES	YES	YES	YES
Constant	-593167	-700157	-678399	-11218	-12385	-9852
	(1.172e+06)	(1.173e+06)	(1.169e+06)	(1.296e+06)	(1.296e+06)	(1.295e+06)
Observations	2933	2933	2933	2992	2992	2992
R-squared	1112	1112	1112	2537	2537	2537

第6章　出口贸易自由化对企业出口选择的影响研究

续表

变量	外商独资			集体/私营		
	(7)	(8)	(9)	(10)	(11)	(12)
	intensive_ex	intensive_ex	intensive_ex	intensive_ex	intensive_ex	intensive_ex
free_ex	62868	-217215	-73954	-8549	-265.4	-2008
	(338997)	(168405)	(161472)	(7005)	(4584)	(3554)
tfp_op	708274	391749	452997	-65005**	-50422**	-50629**
	(838592)	(739714)	(712789)	(27649)	(24782)	(24780)
age	159496	147592	168094	-1122	-305.1	-1091
	(399314)	(403271)	(400782)	(3907)	(4442)	(3907)
scale	3.989e+08***	3.998e+08***	3.942e+08***	-1.472e+06	-1.421e+06	-3.342e+06
	(5.994e+07)	(6.011e+07)	(5.811e+07)	(4.823e+06)	(4.823e+06)	(5.608e+06)
free_ex × tfp_op	-97444	6994		2848		
	(123327)	(17830)		(2413)		
free_ex × age			-2.956e+06		-130.1	
			(2.623e+06)		(379.3)	
free_ex × scale						410056
						(614327)
行业效应	YES	YES	YES	YES	YES	YES
地区效应	YES	YES	YES	YES	YES	YES
年份效应	YES	YES	YES	YES	YES	YES
Constant	-4.717e+06	-3.872e+06	-4.502e+06	-8230	-45110	-40354
	(1.221e+07)	(1.217e+07)	(1.218e+07)	(494856)	(493835)	(493885)
Observations	2142	2142	2142	6112	6112	6112
R-squared	1994	1994	1994	2587	2587	2587

注：圆括号内的数值为标准误，*，**和***分别表示在10%，5%和1%的水平上显著。

表 6-17 为按所有制性质分组后,贸易自由化与企业异质性对企业出口扩展边际的交互影响。在加入交互项后,出口贸易自由化的上升对企业出口扩展边际的影响依旧与表 6-15 的结果一致。可以看到,只有生产率越高的中外合资/合作企业与外商独资企业才会扩大其出口扩展边际的规模。另外,国有企业和外商独资企业经营年限的增加会促进其出口新的产品和开拓新的市场。只有企业规模的扩大才有利于所有企业出口扩展边际的增加,尤其是外商独资企业。

再来看出口贸易自由化与企业异质性指标交互项的异同。从表 6-17 可以看出,中外合资/合作企业与外商独资企业会因自身生产率的提高,在出口贸易自由化上升后,扩大其出口的扩展边际规模,而国有企业和集体/私营企业所示的结果和表 6-15 类似,即生产率越高的企业在面对下降的出口关税水平时,反而会缩小其出口扩展边际的规模。并且,只有经营经验越丰富、经营年限越长的国有企业和集体/私营企业在出口贸易自由化上升时,才会扩大其出口扩展边际。但是,对于所有企业来说,其经营规模越大,出口贸易自由化对企业出口扩展边际规模的扩大影响也就越大。

6.4.4 稳健性检验

最后,我们采用分位数回归法对上述主要模型进行稳健性检验,回归结果如表 6-18 和表 6-19 所示。从表 6-18 所示结果可以看到,随着分位数的增加,出口集约边际和出口扩展边际的规模都会随着出口贸易自由化水平的上升而扩大。另外,还可以看到出口贸易自由化的上升对具有高集约边际和高扩展边际的企业影响最大。

表 6-18 出口贸易自由化对企业出口规模的影响——分位数回归①

变量	集约边际			扩展边际		
	(1)	(2)	(3)	(4)	(5)	(6)
	q25	q50	q75	q25	q50	q75
free_ex	-413.9***	-2100***	-5371***	69.23***	-213.4***	-1367***
	(12.25)	(84.00)	(314.8)	(19.75)	(26.39)	(178.8)
行业效应	YES	YES	YES	YES	YES	YES
地区效应	YES	YES	YES	YES	YES	YES
年份效应	YES	YES	YES	YES	YES	YES

① 这里我们的种子值设置为 10101,bootstrap 次数为 100。

第6章 出口贸易自由化对企业出口选择的影响研究

续表

变量	集约边际			扩展边际		
	(1)	(2)	(3)	(4)	(5)	(6)
	q25	q50	q75	q25	q50	q75
Constant	28195***	126663***	498484***	31303***	142134***	554450***
	(119.6)	(688.7)	(2781)	(205.2)	(669.0)	(2672)
Observations	432260	432260	432260	300970	300970	300970

注：圆括号内的数值为标准误，*、**和***分别表示在10%、5%和1%的水平上显著。

表6-19 出口贸易自由化对企业出口扩展边际的分类影响——分位数回归

Panel A	(1)	(2)	(3)
出口新产品到老市场	q25	q50	q75
free_ex	106.4***	36.18	-471.7***
	(12.45)	(24.51)	(37.70)
行业效应	YES	YES	YES
地区效应	YES	YES	YES
年份效应	YES	YES	YES
Constant	12480***	59618***	259561***
	(90.10)	(330.2)	(1406)
Observations	238196	238196	238196
Panel B	(4)	(5)	(6)
出口老产品到新市场	q25	q50	q75
free_ex	-68.09***	-704.7***	-3150***
	(22.61)	(82.64)	(375.3)
行业效应	YES	YES	YES
地区效应	YES	YES	YES
年份效应	YES	YES	YES
Constant	22392***	103777***	421224***
	(170.2)	(894.4)	(2632)
Observations	195566	195566	195566
Panel C	(7)	(8)	(9)
出口新产品到新市场	q25	q50	q75
free_ex	412.4***	-1414***	-412.4***
	(39.50)	(122.3)	(39.50)

续表

Panel C	(7)	(8)	(9)
出口新产品到新市场	q25	q50	q75
行业效应	YES	YES	YES
地区效应	YES	YES	YES
年份效应	YES	YES	YES
Constant	10581*** (119.1)	50732*** (496.8)	10581*** (119.1)
Observations	140572	140572	140572

注：圆括号内的数值为标准误，*、**和***分别表示在10%、5%和1%的水平上显著。

6.5 本章小结

本章利用中国海关数据库、中国工业企业数据库、出口产品关税数据库等大型产品层面和企业层面的微观数据库，详尽地分析了出口端贸易自由化水平变动对企业出口产品质量和出口产品规模的影响。具体可以得到以下几点结论：

首先，2000~2006年，我国出口关税水平呈逐步下降趋势，企业出口产品的质量水平也有一定程度的上升，出口企业和贸易伙伴的数量均在快速上涨，这带来了企业出口扩展边际的扩大，但企业出口的集约边际占比却在逐年下降。

其次，在随后对出口产品质量的分析中，我们发现，异质性产品，以加工贸易进行交易的产品、消费品、中技术产品，以及国有企业和集体/私营企业出口的产品和技术密集型行业出口的产品，还有出口到低收入国家和高收入国家的产品在出口关税水平下降后，其质量水平均能获得较大提升。在基于企业异质性理论的经验检验中，我们发现，规模大但经营年限不长的国有企业，规模小但经营年限长的中外合资/合作企业和外商独资企业，以及经营年限较长的集体/私营企业在出口关税水平下降后，其出口产品质量水平提升的幅度相较其余企业更大。

最后，在对企业出口产品规模的实证检验中，我们将企业出口端分为了集约边际和扩展边际，并将企业出口的扩展边际分为了将老产品出口到新市场、将新产品出口到老市场和将新产品出口到新市场三类。在进行细致的分组后，其实证结果表明，企业层面的出口贸易自由化水平上升有利于企业出口集约边际和出口扩展边际规模的扩大，并且扩展边际规模的扩大主要来自于将新产品出口到新市

第6章 出口贸易自由化对企业出口选择的影响研究

场。另外,不同所有制形式的企业在出口贸易自由化水平上升后,其出口规模扩大的路径也不尽相同。具体来说,国有企业会扩大其出口新产品到新市场的规模,中外合资/合作企业和外商投资企业会扩大其出口老产品到新市场的规模,而集体/私营企业会扩大其出口新产品到老市场的规模。在随后构建的交互项模型实证结果中,可以发现,出口贸易自由化水平上升所带来的企业出口集约边际规模的扩大主要集中在经营时间较长、企业规模较大的中外合资/合作企业和集体/私营企业。对于企业经营时间较长、规模较大的国有企业和集体/私营企业来说,出口贸易自由化水平的变动对其出口扩展边际的影响更大。

当然,本章采用的滞后四期关税水平以及分位数回归检验也都支持上述主要结论。

第7章 贸易自由化对进出口产品的影响
——基于我国加入 WTO 的准自然实验检验

在前两章实证分析的基础上,本章从我国加入 WTO 这一事件入手,利用倍差法进一步分析了进出口贸易自由化对我国企业进出口产品质量以及规模的影响。

7.1 引言

从前两章的分析中我们得知,自我国加入 WTO(世界贸易组织)以来,进出口关税水平均获得了不同程度的下降。同时,在分组检验中,我们还发现,以一般贸易方式进行交易的产品更易受关税变动的影响,这是因为我国的加工贸易基本为国内企业从国外进口原材料,在本地进行加工,再将成品出口到国外(余淼杰和李乐融,2016),因此受到关税变动的影响较小。在第 5 章和第 6 章的分析中,我们主要从关税变动角度入手,考察了进出口关税下降后,企业进出口产品质量以及进出口产品规模的变动情况。除了关税视角外,许多学者将我国加入 WTO 这一历史事件作为自然实验,分析了加入 WTO 后,我国制造业产业升级、企业员工就业、员工收入、企业加成率等情况(周茂等,2016;毛其淋和许家云,2016,2017;余淼杰和梁中华,2014)。随着微观层面产品数据的可获得性增加,苏理梅等(2016)利用倍差法分析了贸易自由化对我国出口产品质量的影响,结果表明,我国出口产品质量会随着贸易政策不确定性的下降而降低,而这种不确定性主要是通过出口市场中更多生产低质量产品企业涌入的扩展边际,来影响出口产品质量的水平,而存续企业在面对贸易政策不确定下降时不能及时地做出相应反应,从而导致出口产品质量水平整体上的下降。在余淼杰和李乐融

(2016)以及施炳展和张雅睿(2016)的分析中,整体样本被分为一般贸易企业(实验组)和加工贸易企业(控制组)两组,其结果均表明,相对于加工贸易企业,进行一般贸易的企业所受贸易自由化影响的程度更大,其所进口产品的质量水平提升程度更高。

但以上研究的落脚点均为进行贸易活动的企业,而并非产品,另外,余淼杰和李乐融(2016)以及施炳展和张雅睿(2016)所研究的对象为进口中间投入品,并不能全面地反映所有进口产品的变动。除了产品质量外,以上研究均未在我国加入WTO这一自然实验中考虑进出口产品规模的变动情况。本章将从以上几个方面进行逐步分析。

7.2 我国进出口产品的构成

在本书的第1章中,我们分析了2000~2015年,我国进出口额的变动情况,并在第5章和第6章中,分别就我国进口产品质量和出口产品质量的变动情况进行了相应的统计描述,下面就我国进出口产品的构成情况进行分析。具体如表7-1所示。

表7-1 我国进出口产品的构成

贸易方式 年份	进口产品		出口产品	
	一般贸易	加工贸易	一般贸易	加工贸易
2000	0.435	0.405	0.393	0.593
2001	0.499	0.338	0.435	0.546
2002	0.518	0.296	0.448	0.531
2003	0.547	0.273	0.449	0.528
2004	0.545	0.257	0.442	0.530
2005	0.534	0.281	0.468	0.495
2006	0.559	0.272	0.452	0.514

资料来源:作者根据中国海关数据库整理。

从表7-1中可以看出,在此期间,以一般贸易方式进口的产品份额在不断上升,以加工贸易进口产品的份额在逐步下降。同样地,我国出口端的一般贸易产品占比也呈升高趋势,而加工贸易产品的占比在逐年降低。

7.3 基于我国加入 WTO 的准实验检验

本章以我国 2001 年 12 月加入 WTO 作为政策冲击,在一个自然实验的框架下来识别贸易自由化对我国进出口产品质量和进出口产品规模的影响。

由于加工贸易基本不受关税的影响,因此我们将以加工贸易进行交易的产品设为控制组(Control group,treat = 0),以一般贸易进行交易的产品设为实验组(Treatment group,treat = 1)①;同时,以 2002 年为节点,将样本分为两组,其中,2002 年前的样本设为 0(post = 0),2002 年后的样本设为 1(post = 1),即

$$treat = \begin{cases} 0 & \text{加工贸易} \\ 1 & \text{一般贸易} \end{cases}$$

$$post = \begin{cases} 0 & 2002\text{年前} \\ 1 & 2002\text{年后} \end{cases}$$

7.3.1 贸易自由化对我国进口产品的影响

首先考虑加入 WTO 对我国进口产品质量和规模的影响。如图 7-1 所示。

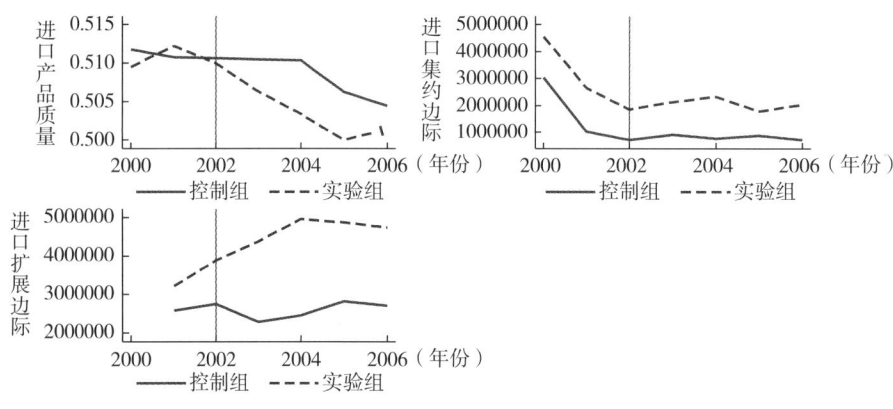

图 7-1 加入 WTO 对我国企业进口端的影响

资料来源:作者根据中国海关数据库整理。

---

① 在本书所使用海关数据库中,共包含十六种贸易方式,分别为一般贸易、国际组织无偿援助和赠送的物资、捐赠物资、补偿贸易、来料加工装配贸易、进料加工贸易、寄售和代销贸易、边境小额贸易、来料加工装配进口的设备、对外承包工程出口货物、外商投资企业作为投资进口的设备、出料加工贸易、易货贸易、免税外汇商品、保税仓库进出境货物、保税区仓储转口货物。我们选取来料加工装配贸易以及进料加工贸易作为加工贸易,其与一般贸易占所有进出口的比重见表 7-1。

图 7-1 共分为三个部分,分别为我国加入 WTO 后,进口产品质量、进口集约边际和进口扩展边际的变动趋势①。可以看到,加入 WTO 前,控制组和实验组的进口产品质量和进口产品规模变动趋势大致相同。但在加入 WTO,即 2002 年之后,以一般贸易方式进口的产品质量水平下降程度远大于以加工贸易方式进口的产品。虽然两组进口的集约边际在加入 WTO 前后的变动趋势未有显著差异,但以一般贸易方式交易的产品,其进口集约边际一直大于以加工贸易方式进行交易的产品。另外,可以看到的是,在我国加入 WTO 后,相较于加工贸易方式,以一般贸易进口的产品,其进口扩展边际获得了极大的提高。针对上述现象,我们构建如下模型,利用倍差法就我国加入 WTO 对企业进口端的影响进行实证检验。具体如下。

$$quality_{ijt}^{imp} = \alpha_0 + \alpha_1 post_t \times treat_j + \alpha_2 treat_j + \alpha_3 ind_{jt} + \alpha_4 locat_{it} + \alpha_5 year_t + \varepsilon_{it}^{imp} \quad (7.1)$$

$$intensive_{it}^{imp} = \alpha_0 + \alpha_1 post_t \times treat_j + \alpha_2 treat_i + \alpha_3 ind_{it} + \alpha_4 locat_{it} + \alpha_5 year_t + \varepsilon_{it}^{imp} \quad (7.2)$$

$$extensive_{it}^{imp} = \alpha_0 + \alpha_1 post_t \times treat_j + \alpha_2 treat_i + \alpha_3 ind_{it} + \alpha_4 locat_{it} + \alpha_5 year_t + \varepsilon_{it}^{imp} \quad (7.3)$$

其中,式 (7.1)、式 (7.2)、式 (7.3) 分别表示加入世贸组织对企业进口产品质量、进口集约边际和进口扩展边际的影响。式 (7.1) 所使用样本为产品层面,其分组方法如前文所述。式 (7.2) 和式 (7.3) 所使用样本为企业层面,参照余淼杰和梁中华 (2014) 的做法,若企业在其初始年份有加工贸易行为,则视其为加工贸易企业,因为其生产决策不会受关税变动的影响,这对其余产品的生产具有溢出效应。另外,$quality_{ijt}^{imp}$ 为进口产品质量,$intensive_{it}^{imp}$ 为进口集约边际,$extensive_{it}^{imp}$ 为进口扩展边际,ind_{it}、$locat_{it}$、$year_t$ 分别为行业固定效应、地区固定效应和年份固定效应,ε_{it}^{exp} 为残差项。

回归结果见表 7-2、表 7-3 和表 7-4。表 7-2 中列 (1) 和列 (2) 的结果显示,在控制住行业效应和地区效应后,一般贸易进口的产品质量相对加工贸易显著减少,这和图 7-1 所示一致。在随后分所有制的检验中,可以看到,除去中外合资/合作企业中一般贸易与加工贸易间的差异不显著外,其余三种类型的企业在我国加入 WTO 后,以一般贸易方式进口的产品质量水平均会比以加工贸易方式进口的产品质量水平下降更多。

随后,我们对式 (7.2) 和式 (7.3) 进行回归,结果见表 7-3 和表 7-4。表 7-3 和表 7-4 分别为我国加入 WTO 后,一般贸易企业和加工贸易企业其进口集约边际和进口扩展边际的差异。

---

① 这里需要说明的是,由于数据量过大,我们取的是每种贸易模式的年均值。

表 7-2 加入 WTO 对企业进口产品品质量的影响

变量	(1)	(2)	(3)	(4)	(5)	(6)
	整体		国有企业	合资/合作	外商独资	集体/私营
	quality_im	quality_im	quality_im	quality_im	quality_im	quality_im
post × treat	-0.00513***	-0.00514***	-0.00419***	-0.000890	-0.00624***	-0.00616***
	(0.000287)	(0.000287)	(0.000722)	(0.000544)	(0.000429)	(0.00121)
treat	0.0374***	0.0374***	0.0341***	0.0374***	0.0390***	0.0271***
	(0.000357)	(0.000357)	(0.000948)	(0.000680)	(0.000489)	(0.00159)
行业效应	YES	YES	YES	YES	YES	YES
地区效应		YES	YES	YES	YES	YES
年份效应	YES	YES	YES	YES	YES	YES
Constant	0.487***	0.521***	0.574***	0.634***	0.342***	0.599***
	(0.000262)	(0.0487)	(0.0863)	(0.127)	(0.0774)	(0.104)
Observations	3935048	3923716	951575	890584	1602329	446386
R-squared	0.005	0.005	0.004	0.006	0.008	0.003
Number of id	1325876	1323519	324513	282943	522233	176886

注：圆括号内的数值为标准误，*、**、***分别表示在 10%、5% 和 1% 的水平上显著。若考虑企业固定效应，则无须加入 treat，否则，方程中应加入 treat。下同。

第7章 贸易自由化对进出口产品的影响

表7-3 加入WTO对企业进口集约边际的影响

变量	(1) 整体 intensive_im	(2) 国有企业 intensive_im	(3) 合资/合作 intensive_im	(4) 外商独资 intensive_im	(5) 集体/私营 intensive_im
post×treat	-16166 (38074)	-173071 (316620)	26165 (41250)	5604 (31987)	13829 (153076)
treat	133873** (54042)	235699 (415669)	169294*** (57489)	79542* (46733)	89278 (190168)
行业效应	YES	YES	YES	YES	YES
地区效应	YES	YES	YES	YES	YES
年份效应	YES	YES	YES	YES	YES
Constant	-43110 (2.194e+06)	1.568e+06 (1.086e+06)	5.170e+06*** (1.806e+06)	1.558e+06 (1.751e+06)	-25174 (2.037e+06)
Observations	347761	37012	85917	156800	56803
R-squared	0.008	0.007	0.008	0.279	0.008
Number of id	292781	32862	73021	136303	43000

注：圆括号内的数值为标准误，*、**和***分别表示在10%、5%和1%的水平上显著。

表7-4 加入WTO对企业进口扩展边际的影响

变量	(1) 整体 extensive_im	(2) 国有企业 extensive_im	(3) 合资/合作 extensive_im	(4) 外商独资 extensive_im	(5) 集体/私营 extensive_im
post×treat	76921 (76950)	516245 (827606)	-41495 (100703)	15152 (86905)	-9610 (227053)
treat	20175 (116046)	-421476 (1.180e+06)	61741 (152154)	110200 (127606)	117213 (270546)
行业效应	YES	YES	YES	YES	YES
地区效应	YES	YES	YES	YES	YES
年份效应	YES	YES	YES	YES	YES
Constant	1.456e+06 (3.541e+06)	2.649e+06 (2.091e+06)	837630 (2.110e+06)	772709 (2.968e+06)	950953 (1.256e+06)

续表

变量	(1) 整体 extensive_im	(2) 国有企业 extensive_im	(3) 合资/合作 extensive_im	(4) 外商独资 extensive_im	(5) 集体/私营 extensive_im
Observations	280710	35429	74009	128940	37777
R-squared	0.002	0.005	0.002	0.011	0.020
Number of id	257911	33481	67099	119269	33822

注：圆括号内的数值为标准误，*、**和***分别表示在10%、5%和1%的水平上显著。

从整体来说，我国加入WTO后，一般贸易企业会扩大其进口产品的扩展边际，而对于加工贸易企业来说，会扩大其进口产品的集约边际。在后面的按所有制分组回归中，仅外商独资企业中从事一般贸易的企业不仅会扩大其进口集约边际，亦会扩大其进口扩展边际。相对于加工贸易而言，国有企业的一般贸易模式下进口扩展边际会提高更多，而中外合资/合作企业以及集体/私营企业的进口集约边际会获得更多的增长。

7.3.2 贸易自由化对我国出口产品的影响

下面，我们来考察加入WTO后，我国企业出口端的变化情况。具体如图7-2所示。

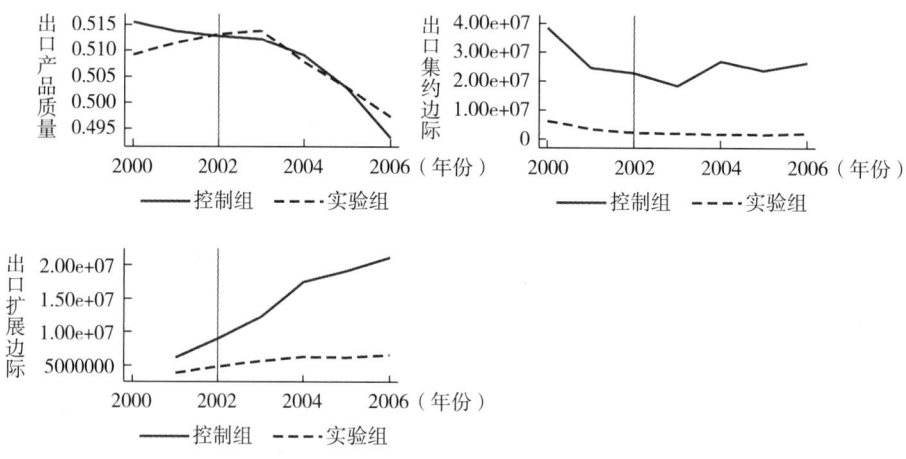

图7-2 加入WTO对我国企业出口端的影响

资料来源：作者根据中国海关数据库整理。

第 7 章 贸易自由化对进出口产品的影响

从图 7-2 中我们发现,以一般贸易和加工贸易进行交易产品的质量水平在 2002 年时开始趋于同一变化态势。但可以看出的是,在我国加入 WTO 前,加工贸易的产品质量水平更高,而在加入 WTO 之后,一般贸易产品的质量水平开始高于加工贸易产品。在出口规模方面,以一般贸易方式进行交易的产品,其出口集约边际的变动并未有太多变动,反倒有轻微下降趋势,而加工贸易产品出口的扩展边际会得到比较大的提升,同样,一般贸易产品的扩展边际也会有所上升。

与上文针对企业进口端的分析类似,我们构建如下模型,使用倍差法来分析我国加入 WTO 对企业出口端的影响。

$$quality_{ijt}^{\exp} = \alpha_0 + \alpha_1 post_t \times treat_j + \alpha_2 treat_j + \alpha_3 ind_{jt} + \alpha_4 locat_{it} + \alpha_5 year_t + \varepsilon_{ijt}^{\exp} \quad (7.4)$$

$$intensive_{it}^{\exp} = \alpha_0 + \alpha_1 post_t \times treat_j + \alpha_2 treat_i + \alpha_3 ind_{it} + \alpha_4 locat_{it} + \alpha_5 year_t + \varepsilon_{it}^{\exp} \quad (7.5)$$

$$extensive_{it}^{\exp} = \alpha_0 + \alpha_1 post_t \times treat_j + \alpha_2 treat_i + \alpha_3 ind_{it} + \alpha_4 locat_{it} + \alpha_5 year_t + \varepsilon_{it}^{\exp} \quad (7.6)$$

其中,$quality_{ijt}^{\exp}$ 为出口产品质量,$intensive_{it}^{\exp}$ 为出口集约边际,$extensive_{it}^{\exp}$ 为出口扩展边际,ind_{it}、$locat_{it}$、$year_t$ 分别为行业固定效应、地区固定效应和年份固定效应,$\varepsilon_{it}^{\exp}$ 为残差项①。式(7.4)、式(7.5)、式(7.6)的回归结果分别见表 7-5、表 7-6 和表 7-7。

从表 7-5 所示结果可知,加入 WTO 后所带来的关税下降能促使企业出口产品质量获得提升,相对于加工贸易而言,一般贸易出口产品质量的提升幅度更大,这一现象在外商独资企业和集体/私营企业中更为明显。

在随后针对出口产品规模的结果中,我们发现,受加入 WTO 影响较大的是从事一般贸易的企业。按所有制分组进行的检验显示,外商独资企业和集体/私营企业中,从事一般贸易的企业更易扩大其出口的集约边际。虽然加入世贸组织能促进从事一般贸易的企业扩大其出口产品的扩展边际,但这种影响似乎并不明显,分所有制的检验也证实了上述结论。

综上两部分的分析,我们可以看到,加入 WTO 对我国企业进口端和出口端的影响存在一定的差异,不仅体现在产品质量上,还体现在进出口产品的规模上。另外,这一事件对不同性质企业的影响也存在差异。企业所有权集中在一种资本的企业更易扩大其出口规模,即外商独资企业和集体/私营企业更易扩大其进口产品的集约边际和扩展边际,以及出口产品的集约边际和扩展边际。这可能与外商独资企业与集体/私营企业相对来说更加活跃有一定关系。当然,上述结果总体上与前文从进出口关税下降角度所做分析得出的结论一致。

---

① 这里对一般贸易企业和加工贸易企业的定义如上文所述。

贸易自由化、进口投入与出口选择

表7-5 加入WTO对企业出口产品质量的影响

变量	(1)	(2)	(3)	(4)	(5)	(6)
	整体		国有企业	合资/合作	外商独资	集体/私营
	quality_ex	quality_ex	quality_ex	quality_ex	quality_ex	quality_ex
post × treat	0.00272***	0.00260***	0.00148**	0.00175***	0.000523	0.00480***
	(0.000303)	(0.000303)	(0.000677)	(0.000633)	(0.000531)	(0.00128)
treat	-0.000785**	-0.000594*	0.00917***	0.000203	-0.00280***	-0.00323**
	(0.000360)	(0.000360)	(0.000823)	(0.000691)	(0.000580)	(0.00132)
行业效应		YES	YES	YES	YES	YES
地区效应		YES	YES	YES	YES	YES
年份效应	YES	YES	YES	YES	YES	YES
Constant	0.514***	0.583***	0.572***	0.567***	0.635***	0.594***
	(0.000342)	(0.0143)	(0.0193)	(0.0770)	(0.0556)	(0.0266)
Observations	4819833	4814057	1862407	604235	798473	1523547
R-squared	0.007	0.010	0.009	0.008	0.014	0.010
Number of id	1705209	1704039	644600	188876	247070	610794

注：圆括号内的数值为标准误，*、** 和 *** 分别表示在10%、5%和1%的水平上显著。

表7-6 加入WTO对企业出口集约边际的影响

变量	(1) 整体 intensive_ex	(2) 国有企业 intensive_ex	(3) 合资/合作 intensive_ex	(4) 外商独资 intensive_ex	(5) 集体/私营 intensive_ex
post × treat	220510*** (60519)	-495931* (272506)	160304 (126983)	317353*** (102618)	641589*** (164404)
treat	510137*** (72804)	652619** (285545)	793608*** (154390)	320624*** (120708)	268162 (169374)
行业效应	YES	YES	YES	YES	YES
地区效应	YES	YES	YES	YES	YES
年份效应	YES	YES	YES	YES	YES
Constant	824279 (4.926e+06)	2.155e+06 (3.589e+06)	-585079 (4.439e+06)	1.734e+06 (6.721e+06)	-9.667e+06*** (2.146e+06)
Observations	431560	52174	99795	138849	131987
R-squared	0.003	0.020	0.003	0.006	0.049
Number of id	328239	46617	72571	98560	105149

注：圆括号内的数值为标准误，*、**和***分别表示在10%、5%和1%的水平上显著。

表7-7 加入WTO对企业出口扩展边际的影响

变量	(1) 整体 extensive_ex	(2) 国有企业 extensive_ex	(3) 合资/合作 extensive_ex	(4) 外商独资 extensive_ex	(5) 集体/私营 extensive_ex
post × treat	71788 (63788)	317743 (422576)	-21494 (58939)	136351 (126869)	168503 (160835)
treat	356487*** (81180)	453653 (485521)	322719*** (76711)	331439** (155179)	-16458 (169563)
行业效应	YES	YES	YES	YES	YES
地区效应	YES	YES	YES	YES	YES
年份效应	YES	YES	YES	YES	YES
Constant	784570 (2.199e+06)	2.291e+06 (2.080e+06)	-2.591e+06 (2.324e+06)	-245771 (3.241e+06)	640684 (1.358e+06)
Observations	300694	44098	73095	95100	86686
R-squared	0.053	0.026	0.010	0.111	0.011
Number of id	264031	42009	61767	79142	79419

注：圆括号内的数值为标准误，*、**和***分别表示在10%、5%和1%的水平上显著。

7.4 稳健性检验

为保证以上结论的可靠性，下面我们进行预期效应检验，并采用两期倍差法进行稳健性检验。

实施倍差法来观测外生冲击所带来差异性影响的前提是要满足同趋势性假设，由于图 7-1 和图 7-2 采用图形法所进行的初步检验采取的是年均值，所以效果不是特别明显。因此我们采取预期效应检验。所谓的预期效应检验指的是，在不存在外生冲击的情况下，处理组和实验组的被解释变量应呈相同的变动轨迹。其检验思路为：选取我国加入 WTO 之前的样本，即 2000~2001 年，并以 2000 年作为政策干预年份，对式（7.1）至式（7.6）的 DID 模型进行重新估计。结果见表 7-8 的列（1）至列（3）以及表 7-9 的列（1）至列（3）。可以看到，$post \times treat$ 的系数没有通过 10% 水平的显著性检验，这说明一般贸易企业和加工贸易企业在我国加入 WTO 之前，其进出口产品质量和进出口产品规模的变动满足预期效应检验。

采用多期倍差法往往会存在序列相关问题，这可能导致倍差法估计量显著性水平被高估（Bertrand 等，2004），两期倍差法可以解决多期倍差法存在的序列相关问题。具体处理方法为：将样本期分为加入 WTO 之前（2000~2001 年）和加入 WTO 之后（2002~2006 年）两段，并求出每个阶段各变量的算术平均值。结果见表 7-8 的列（4）至列（6）和表 7-9 的列（4）至列（6）。可以看到，与多期倍差法的回归结果类似，$post \times treat$ 的系数显著为正，这表明我国加入 WTO 确实提高了一般贸易企业的进出口产品质量和进出口产品规模。

第7章 贸易自由化对进出口产品的影响

表7-8 我国加入WTO的稳健性检验（进口端）

变量	预期效应检验				两期倍差法	
	(1)	(2)	(3)	(4)	(5)	(6)
	quality_im	intensive_im	extensive_im	quality_im	intensive_im	extensive_im
post × treat	0.00603 (0.004307)	-415849 (308036)	683753 (525963)	-0.00297*** (0.000111)	-1.857e+06*** (15750)	2.251e+06*** (8291)
treat	0.0378*** (0.000913)	-269592*** (79424)	-473852*** (76623)	0.0114*** (0.000172)	1.253e+06*** (22406)	-1.943e+06*** (11826)
行业效应	YES	YES	YES	YES	YES	YES
地区效应	YES	YES	YES	YES	YES	YES
年份效应	YES	YES	YES	YES	YES	YES
Constant	0.511*** (0.0704)	3.016e+06*** (306345)	6.496e+06 (4.996e+06)	0.529*** (0.0231)	903769 (4.842e+06)	3.372e+06*** (1.221e+06)
Observations	890314	646827	566448	3923716	2107090	2732616
R-squared	0.008	0.019	0.018	0.002	0.010	0.041
Number of id	568649	447256	426268	1323519	720620	981285

注：圆括号内的数值为标准误，*、**和***分别表示在10%、5%和1%的水平上显著。

贸易自由化、进口投入与出口选择

表7-9 我国加入WTO的稳健性检验（出口端）

变量	预期效应检验				两期倍差法	
	(1)	(2)	(3)	(4)	(5)	(6)
	quality_ex	intensive_ex	extensive_ex	quality_ex	intensive_ex	extensive_ex
post × treat	0.00452 (0.003275)	5.635e+06 (4402343)	−2.084e+06 (1467605)	−0.00323*** (6.75e−05)	−2.371e+06*** (24751)	3.360e+06*** (16290)
treat	0.00423*** (0.000953)	−3.262e+06*** (231534)	1.007e+06*** (132191)	0.00293*** (0.000143)	1.611e+06*** (49857)	−2.854e+06*** (30327)
Constant	0.534*** (0.0302)	1.500e+07*** (820466)	5.622e+06 (9.801e+06)	0.524*** (0.00609)	8.427e+06*** (2.044e+06)	6.834e+06*** (1.014e+06)
行业效应	YES	YES	YES	YES	YES	YES
地区效应	YES	YES	YES	YES	YES	YES
年份效应	YES	YES	YES			
Observations	822323	587661	608088	4814057	2262570	3349462
R−squared	0.003	0.028	0.027	0.001	0.006	0.020
Number of id	548175	396851	458247	1704039	778328	1261490

注：圆括号内的数值为标准误，*、**和***分别表示在10%、5%和1%的水平上显著。

7.5 本章小结

借助我国加入 WTO（世界贸易组织）这一准自然实验，本章从企业进出口两个角度，利用倍差法分析了这一事件对企业进口产品质量和进口产品规模，以及出口产品质量和出口产品规模的影响。结果表明，加入 WTO 后，以一般贸易进行交易的产品与以加工贸易进行交易的产品相比较，其进口产品质量的上升幅度更快，而出口产品质量则正好相反。但从事一般贸易的企业更易扩大其进出口的规模，说明我国加入 WTO 扩大了一般贸易企业的经营范围。不过，这种影响更多的是体现在资本更为集中、更加活跃的外商独资企业和集体/私营企业。

第8章 进口贸易自由化、进口投入与出口选择

前两章的实证主要从企业的进口端和出口端出发,就企业受到关税变动后,其所作出的决策进行了分析。在上两章的基础上,本章首先借助 WIOD 数据库,计算进口品完全消耗系数;其次将企业进口端和出口端的所有产品联系起来,以识别进口产品对出口产品在"质"和"量"上的影响;最后通过构建交互项模型,将进口贸易自由化与企业进出口结合起来,进一步验证进口贸易自由化借助企业进口投入渠道进而影响其出口选择的路径。

8.1 引言

自 Melitz(2003)发现企业 TFP 与企业出口行为间的关系以来,各种关于我国制造业企业出口行为的研究(钱学锋,2008;易靖韬,2009),以及对出口企业和非出口企业的对比研究(毛其淋和盛斌,2013;高凌云等,2014)屡见不鲜。近年来,学术界开始关注更微观层面的产品质量异质性。初期的研究大多只针对出口产品质量或进口产品质量中的一个方面,并未将企业的进出口两端综合在一起进行相关研究。随后,有学者采用了不同方法将企业的进出口端进行合并研究,例如,Schor(2004)、Goldberg 等(2010)以及 Bas 和 Strauss – Kahn(2014)用 I – O 表矩阵来计算权重,但大部分学者选择利用 BEC 分类标准将中间投入品区分出来后,再进行后续的研究。Nickerson 和 Konings(2007)、Topalova 和 Khandelwal(2011)、Muraközy 和 Halpern(2011)都认为企业进口会对企业生产效率和产品范围产生一定影响。

当前,我国的贸易模式正经历着从"大进大出"向"优进优出"转变,以往对经济增长速度和规模的诉求也逐渐转变为质量和效益。因此,如何提高企业

生产产品的质量及规模成为今后我国企业所面临的主要问题。Kugler 和 Verhoogen（2011）以及 Hallak 和 Sivadasan（2013）的研究表明，若要生产高质量的产品则需要投入高质量的中间投入品。当然，进口中间投入品不仅将使得企业出口的质量提升，出口的规模也将得到扩大（Bas 和 Strauss – Kahn，2014）。Fajgelbaum 等（2011）认为发展中国家里生产低质量产品的企业很难将自身产品打入发达国家市场。但随着进口关税的下降，中国的企业将有机会购进质量较高的中间投入品，以此来提升最终产品的质量，从而提高在出口市场中的竞争力。高质量中间品的进口将得益于不断深化的贸易自由化程度（余淼杰和李乐融，2016；施炳展和张雅睿，2016）。另外，Kugler 和 Verhoogen（2011）、Manova 和 Zhang（2012）、Fan 等（2015）、Bas 和 Strauss – Kahn（2015）、Feng 等（2016）、马述忠和吴国杰（2016）、刘海洋等（2017）以及许家云等（2017）均指出，通过进口高质量的中间品能最终提升出口产品价格与质量。

但现有研究还存在几个问题，其一，针对我国企业产品质量研究的着眼点均是中间品，并未考虑企业生产中对进口品的间接消耗。其二，现有研究未从企业异质性的角度来进一步分析贸易自由化加深后，进口产品质量对出口产品质量影响的差异。另外，就进口关税下降后，企业进口产品规模的变动会如何影响其出口规模也鲜有研究。下面，我们就此进行一一分析。

8.2 企业投入产出框架

随着研究学者开始从产品质量异质性角度分析企业进出口行为，部分学者从中间投入品的质量、种类角度入手，来分析其对出口产品质量的影响（李秀芳和施炳展，2016；刘海洋等，2017；许家云等，2017）。但现有的研究均是借助 BEC 的分类标准，实际上，企业生产产品不仅需要中间投入品①，亦需要消耗其他生产要素。下面，我们先来看企业在封闭条件和开放条件下的投入产出选择。

8.2.1 封闭条件下企业投入产出框架

以粮食生产为例。从表面上看，粮食的生产过程中需要直接消耗种子、化肥、农用机械、电力资源等生产要素，但实际上，这些生产要素的生成还需要消

---

① 在 BEC 的分类标准中，产品被分为资本品、中间品和消费品，其中中间品被大部分学者称为中间投入品。

耗其他生产要素，譬如拖拉机等农用机械需要使用钢材来制造，而炼钢的过程中又需要消耗铁矿石，挖铁矿石又需要使用机械等，这些过程中均需要消耗电力资源。所以，在粮食生产过程中所消耗的电力资源，应包括对电力资源的直接消耗和对电力的间接消耗。如图8-1所示。

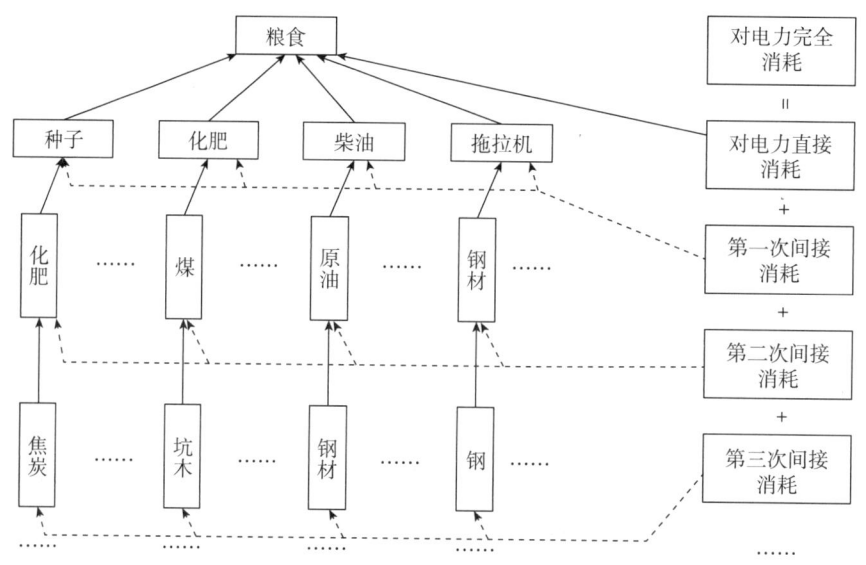

图8-1　粮食生产对电力的消耗情况

资料来源：陈锡康，杨翠红等. 投入产出技术［M］. 北京：科学出版社，2011.

从图8-1可以看出，生产一样最终品需要消耗的生产要素包括直接消耗和间接消耗两个部分。随着国际分工和联系的日益加强，某一国家或地区在其生产过程中都或多或少会使用到其他国家或地区生产的产品，因此，对于一个企业来说，其所消耗的生产要素不仅来自国内市场，还有可能来自国外市场。下面，我们来看开放条件下企业的投入产出框架。

8.2.2　开放条件下企业投入产出框架

在实际情况中，一个国家或地区或多或少与其余国家或地区有贸易上的往来。我国加入WTO后，进口关税和出口关税的大幅下降更为我国企业进入国际市场和其余国家或地区的企业进入我国市场提供了更多的机会。在这种情况下，图8-1所示的封闭条件下，国内企业的投入产出框架就不再适用，开放条件下企业的投入产出框架如图8-2所示。

第8章 进口贸易自由化、进口投入与出口选择

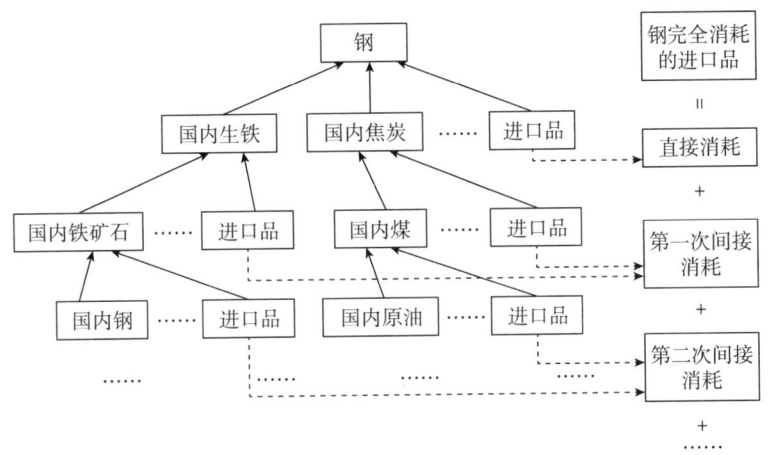

图 8-2 钢的完全进口消耗示意图

资料来源：Law Rence J. Lau 等. 非竞争型投入占用产出模型及其应用——中美贸易顺差透视 [J]. 中国社会科学，2007（5）：91－103.

从图 8-2 可以看到，国内钢企业在进行生产时，不仅需要消耗国内的生铁、焦炭等原材料，还需要消耗一定的进口品，这里所消耗的进口品被称为直接消耗。接下来可以看到，生产生铁需要消耗铁矿石和一定进口品。同样，焦炭的生产除了煤以外，也需要消耗一定的进口品，这里所消耗的进口品被称为第一次间接消耗。同理，接下去还有第二次间接消耗、第三次间接消耗等。将直接消耗和所有的间接消耗加总才是企业生产钢时对进口品的完全消耗。

既然企业在生产过程中已不可避免地需要使用到进口的生产要素，并且这种使用除了直接使用外还有间接生产所消耗的。那么，如何才能将生产中所消耗的进口品提取出来呢？

采用投入产出表是一个较好的办法。投入产出表又被称为部门联系平衡表，是反映一定时期各部门间相互联系和平衡关系的一种平衡表。我国在 1992 年、1997 年、2002 年、2007 年、2012 年公布了相应的投入产出表①，但这些投入产出表在中间投入部分均未包括进口品，所以不满足本书分析的要求。包含了进口产品的投入产出表有两种，分别为竞争型投入产出表和非竞争型投入产出表。其中，在竞争型投入产出表中，其假定国内生产要素和国外生产要素是可以完全替代的，只在最终需求的象限中有一个进口列向量，但我们并不能从中

---

① 这里指的是五位数行业层面的投入产出表。我国编制投入产出表的间隔为五年，在五年间会编制相应的投入产出延长表，一般为两位数行业层面。

贸易自由化、进口投入与出口选择

间投入部分中区分哪些生产要素是国内生产的,哪些是进口的。因此,此类竞争型投入产出表虽然包含了进口产品,但却无法反映各生产部门与进口产品之间的联系。另一种包含了进口产品的投入产出表为非竞争型投入产出表,在此类投入产出表中,其中间投入部分包括了国内生产的中间投入和进口品中间投入两大类,并且二者之间是不完全替代的,能够很好地满足本书的需求。另外,从第5章的分析中可以发现,来自不同收入国家的产品,其质量水平是不同的,这提醒我们在选取投入产出表时还需考虑该表是否在中间投入部分区分了进口品的来源地。

综合以上考虑,我们需要采用既包含了进口品又区分了国家的世界范围的投入产出表,能满足此要求的投入产出表有:联合国贸易和发展会议(UNCTAD)提供的 Eora 数据库、经济合作与发展组织(OECD)提供的国家间投入产出表(ICIO)、日本贸易振兴机构亚洲经济研究所(IDE-JETRO)提供的亚洲国际投入产出表(AIIOT)、普渡大学提供的全球贸易分析项目(GTAP)、欧盟支持的十一个机构与格罗宁根大学一起提供的世界投入产出数据库(WIOD)以及悉尼大学提供的 AISHA 数据库。各数据库所包括的国家和年份不尽相同,例如,日本贸易振兴机构亚洲经济研究所的投入产出数据仅包含 10 个国家;OECD 公布的 ICIO 表仅包含 18 个产业,并且其所囊括的年份也是间断的。各数据库间的对比如表 8-1 所示。

表 8-1 不同投入产出数据库对比

数据库	分布机构	数据来源	国家数量(个)	产业数量(个)	时间段(年)
Eora	UNCTAD	国家 I-O 表	187	25~500	1990~2012
ICIO	OECD	国家 I-O 表	40	18	1995,2000,2005 2008,2009
AIIOT	日本贸易振兴机构亚洲经济研究所(IDE-JETRO)	国民收支账户与企业调查	10	76	1975,1980,1985 1990,1995,2000 2005
GTAP	普渡大学	个体研究者与研究机构	129	57	2004,2007
WIOD	欧盟、格罗宁根大学	国家 I-O 表	40	35	1995~2014
AISHA	悉尼大学	优化后的国家 IO 表	160	25~500	2000~2008

资料来源:UNCTAD。

综合表 8-1 所反馈的信息,我们最终采用世界投入产出数据库(WIOD)提供的世界投入产出表(WIOT),此投入产出表共包含了 39 个国家或地区之间的投入产出关系[1],通过计算进口品完全消耗系数,可以将我国企业的进出口端结合起来,同时解决间接消耗和进口来源国特征这两个被忽视的问题。作为非竞争型投入产出表,世界投入产出表(WIOT)的具体结构如表8-2所示。

其中,x_n^{m1}、X_n^m、Y_n^{m1}、V_n^m分别表示国家C_1从国家C_m进口中间品I_n投入产品I_1的生产;国家C_m中行业I_n的总产出或总投入;国家C_1需要国家C_m中行业I_n的总投入;国家C_m中行业I_n的增加值。

8.2.3 我国进口品完全消耗系数的计算

从图8-2的例子中,我们可以看到,钢在生产过程中不仅需要消耗国内的生产要素,还需要消耗国外的生产要素,并且两种生产要素的来源既包括直接投入还包括间接投入。因此,要完全计算出我国生产某产品中所包含的国外生产要素,首先需要计算出进口品完全消耗系数。类似于完全消耗系数的计算方法,进口品完全消耗包括进口品直接消耗和进口品间接消耗,进口品完全消耗系数的计算公式如式(8.1)所示。

$$b_{ij}^F = a_{ij}^F + \sum_{k=1}^n b_{ij}^F a_{ij}^D (i,j=1,2,\cdots,n) \tag{8.1}$$

其中,b_{ij}^F为进口品完全消耗系数,a_{ij}^F为进口品直接消耗系数,$\sum_{k=1}^n b_{ij}^F a_{ij}^D$为进口品间接消耗系数,$a_{ij}^D$为国内产品直接消耗系数。可以将其转换为矩阵形式。

$$B^F = A^F + B^F A^D \tag{8.2}$$
$$B^F = A^F (I - A^D)^{-1} \tag{8.3}$$

其中,$B^F = (b_{ij}^F)$为进口品完全消耗系数矩阵,$A^F = (a_{ij}^F)$为进口品直接消耗系数矩阵,$(I - A^D)^{-1}$为非竞争型投入产出模型中的完全需要系数矩阵[2]。

8.2.4 我国进口品完全消耗系数的变动趋势

下面,我们来看一下我国企业在生产过程中究竟消耗了多少进口的生产要素。按照世界银行提供的国家收入分类标准,可以将这39个国家分为低收入国家、中低收入国家、高中收入国家和高收入国家四类,分组后进口品完全消耗系数的情况如表8-3所示。

---

[1] 表中一共有四十个地区代码,其中"ROW"意为:rest of the world,因此实际所含国家或地区为39个。这39个国家或地区分别为:澳大利亚、奥地利、比利时、保加利亚、巴西、加拿大、塞浦路斯、捷克、德国、丹麦、西班牙、爱沙尼亚、芬兰、法国、英国、希腊、匈牙利、印度尼西亚、印度、爱尔兰、意大利、日本、韩国、立陶宛、卢森堡、拉脱维亚、墨西哥、马耳他、荷兰、波兰、葡萄牙、罗马尼亚、俄罗斯、斯洛伐克、斯洛文尼亚、瑞典、土耳其、中国台湾、美国。

[2] 此完全需要系数矩阵类似于计算完全消耗系数时的列昂惕夫逆矩阵。

表8-2　世界投入产出表基本格式

			中间使用					最终需求			总产出
			国家 C_1			国家 C_m		国家 C_1	……	国家 C_m	
			行业 I_1	……	行业 I_n	行业 I_1	行业 I_n				
中间投入	国家 C_1	行业 I_1	x_{11}^{11}	……	x_{1n}^{11}	x_{11}^{1m}	x_{1n}^{1m}	Y_1^{11}	……	Y_1^{1m}	X_1^1
		……	……		……	……	……	……		……	……
		行业 I_n	x_{n1}^{11}	……	x_{nn}^{11}	x_{n1}^{1m}	x_{nn}^{1m}	Y_n^{11}	……	Y_n^{1m}	X_n^1
	……										
	国家 C_m	行业 I_1	x_{11}^{m1}	……	x_{1n}^{m1}	x_{11}^{mm}	x_{1n}^{mm}	Y_1^{m1}	……	Y_1^{mm}	X_1^m
		行业 I_n	x_{n1}^{m1}	……	x_{nn}^{m1}	x_{n1}^{mm}	x_{nn}^{mm}	Y_n^{m1}	……	Y_n^{mm}	X_n^m
增加值			V_1^1	……	V_n^1	V_1^m	V_n^m				
总投入			X_1^1	……	X_n^1	X_1^m	X_n^m				

资料来源：Timmer, M. P., E. Dietzenbacher, B. Los, R. Stehrer, G. J. de Vries. An Illustrated User Guide to the World Input - Output Database: The Case of Global Automotive Production [J]. Review of International Economics, 2015 (23): 575 - 605.

第8章 进口贸易自由化、进口投入与出口选择

表8-3 不同收入国家进口品完全消耗系数

年份	低收入国家	低中收入国家	高中收入国家	高收入国家
2000	0.0008758	0.0001601	0.0008962	0.0013671
2001	0.0008229	0.0002380	0.0000449	0.0017035
2002	0.0008648	0.0002486	0.0000374	0.0015903
2003	0.0006429	0.0003552	0.0000432	0.0015054
2004	0.0005634	0.0002542	0.0000889	0.0014482
2005	0.0005414	0.0002730	0.0000770	0.0013180
2006	0.0004728	0.0052150	0.0000942	0.0011828
均值	0.0007348	0.0002673	0.0001781	0.0014408

资料来源：作者根据 WIOT、世界银行收入分类标准整理。

从表8-3中可以看出，就这39个国家而言，我国企业在生产过程中所消耗的进口品更多的是来自高收入国家，其次为低收入国家、低中收入国家和高收入国家[①]。同比而言，我国企业在生产中，一方面会降低来自低收入国家的进口品投入，另一方面会增加来自低中收入国家的进口品投入。另外，来自高中收入国家的进口品投入在2001年出现大幅下降后，开始逐步上升。但来自高收入国家的进口品投入在2001年出现上升后，在其后的年份中，其对我国企业生产过程中的进口品投入在逐渐下降。以上所呈现象与表5-1和表5-5所示结果一致。在本书的样本期间内，进口关税水平在大幅度下降（见图5-1至图5-4），这使得已在进口市场中的企业能获得更多的进口产品，之前未在进口市场的企业能获得进入进口市场的机会，这会导致我国企业在生产中加大对进口品的使用。但由于进入进口市场的门槛逐渐降低，新进企业会在其成本约束下，本着利润最大化的生产原则来选择进口投入品，这两种效应叠加所产生的结果就是来自低收入国家的进口品减少，来自低中收入国家的进口品增加，而来自高中收入国家的进口品在进口关税水平逐步稳定后渐渐增加，来自高收入国家的进口品在进口关税趋于平稳后开始缓慢上升。

表8-3是我国企业在生产过程中所消耗的不同收入国家的产品比例，实际上，每个行业对进口品的使用情况不尽相同。因此，我们就不同行业对以上四类国家的进口品消耗进行了分析，具体如图8-3至图8-6所示。

---

① 在这39个国家中，不同收入的国家个数分别为（2000年）：低收入国家2个、低中收入国家5个、高中收入国家9个、高收入国家23个。由于每个国家的经济水平在不断变化中，所以以收入水平为标准划分的国家类别也会有所变动。在2006年，此39个国家在不同收入组别中的个数分别为：低收入国家1个、低中收入国家1个、高中收入国家11个、高收入国家26个。

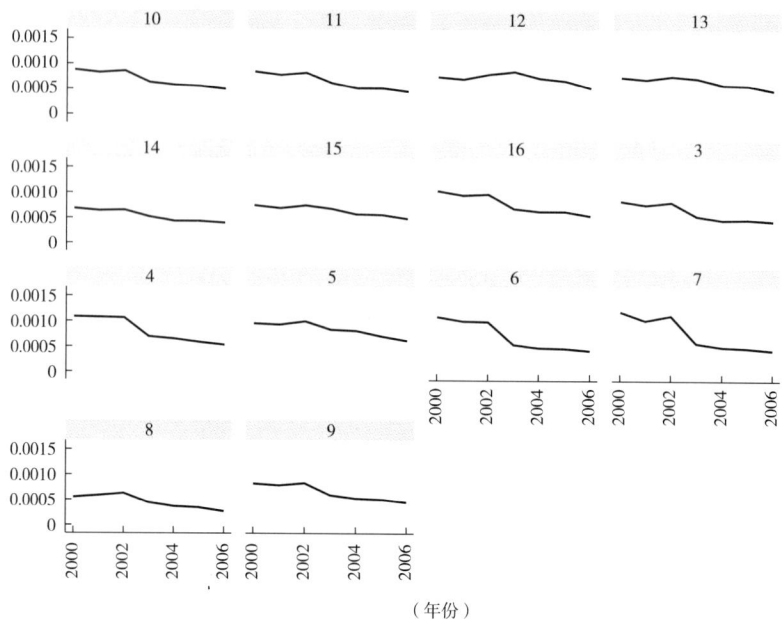

图 8-3 来自低收入国家的进口品完全消耗系数

注：行业分类标准为 GB/T 4754—2002。Graphs by ind_home。

资料来源：作者根据 WIOT、世界银行收入分类标准整理。

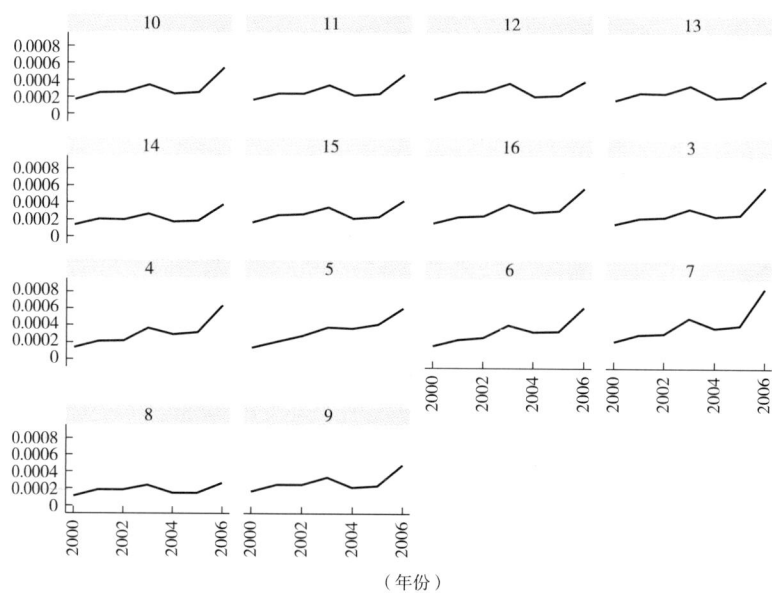

图 8-4 来自低中收入国家的进口品完全消耗系数

注：行业分类标准为 GB/T 4754—2002。Graphs by ind_home。

资料来源：作者根据 WIOT、世界银行收入分类标准整理。

第8章 进口贸易自由化、进口投入与出口选择

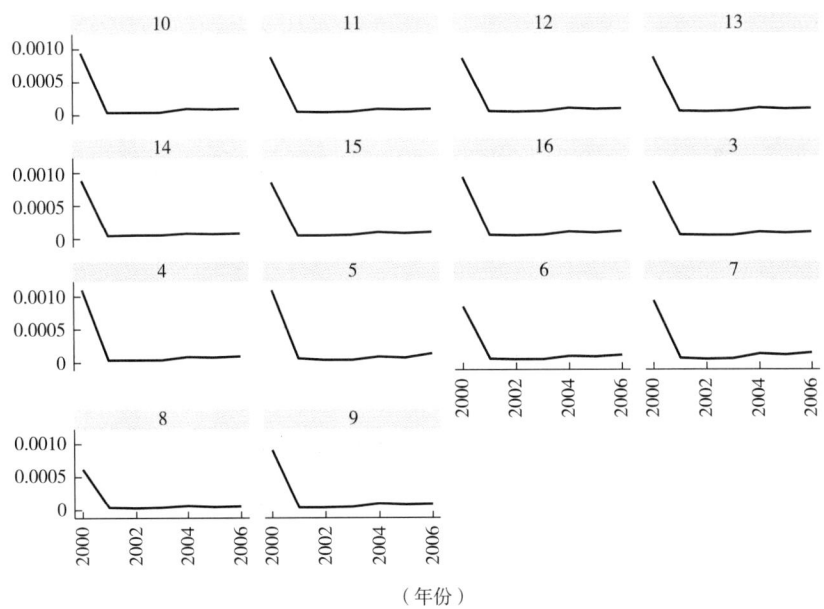

图 8-5 来自高中收入国家的进口品完全消耗系数

注：行业分类标准为 GB/T 4757—2002。Graphs by ind_home。
资料来源：作者根据 WIOT、世界银行收入分类标准整理。

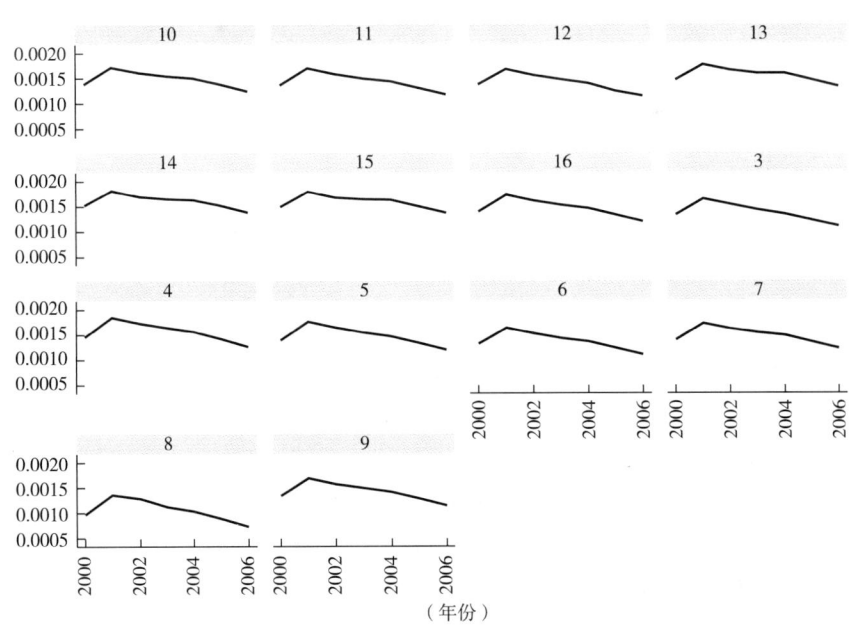

图 8-6 来自高收入国家的进口品完全消耗系数

注：行业分类标准为 GB/T 4757—2002。Graphs by ind_home。
资料来源：作者根据 WIOT、世界银行收入分类标准整理。

在进行行业分组后的进口品完全消耗系数变化中可以看到,各行业均会降低对来自低收入国家进口品的使用。再看来自其余三类国家的进口品,可以看到,我国企业会增加来自低中收入国家的产品。正如上文所述,2000~2001年,基于我国为加入WTO所进行的关税调整,企业增大了对高收入国家的进口品投入,并大幅降低了来自高中收入国家的进口品投入。但在2002~2006年期间,新晋进口企业的大幅增加以及市场的进一步开放(见表5-2),促使我国企业开始逐步增加来自高中收入国家的进口品投入,而缩小来自高收入国家的进口品投入。

8.3 进口贸易自由化与出口产品质量的实证分析

从第5章和第6章的统计描述中可知,2000~2006年,我国进出口关税水平均有不同程度的下降,这为我国企业的进口和出口带来了更多的机会。使其能有更多的机会进口更高质量的产品,而"出口中学习"所带来的溢出效应,也使得企业的出口产品质量在逐步提升。那么,企业进口产品的质量是否会影响企业所出口产品的质量水平呢?若有影响,这种影响在不同性质企业,或行业间又有什么不同呢?进口关税下降所带来的影响,会否通过进口产品渠道来影响出口产品质量呢?本节主要就以上三个问题进行细致分析。

8.3.1 模型构建及变量说明

本节我们可以设定相应的计量模型从"质"的方面来检验企业进口产品对出口产品的影响。首先,我们设定进口产品质量对出口产品质量影响的实证模型,具体如式(8.4)所示。

$$quality_{ijcmt}^{\exp} = \alpha_0 + \alpha_1 quality_{ijcmt}^{imp} + \alpha_2 control_{ijcmt} + \varepsilon_{ijcmt} \tag{8.4}$$

其中,i、j、c、m、t分别表示企业、产品、进口来源国、贸易方式和年份,$quality_{ijcmt}^{\exp}$为出口产品质量,$quality_{ijcmt}^{imp}$为进口产品质量,$control_{ijcmt}$为产品层面控制变量,控制住了行业效应、地区效应、年份效应以及进口来源国和贸易方式可能带来的影响,ε_{ijcmt}为产品层面的误差项。

在本章中,$quality_{ijcmt}^{imp}$为去除量纲后加权的企业进口产品质量,其权数为本章第2节所介绍的进口品完全消耗系数。若简单地进行进口产品对出口产品的回归,会漏掉产品生产中所间接消耗的生产要素信息,借助世界投入产出表(WI-

OT）所提供的国与国之间的中间投入关系，可以更准确地反映进出口两端的关系。

其次，通过构建进口关税水平与进口产品质量的交互项，可以进一步识别进口关税水平下降是否通过进口产品质量的提高带来出口产品质量的提升。具体模型如式（8.5）所示。

$$quality_{ijcmt}^{exp} = \alpha_0 + \alpha_1 tariff_{ijct}^{imp} \times quality_{ijcmt}^{imp} + \alpha_2 control_{ijcmt} + \varepsilon_{ijcmt} \quad (8.5)$$

其中，$tariff_{ijct}^{imp} \times quality_{ijcmt}^{imp}$ 为产品进口关税水平与进口产品质量的交互项，其系数表示进口关税水平会在多大程度上通过进口产品影响出口产品质量水平。

最后，参照第4章提供的企业层面产品质量和贸易自由化水平的测算方法，我们还可构建企业层面的进口贸易自由化、进口产品与出口产品之间关系的实证模型。具体如式（8.6）所示。

$$fquality_{it}^{exp} = \alpha_0 + \alpha_1 fquality_{it}^{imp} + \alpha_2 control_{it} + \varepsilon_{it} \quad (8.6)$$

其中，$fquality_{it}^{exp}$、$fquality_{it}^{imp}$ 分别为企业层面的出口产品质量水平和进口产品质量水平[①]，$control_{it}$ 为企业层面控制变量，包含行业效应、地区效应和年份效应，ε_{it} 为企业层面的误差项。同样地，我们可以构建企业层面进口贸易自由化水平与进口产品质量的交互项，具体如式（8.7）所示。

$$fquality_{it}^{exp} = \alpha_0 + \alpha_1 free_{it}^{imp} \times fquality_{it}^{imp} + \alpha_2 control_{it} + \varepsilon_{it} \quad (8.7)$$

其中，$free_{it}^{imp} \times fquality_{it}^{imp}$ 为企业层面进口贸易自由化与进口产品质量的交互项。

本章所使用的数据为中国海关数据库、产品关税数据库和WIOT数据以及各编码间的转换表。由于本章所关注的问题是进口产品对出口产品在"质"和"量"上的影响，因此需要将企业的进口端和出口端联系起来。经过处理后，我们保留了既有出口又有进口的企业，并且在数据处理过程中，我们打破了以往数据合并中一对一、一对多和多对一的方法，得到了能更为准确地反映企业进出口关系的数据[②]。

8.3.2 产品层面企业出口产品质量的实证分析

根据上文的实证方程，我们依次对式（8.4）至式（8.7）进行检验，结果如表8-4至表8-7（混合OLS）所示。

---

① 具体计算方法详见第4章。
② 在数据合并过程中，为了使企业的每种出口产品均能有进口产品与之配对，我们在Stata中采取的数据合并命令为joinby。

表 8-4 进口产品质量对出口产品质量的影响

变量	(1)	(2)	(3)	(4)
	Hallak 和 Sivadasan (2009)		Price/Quantity	
	quality_ex	quality_ex	quality_ex	quality_ex
quality_im	0.0081198***	0.0035508***	0.0368853***	0.0225222***
	(0.0000699)	(0.0000699)	(0.0000966)	(0.000096)
行业效应		YES		YES
地区效应		YES		YES
年份效应		YES		YES
进口来源国		YES		YES
贸易方式		YES		YES
Constant	0.501***	0.504***	0.023***	0.034***
	(0.0000364)	(0.0000605)	(5.85e-06)	(0.0000315)
Observations	127154423	126971130	127154423	126971130
R-squared	0.0001	0.0079	0.0011	0.0232

注：圆括号内的数值为标准误，*、** 和 *** 分别表示在 10%、5% 和 1% 的水平上显著。

表 8-4 所示为产品层面的进口产品质量对出口产品质量的影响，列（1）和列（2）为依照 Hallak 和 Sivadasan（2009）的方法构建的产品质量指标，列（3）和列（4）为以单位产品价格作为产品质量所得的实证结果。可以看到，无论是依照哪种方法所度量出来的产品质量水平，其结果都相似，即进口产品质量水平的提升能促使出口产品质量水平的上升。在控制住地区和年份固定效应后，进口产品对出口产品质量的影响有所下降，说明不同地区间企业的进出口行为还存在一定差异（施炳展和张雅睿，2016）。

那么，不同性质的产品，诸如同质性产品和异质性产品之间；以不同贸易方式进行交易的产品间，诸如以一般贸易进行交易的产品和以加工贸易进行交易的产品；处于不同生产阶段的产品，诸如资本品、中间品和消费品；不同技术水平的产品间，诸如低技术产品、中技术产品和高技术产品；不同所有制性质企业间，诸如国有企业、中外合资/合作企业、外商独资企业和集体/私营企业；不同要素密度行业间，诸如劳动密集型、资本密集型和技术密集型；还有不同进口来源国之间，诸如低收入国家、低中收入国家、高中收入国家和高收入国家，是否存在一定差异呢？具体如表 8-5 所示。

表8-5 不同产品分类下进口产品质量对出口产品质量的影响

变量	(1) 同质性产品	(2) 异质性产品	(3) 一般贸易	(4) 加工贸易	(5) 资本品	(6) 中间品	(7) 消费品
	quality_ex	quality_ex	quality_ex	quality_ex	quality_ex	quality_ex	quality_ex
quality_im	0.0028804***	0.0024908***	0.0014932***	0.0047176***	0.0001282	0.0060198***	0.0032968***
	(0.0004447)	(0.0000809)	(0.0000957)	(0.0001212)	(0.0001557)	(0.0000874)	(0.0001914)
Constant	0.512***	0.504***	0.505***	0.494***	0.771***	0.502***	0.504***
	(0.0005091)	(0.0000683)	(0.0000788)	(0.0001559)	(0.116)	(0.0000766)	(0.0001664)
Observations	2865101	93157116	68363946	45492934	22080559	89794837	15012976
R-squared	0.010	0.0076	0.0054	0.0126	0.0069	0.0083	0.0073

变量	(8) 低收入国家	(9) 低中收入国家	(10) 高中收入国家	(11) 高收入国家	(12) 低技术产品	(13) 中技术产品	(14) 高技术产品
	quality_ex	quality_ex	quality_ex	quality_ex	quality_ex	quality_ex	quality_ex
quality_im	0.0036481***	0.0057807***	0.0077562***	0.0034131***	0.0055272***	0.0027228***	0.0003654**
	(0.0007818)	(0.0008141)	(0.0005091)	(0.0000712)	(0.0001153)	(0.0001303)	(0.0001621)
Constant	0.506***	0.502***	0.501***	0.504***	0.499***	0.505***	0.507***
	(0.0007917)	(0.0009569)	(0.0004253)	(0.0000623)	(0.0001078)	(0.0001091)	(0.0001316)
Observations	1298155	1098143	2770873	121803959	46488303	36880768	22224445
R-squared	0.0086	0.0073	0.0081	0.0079	0.0087	0.0074	0.0071

续表

变量	(15) 国有企业	(16) 中外合资/合作	(17) 外商独资	(18) 集体/私营	(19) 劳动密集型	(20) 资本密集型	(21) 技术密集型
	quality_ex	quality_ex	quality_ex	quality_ex	quality_ex	quality_ex	quality_ex
quality_im	0.0018681***	0.014272***	0.0077261***	0.0069025***	0.006416***	0.0039557***	0.0009518***
	(0.0000779)	(0.0003801)	(0.0002553)	(0.0002341)	(0.000114)	(0.0001359)	(0.0001298)
Constant	0.506***	0.479***	0.505***	0.504***	0.498***	0.507***	0.507***
	(0.0000657)	(0.0002916)	(0.0002775)	(0.0003639)	(0.0001032)	(0.0001225)	(0.0001044)
Observations	96255811	6147485	12335299	12149099	45909917	38548006	34589683
R-squared	0.0076	0.009	0.0109	0.070	0.0085	0.0086	0.0077
其余控制变量	YES	YES	YES	YES	YES	YES	YES

注：圆括号内的数值为标准误，*、**和***分别表示在10%、5%和1%的水平上显著。

首先，我们来看不同产品性质分类下，进口高质量的同质性产品或异质性产品对其出口产品质量水平的影响有何异同。可以看到，不论是同质性产品还是异质性产品，通过进口高质量的进口品，均能促进企业该类出口产品质量水平的提升，并且这种促进作用在同质性产品中体现得更为明显。

再来看一般贸易和加工贸易方式下，进口产品质量的提高会否提高出口产品的质量。可以看到，以一般贸易进行交易的出口产品和以加工贸易进行交易的出口产品，其质量水平均能从质量水平不断提升的进口产品中获得提高。另外，以加工贸易进口的产品，其产品质量水平提升对企业出口产品质量水平提升的促进作用远大于采取一般贸易进行交易的产品，此结果与余淼杰和李乐融（2016）的结果类似。当然，还有一个原因就是加工贸易通常是不需要缴税或实现先缴后退，因此企业会有更多资金来提升其进口产品的质量，并且从事加工贸易生产的企业，其产品最终都将销往国外市场，这也是导致加工贸易方式下的进口产品对出口产品质量的促进作用大于一般贸易的原因之一。另外，我国在"十一五"规划中也明确提出了，要完善加工贸易政策，继续发展加工贸易，着重提高产业层次和加工深度，增强国内配套能力，促进国内产业升级①。总之，自身贸易方式的特性与外在政策的导向作用，一同使得加工贸易方式下进口产品质量提升对出口产品质量水平提升的促进作用大于以一般贸易方式进行的进出口交易。

借助 BEC 提供的分类标准，可以将进口产品分为资本品、中间品和消费品三类。可以看到，除了资本品外，中间品和消费品的进口质量上升能显著地促进企业出口产品质量水平的提升，并且中间品所带来的促进效用更大。大部分学者的研究成果均表明，我国在降低关税和非关税壁垒水平后，进口中间品质量有较大幅度的提升（Fan 等，2015；施炳展和张雅睿，2016），并且能促进最终出口产品价格和质量的提升，这与本书此处结论一致。在此基础上，我们还发现，进口高质量的消费品也能促使企业出口产品质量的提升，虽然进口资本品质量的提升能促进企业出口产品质量水平的上升，但其影响远没有进口中间品和进口消费品明显。当然，我国在"九五"计划中就开始强调，要积极引进先进技术，适当提高高技术、设备及原材料产品的进口比重。在此基础上，"十五"计划开始强调进口来源的多元化。在"十一五"规划中，提到了要完善进口税收政策，扩大先进技术、关键设备及零部件和国内短缺的能源、原材料进口，促进资源进口多元化②。这些因素也都极大地促进了我国企业在进口关税水平下降的背景下，扩大其进口来源和进口产品③，并将其投入生产中，促进了出口产品质量水平的进一步提升。

按照 Lall（2000）提供的技术水平分类标准，可将产品按技术水平分为低技

---

① ② 见附表 2。
③ 见表 5-2。

术产品、中技术产品和高技术产品。从表 5-1 中可知，在本书的样本期间内，我国进口产品质量水平最高的是低技术产品，其次是中技术产品，最后是高技术产品。从表 8-5 中的列（12）至列（14）可以看出，对出口产品质量提升最大的是进口的低技术产品，其次是进口的中技术产品，最后是进口的高技术产品。这从侧面反映了 2000～2006 年，我国的生产还主要集中在低技术劳动密集型的产业中，这从列（19）至列（21）所示的行业分组回归结果中亦能查出端倪。

在所有制性质的分组回归中，我们将样本分为了国有企业、中外合资/合作企业、外商独资企业和集体/私营企业四类。可以看到，借助进口产品质量提升来提升其出口产品质量水平，成效最大的是中外合资/合作企业，其次是外商独资企业，然后是集体/私营企业，最后是国有企业。在第 5 章中我们就发现，进口关税水平下降后，进口产品质量水平提升最大的就是集体/私营企业和国有企业。这两个事实也在一定程度上反映出当时我国确实需要进一步地扩大企业的进口市场和出口市场，让更多的企业进入国际市场，通过"出口中学习"所带来的溢出效应来逐步促进我国出口产品质量的提高。

通过对不同生产要素的使用密集程度进行划分，可以将样本划分为劳动密集型行业、资本密集型行业和技术密集型行业。上文对不同技术水平产品的分析已表明，2000～2006 年，我国主要的产业还是集中在低技术的劳动密集型行业，并且在"十五"计划中和"十一五"规划中也强调了要提高产业层次，促进国内产业升级。可以看到，劳动密集型行业进口产品的质量水平对企业出口产品质量的提升效果最明显，其次是资本密集型行业，最后是技术密集型行业。大致与前文的分析一致。

借助世界银行提供的国家收入分类标准，可以将样本按进口来源国的收入水平分为低收入国家、低中收入国家、高中收入国家和高收入国家四类。从表 8-5 中的列（8）至列（11）可以看到，对企业出口产品质量影响最大的是来自高中收入国家的进口产品，其次是来自低中收入国家的进口产品，然后是来自低收入国家的进口产品，最后是来自高收入国家的进口产品。

从第 5 章的分析中，我们知道，进口产品关税水平的下降能促使企业进口产品质量水平的提升，而上文的分析又表明，企业提高其生产过程中所需进口品的质量水平，能有效地提高其出口产品质量水平。那么，进口产品关税下降是否会促进企业出口产品质量的提升呢？现有对出口产品质量的研究要么集中在进口关税变动后，出口产品质量所受的影响（刘晓宁和刘磊，2015；苏理梅等，2016），要么集中在进口中间品质量的提升对企业出口产品质量水平的影响（马述忠和吴国杰，2016；刘海洋等，2017；许家云等，2017），但均未将三者联系起来，其重要原因之一是未找到合适的方法将企业进出口相联系，借助本章第 2 节所提供

第8章　进口贸易自由化、进口投入与出口选择

的进口品完全消耗系数，可以将企业的进出口端联系起来。通过构建式（8.5）所示的交互项模型，我们可以进一步分析进口产品关税水平下降是如何通过企业进口产品质量水平①，从而对其出口产品质量水平的变动产生影响的。具体回归结果如表8-6所示。

表8-6　进口产品关税与进口产品质量的交互分析

变量	（1）整体	（2）国有企业	（3）合资/合作	（4）外商独资	（5）集体/私营
	quality_ex	quality_ex	quality_ex	quality_ex	quality_ex
tariff_im	0.0002643***	-0.000233***	0.0007589***	0.0006945***	-0.000323***
	(5.89e-06)	(6.42e-06)	(0.0000335)	(0.0000248)	(0.0000231)
quality_im	0.0017992***	0.0001654	0.0108753***	0.0033911***	0.0052277***
	(0.000144)	(0.0001604)	(0.0007855)	(0.0005379)	(0.0005024)
tariff_im × quality_im	0.0001681***	-0.0001752***	0.0003614***	0.0005714***	-0.0001527**
	(0.0000112)	(0.0000122)	(0.0000649)	(0.0000478)	(0.000044)
行业效应	YES	YES	YES	YES	YES
地区效应	YES	YES	YES	YES	YES
年份效应	YES	YES	YES	YES	YES
进口来源国	YES	YES	YES	YES	YES
贸易方式	YES	YES	YES	YES	YES
Constant	0.507***	0.509***	0.490***	0.513***	0.511***
	(0.0000925)	(0.000102)	(0.0004748)	(0.0003811)	(0.0004499)
Observations	115289646	87143881	5763362	11467962	10836821
R-squared	0.0086	0.0085	0.0099	0.0105	0.0088

注：圆括号内的数值为标准误，*、**和***分别表示在10%、5%和1%的水平上显著。

从表5-5的结果中就可看出，在进口关税水平下降后，相对中外合资/合作企业和外商独资企业，国有企业和集体/私营企业进口产品质量的水平会有更大的提升。

在表8-6中也可以看到，进口关税的下降能明显地促进国有企业和集体/私营企业出口产品质量的上升，而其对出口产品的影响渠道有一部分来自于进口产品质量的提升。但进口产品质量对出口产品质量的促进作用更多的是体现在集体/私营企业，国有企业提升进口产品质量不能有效地促进出口产品质量的提升。

---

① 在本书中，进口产品指的是企业所有的进口产品，而不仅是已有文献中关注的进口中间品。

这说明，集体/私营企业在进口关税下降后，会大量进口有利于其生产的进口产品，并逐步提升其进口产品的质量水平，这样就能更好地服务企业的出口市场，提升其出口产品的质量水平。对于国有企业而言，进口关税水平下降亦能促进其出口产品质量的提升。表5-5的结果也表明，进口关税水平下降后，国有企业会提升其进口产品的质量，虽然其提升的效果没有集体/私营企业那么明显，但可以看到，进口关税下降后，国有企业通过提升进口产品的质量水平，亦对其出口产品的质量水平有提升作用。

再来看中外合资/合作企业与外商独资企业在进口关税水平下降后，其出口产品质量有什么变化。在第5章的实证结果中，我们可以得知，进口关税水平的下降，能促使中外合资/合作企业和集体/私营企业提升其进口产品的质量水平，但表8-6的结果显示，进口关税水平的下降并不能提升其出口产品质量的水平，虽然通过提供进口产品的质量水平能促使此两类企业出口产品质量的提高，但显然进口关税不能通过进口产品来间接影响其出口产品的质量水平。

8.3.3 企业层面出口产品质量的实证分析

除了产品层面的分析外，我们还从企业层面就进口产品质量对出口产品质量的影响进行了分析。借助第4章提供的企业层面产品质量的测算方法，式（8.6）的实证结果如表8-7（面板FE）所示。

表8-7 企业层面进口产品质量对出口产品质量的影响

变量	(1)	(2)
	fquality_ex	fquality_ex
fquality_im	0.0568***	0.0511***
	(0.00191)	(0.00193)
行业效应		YES
地区效应		YES
年份效应		YES
Constant	0.364***	0.354***
	(0.00102)	(0.00145)
Observations	277372	277372
R-squared	0.004	0.009
Number of id	71462	71462

注：圆括号内的数值为标准误，*、**和***分别表示在10%、5%和1%的水平上显著。

从表8-7中可以看到，即使在控制住行业效应、地区效应和年份效应后，在企业层面上，企业进口产品的质量水平上升，仍将有助于其出口产品质量的提升。当然，这种促进作用有部分原因是来自于企业所处的行业或地区。

与产品层面的分析类似，通过构建交互项模型，可以观察企业层面进口贸易自由化水平变动对企业出口产品质量的影响。式（8.7）的回归结果如表8-8所示。

表8-8 进口贸易自由化与进口产品质量的交互分析

变量	（1）整体 fquality_ex	（2）国有企业 fquality_ex	（3）合资/合作 fquality_ex	（4）外商独资 fquality_ex	（5）集体/私营 fquality_ex
free_im	-0.000471***	-0.00111***	-0.000870***	-0.000331	-0.000552
	(0.000153)	(0.000344)	(0.000285)	(0.000261)	(0.000411)
fquality_im	0.0529***	0.0709***	0.0402***	0.0456***	0.0494***
	(0.00294)	(0.00655)	(0.00589)	(0.00483)	(0.00730)
free_im × fquality_im	-0.000459**	-0.000958**	-0.000724**	-0.000355	-0.000543
	(0.000178)	(0.000375)	(0.000357)	(0.000321)	(0.000390)
Constant	0.349***	0.321***	0.341***	0.357***	0.371***
	(0.00214)	(0.00466)	(0.00398)	(0.00346)	(0.00758)
行业效应	YES	YES	YES	YES	YES
地区效应	YES	YES	YES	YES	YES
年份效应	YES	YES	YES	YES	YES
Observations	277372	37088	72823	124461	39269
R-squared	0.009	0.041	0.006	0.007	0.019
Number of id	71462	8928	17056	30151	13500

注：圆括号内的数值为标准误，*、**和***分别表示在10%、5%和1%的水平上显著。

从表8-8的结果中可以看到，相对于其余三类企业，国有企业在进口贸易自由化水平上升后，其出口产品的质量水平会有所提升，但集体/私营企业所受的影响就相对有限。虽然在产品层面上，进口关税水平的下降并不会对中外合资/合作企业和外商独资企业的出口产品质量带来提升作用，但在企业层面上，中外合资/合作企业所出口产品的质量能从不断上升的进口贸易自由化水平中获得提升。当然，在企业层面上，所有企业的进口产品质量均能促进其出口产品质

贸易自由化、进口投入与出口选择

量的提升,促进作用最大的就是国有企业,依次分别是集体/私营企业、外商独资企业和中外合资/合作企业。此外,从企业层面进口贸易自由化与进口产品的交互项系数可以看到,整个样本的回归结果显示企业层面进口贸易自由化的上升会通过进口产品质量的上升,进而促进企业出口产品质量水平的提升。不同所有制企业的出口产品质量水平均能从不断上升的进口贸易自由化水平获益。其中,国有企业所受到的影响最大,其次是中外合资/合作企业,最后是集体/私营企业和外商独资企业,并且这两类企业出口产品质量的提升在一定程度上可能来自于其他原因。

8.3.4 基于企业异质性理论的进一步分析

通过将有进出口行为的海关数据与工业企业数据库合并,我们可以得到更多关于企业层面的信息。Melitz(2003)的研究表明,生产率越高的企业越会选择出口,并就此打开了有关企业异质性研究的大门,其后基于此理论的分析层出不穷。近期,国内学者开始从贸易自由化和产品质量角度就我国企业生产率的变动进行了相关研究(余淼杰,2010;陈雯和苗双有,2016;郑亚莉等,2017),但其均未在企业异质性理论下将企业的进出口两端结合进行分析。本小节我们选取了三个企业异质性指标:企业全要素生产率、企业年龄和企业规模①,并各自进行分组检验,以期发现具有不同企业异质性的企业,在面对贸易自由化水平加深时,其在利用进口产品提升出口产品质量水平上有何异同。在进行分组时,我们发现,若按25%、50%、75%分位数进行分组,会导致部分子样本的数量过少,采用变量均值加减一个标准差或方差的方法也会导致部分子样本数量过少。因此,我们采用的是按各企业异质性指标标准化后的30%、30%~60%及其余进行的分组②。

表8-9为按企业全要素生产率大小进行的分组回归,列(1)至列(3)分别表示低生产率企业、中生产率企业和高生产率企业。从结果中可以看出,进口贸易自由化程度加深和进口产品质量提升均能促进其出口产品质量水平的提高,但显著性水平不高。单看企业进口产品质量前的系数,发现低生产率的企业将进口产品投入生产中,所带来的出口产品质量水平提升幅度最大。再来看进口贸易自由化与进口产品质量水平的交互项,系数最大的是低生产率企业,但借助进口贸易自由化程度上升,使企业通过获得更高质量的进口产品,从而使企业出口产品质量水平获得提升,这一路径在高生产率企业中体现得更为明显。

---

① 具体计算方法详见第4章。

② 标准化的方法为:$sdtfp_{it} = \dfrac{tfp_{it} - \mathrm{min}tfp_{it}}{\mathrm{max}tfp_{it} - \mathrm{min}tfp_{it}}$;$sdage_{it} = \dfrac{age_{it} - \mathrm{min}age_{it}}{\mathrm{max}age_{it} - \mathrm{min}age_{it}}$;$sdscale_{it} = \dfrac{scale_{it} - \mathrm{min}scale_{it}}{\mathrm{max}scale_{it} - \mathrm{min}scale_{it}}$。

表8-9 进口贸易自由化与进口产品质量的交互分析——按生产率分组

变量	(1) fquality_ex	(2) fquality_ex	(3) fquality_ex
free_im	-0.0645	-0.000877	-0.00191
	(0.0421)	(0.00172)	(0.00167)
fquality_im	0.238	0.0449	0.00861
	(0.426)	(0.0322)	(0.0344)
free_im × fquality_im	-0.0614	-0.000220	-0.00316*
	(0.0527)	(0.00145)	(0.00181)
tfp_op	0.0449	0.0144	0.00217
	(0.0905)	(0.0116)	(0.00891)
age	-0.105*	0.00185	-0.000401
	(0.0439)	(0.00452)	(0.00408)
scale	424.6**	-9.548	-4.474
	(131.3)	(6.391)	(3.803)
行业效应	YES	YES	YES
地区效应	YES	YES	YES
年份效应	YES	YES	YES
Constant	1.174*	0.288***	0.347***
	(0.578)	(0.0386)	(0.0486)
Observations	269	4134	4238
R-squared	0.846	0.049	0.015
Number of panelid	253	3133	2737

注：圆括号内的数值为标准误，*、**和***分别表示在10%、5%和1%的水平上显著。

下面，我们来看按企业年龄进行的分组检验。具体结果如表8-10所示。

表8-10 进口贸易自由化与进口产品质量的交互分析——按企业年龄分组

变量	(1) fquality_ex	(2) fquality_ex	(3) fquality_ex
free_im	-0.000310	-0.00219	-0.00659
	(0.00121)	(0.00441)	(0.00443)
fquality_im	0.0414*	0.0812	0.0761
	(0.0230)	(0.0843)	(0.0816)

续表

变量	(1) fquality_ex	(2) fquality_ex	(3) fquality_ex
free_im × fquality_im	-0.00124 (0.00113)	-0.00399 (0.00489)	-0.00755 (0.00549)
tfp_op	-0.00706 (0.00506)	-0.00279 (0.0140)	-0.00384 (0.0157)
age	-0.000891 (0.00324)	0.0164* (0.00854)	-0.00851 (0.00938)
scale	-1.185 (3.223)	-10.51 (11.42)	-3.767 (7.670)
行业效应	YES	YES	YES
地区效应	YES	YES	YES
年份效应	YES	YES	YES
Constant	0.346*** (0.0227)	0.0336 (0.205)	0.642* (0.379)
Observations	7668	587	386
R-squared	0.023	0.056	0.089
Number of panelid	5254	252	164

注：圆括号内的数值为标准误，*、**和***分别表示在10%、5%和1%的水平上显著。

与按企业全要素生产率分组的检验结果类似，进口贸易自由化程度加深能促进三类企业出口产品质量水平的上升，但进口产品质量带来的促进作用主要集中在年龄较小的企业。在交互项的系数上，我们发现，这三类企业的系数均不显著，仅就大小而言，由于贸易自由化程度加深，年龄偏大企业的出口产品质量水平更能从进口产品质量的上升中获益。

按企业规模进行的分组检验结果如表8-11所示。在基于企业规模的分组检验中可以看到，进口贸易自由化程度上升和进口产品质量水平的提升均能带来企业出口产品质量水平的上升，并且规模越小的企业，其在生产过程中选择使用进口产品后，所带来的出口产品质量水平上升效果越明显。和上述两种分类结果不同的是，进口贸易自由化程度加深后，中规模的企业进口产品质量上升后，对其出口产品质量的促进作用要大于小规模企业和大规模企业。

表8-11 进口贸易自由化与进口产品质量的交互分析——按企业规模分组

变量	(1) fquality_ex	(2) fquality_ex	(3) fquality_ex
free_im	-0.000601	-0.00872	-0.00256
	(0.00115)	(0.00839)	(0.0106)
fquality_im	0.0459**	0.159	0.00661
	(0.0219)	(0.148)	(0.166)
free_im × fquality_im	-0.00129	-0.00782	-0.00116
	(0.00111)	(0.00822)	(0.00809)
tfp_op	-0.00756	-0.0339	0.0522
	(0.00479)	(0.0279)	(0.0704)
age	-0.000936	0.0209	-0.0213
	(0.00290)	(0.0189)	(0.0222)
scale	-3.237	3.963	-14.25
	(6.320)	(12.87)	(15.71)
行业效应	YES	YES	YES
地区效应	YES	YES	YES
年份效应	YES	YES	YES
Constant	0.353***	0.0941	0.602
	(0.0269)	(0.245)	(0.537)
Observations	8354	206	81
R-squared	0.023	0.144	0.502
Number of panelid	5485	145	61

注：圆括号内的数值为标准误，*、**、***分别表示在10%、5%和1%的水平上显著。

8.4 进口贸易自由化与出口产品规模的实证分析

从第5章和第6章的分析中可知，2000~2006年，我国企业的进出口产品除了"质"的提高，"量"的变化也是十分明显的。那么，企业进口产品的规模是否会影响企业所出口产品的规模呢？进口集约边际规模的扩大会否带来出口集约边际规模的扩大，进口扩展边际所带来的影响又如何呢？若有影响，这种影响在不同性质企业或行业间是否存在差异？进口关税下降所带来的影响，会否通过不断增加的进口产品规模来影响出口产品规模呢？本节主要就以上四个问题进行细致分析：

8.4.1 模型构建与变量说明

上一节主要从产品"质"的角度入手，探讨了企业进出口产品质量间的关系。本节我们设定相应的计量模型，从"量"这个方面来检验企业进口产品规模对出口产品规模的影响。首先，我们设定进口产品规模对出口产品规模影响的实证模型，具体如下：

$$extensive_{it}^{\exp} = \alpha_0 + \alpha_1 extensive_{it}^{imp} + \alpha_2 control_{it} + \varepsilon_{it} \quad (8.8)$$

$$extensive_{it}^{\exp} = \alpha_0 + \alpha_1 intensive_{it}^{imp} + \alpha_2 control_{it} + \varepsilon_{it} \quad (8.9)$$

$$intensive_{it}^{\exp} = \alpha_0 + \alpha_1 extensive_{it}^{imp} + \alpha_2 control_{it} + \varepsilon_{it} \quad (8.10)$$

$$intensive_{it}^{\exp} = \alpha_0 + \alpha_1 intensive_{it}^{imp} + \alpha_2 control_{it} + \varepsilon_{it} \quad (8.11)$$

式（8.8）至式（8.11）分别表示进口扩展边际对出口扩展边际的影响、进口集约边际对出口扩展边际的影响以及进口扩展边际对出口集约边际的影响和进口集约边际对出口集约边际的影响。其中，i、t 分别表示企业和年份，$extensive_{it}^{\exp}$ 为企业出口扩展边际，$intensive_{it}^{\exp}$ 为企业出口集约边际，$extensive_{it}^{imp}$ 为企业进口扩展边际，$intensive_{it}^{imp}$ 为企业进口集约边际，$control_{it}$ 为控制变量，控制住了行业效应、地区效应、年份效应可能带来的影响，ε_{it} 为产品层面的误差项。

同样，我们可以构建进口贸易自由化水平与进口产品规模的交互项，具体如下：

$$extensive_{it}^{\exp} = \alpha_0 + \alpha_1 free_{it}^{imp} \times extensive_{it}^{imp} + \alpha_2 control_{it} + \varepsilon_{it} \quad (8.12)$$

$$extensive_{it}^{\exp} = \alpha_0 + \alpha_1 free_{it}^{imp} \times intensive_{it}^{imp} + \alpha_2 control_{it} + \varepsilon_{it} \quad (8.13)$$

$$intensive_{it}^{\exp} = \alpha_0 + \alpha_1 free_{it}^{imp} \times extensive_{it}^{imp} + \alpha_2 control_{it} + \varepsilon_{it} \quad (8.14)$$

$$intensive_{it}^{\exp} = \alpha_0 + \alpha_1 free_{it}^{imp} \times intensive_{it}^{imp} + \alpha_2 control_{it} + \varepsilon_{it} \quad (8.15)$$

其中，$free_{it}^{imp} \times extensive_{it}^{imp}$ 和 $free_{it}^{imp} \times intensive_{it}^{imp}$ 分别表示企业层面进口贸易自由化与企业进口扩展边际的交互项以及与企业进口集约边际的交互项。

8.4.2 出口产品规模的实证分析

首先，我们依次考虑企业出口的扩展边际规模是否受其进口的扩展边际规模和集约边际规模的影响，以及其出口的集约边际规模是否受进口的扩展边际规模和进口的集约边际规模的影响，并观察此种影响在这四种情况中，哪种形式的进口规模扩大对其出口规模的影响最大。具体结果如表8-12所示。

第8章 进口贸易自由化、进口投入与出口选择

表8-12 企业层面进口规模对出口规模的影响

变量	(1) extensive_ex	(2) extensive_ex	(3) intensive_ex	(4) intensive_ex
extensive_im	0.129*** (0.0107)		0.185*** (0.00904)	
intensive_im		0.190*** (0.0154)		0.131*** (0.00996)
Constant	153508 (107201)	51039 (112259)	2.070e+06*** (81091)	1.949e+06*** (77001)
行业效应	YES	YES	YES	YES
地区效应	YES	YES	YES	YES
年份效应	YES	YES	YES	YES
Observations	152417	131033	156030	189507
R-squared	0.006	0.007	0.005	0.002
Number of id	47680	47891	54002	65464

注：圆括号内的数值为标准误，*、**和***分别表示在10%、5%和1%的水平上显著。

从表8-12中可以发现，无论是进口的扩展边际规模扩大还是集约边际规模扩大都能促进企业出口的扩展边际规模和集约边际规模不断增大。具体来说，企业出口扩展边际，即出口新产品或将产品出口到新市场的规模受从老市场进口产品规模扩大的影响最大，而进口新产品和从新市场进口产品的规模越大，越能促进企业将产品出口到老市场。对式（8.12）至式（8.15）的实证结果如表8-13所示。

表8-13 进口贸易自由化与进口规模的交互分析

变量	(1) extensive_ex	(2) extensive_ex	(3) intensive_ex	(4) intensive_ex
free_im	-46046*** (8469)	-60268*** (10810)	-12057 (7435)	-1588 (7643)
extensive_im	0.200*** (0.0144)		0.135*** (0.0121)	
intensive_im		0.488*** (0.0229)		0.148*** (0.0151)

续表

变量	(1) extensive_ex	(2) extensive_ex	(3) intensive_ex	(4) intensive_ex
free_im × extensive_im	-0.0131*** (0.00175)		-0.00979*** (0.00156)	
free_im × intensive_im		-0.0463*** (0.00264)		-0.00265 (0.00181)
行业效应	YES	YES	YES	YES
地区效应	YES	YES	YES	YES
年份效应	YES	YES	YES	YES
Constant	-553945*** (180644)	-722701*** (214837)	2.210e+06*** (147073)	1.995e+06*** (145264)
Observations	152417	131033	156030	189507
R-squared	0.007	0.010	0.005	0.002
Number of id	47680	47891	54002	65464

注：圆括号内的数值为标准误，*、**和***分别表示在10%、5%和1%的水平上显著。

表8-13所示结果为进口贸易自由化是否会通过进口产品规模的变动，来进一步影响企业的出口产品规模，主要考察的渠道是企业进口的集约边际和扩展边际。列（1）和列（2）是对企业出口扩展边际的实证分析，可以看到，企业层面进口贸易自由化水平上升能促进企业出口扩展边际规模的扩大，并且这种影响主要是通过提高企业进口集约边际的规模带来的。也就是说，在进口关税水平下降后，企业层面的进口贸易自由化水平也就获得了提升，企业在进口市场中可以面对更多的国家，可以选择进口更多的产品。但其从老市场进口老产品的规模扩大，更能促进其出口更多的产品到新市场和促进企业出口更多的新产品。当然，在第5章和第6章的分析中，我们就已得知，企业层面贸易自由化程度的上升一方面促使企业进口扩展边际规模的扩大，另一方面也能促使其出口扩展边际规模的扩大，并且无论是进口端还是出口端，关税水平下降更能使企业的集约边际规模得以扩大。列（3）和列（4）是对企业出口集约边际规模变动的实证分析。可以看到，虽然进口集约边际规模和扩展边际规模的扩大都能促进企业从老市场进口更多的老产品，但企业层面贸易自由化的上升对出口集约边际规模的影响并不明显。另外，我们可以看到，进口贸易自由化对出口集约边际的影响主要是通过扩大其进口扩展边际的规模来实现的，即企业层面贸易自由化水平上升后，企业会加大从新市场进口产品的数量和进口新产品的种类，这种行为会导致企业增

第8章 进口贸易自由化、进口投入与出口选择

加其出口老产品到市场的贸易规模。

换一个角度来看表8-13所示结果。我们将列（1）与列（3）进行比对，可以发现，进口扩展边际规模扩大即从老市场进口新产品或从新市场进口老产品，抑或从新市场进口新产品的数量增加，对企业出口的扩展边际影响更大，并且进口贸易自由化通过进口扩展边际渠道对企业出口规模影响最大的还是其出口扩展边际。再来对比列（2）与列（4），可以看到，进口集约边际规模的扩大即从老市场进口老产品对企业出口扩展边际的影响也将大于对企业出口集约边际的影响。并且，进口贸易自由化通过影响企业进口集约边际的规模对其出口扩展边际的影响也大于对其出口集约边际的影响①。

上述所呈现的都是样本整体的回归结果，在前两章的分析中我们就已经看出，不同所有制性质的企业在面对进口关税水平下降时，其生产行为存在异同。下面，我们对样本按所有制性质进行划分，进一步分析国有企业、中外合资/合作企业、外商独资企业以及集体/私营企业在进口贸易自由化水平上升后，其出口产品的规模有何变化。具体见表8-14。

从表8-14的结果中我们发现，除了集体/私营企业的出口集约边际规模对进口贸易自由化的变动反应不大外，其余三类企业在进口贸易自由化上升后，都将扩大其出口规模。那么，进口贸易自由化对这四类企业出口规模的影响途径是否一样呢？下面来一一分析。

首先是国有企业，如表8-14的列（1）至列（4）所示的结果。可以看到，企业层面进口贸易化程度上升既能促进企业出口扩展边际规模的增大，也能促进其出口集约边际规模的扩大，且对出口扩展边际的影响更大。类似地，我们再从两个视角来进行细致分析，一是国有企业出口端视角，见表8-14的列（1）和列（2）。可以看到，进口集约边际规模扩大对企业出口扩展边际规模的影响更大，其与进口贸易自由化的交互项也证实了这一点，即在进口贸易自由化水平上升后，企业所增加的从老市场进口老产品的规模会促使国有企业加大其出口的扩展边际规模。列（3）和列（4）所示结果是国有企业出口集约边际的变化情况，可以发现，企业从老市场进口老产品的规模变大会进一步扩大企业出口老产品到老市场的规模，并且进口贸易自由化对那些进口集约边际高的企业影响更大，更能促进其出口集约边际规模的扩大。二是国有企业进口端视角。先来对比列（1）

---

① 当然，这里面可能存在一定内生性，因为同一种产品的进口关税和出口关税有可能同时下降，所以进口关税下降的行业有可能其出口关税水平也有所降低。而第6章的分析已经告诉我们，出口关税水平下降将有效促进企业出口扩展边际规模的扩大。这里我们未在模型中加入出口关税水平，是因为出口关税对企业进口端的影响尚未有相应的理论支撑，所以我们加入了地区固定效应和年份固定效应，这可以在一定程度上降低这种内生性。

表8-14 不同所有制下进口贸易自由化与进口规模的交互分析

变量	国有企业						中外合资/合作	
	(1)	(2)	(3)	(4)	(5)	(6)	(7)	(8)
	extensive_ex	extensive_ex	intensive_ex	intensive_ex	extensive_ex	extensive_ex	intensive_ex	intensive_ex
free_im	-56737***	-79045***	-14626*	-17623*	-42612***	-34370***	-26186**	-9963
	(8660)	(12304)	(8479)	(10476)	(8859)	(11654)	(11370)	(11094)
extensive_im	0.119***	0.153***	0.137***	0.657***	0.287***	0.194***	-0.0114	
	(0.0132)	(0.0273)	(0.0130)	(0.0197)	(0.0193)	(0.0221)	(0.0217)	
intensive_im								0.0257
								(0.0223)
free_im × extensive_im	-0.00371***	-0.0195***	-0.00990***		-0.0334***	-0.0269***	0.00977***	
	(0.00128)	(0.00337)	(0.00133)		(0.00223)	(0.00222)	(0.00276)	
free_im × intensive_im				-0.1125***				-0.00492**
				(0.00250)				(0.00232)
行业效应	YES	YES	YES	YES	YES	YES	YES	YES
地区效应	YES	YES	YES	YES	YES	YES	YES	YES
年份效应	YES	YES	YES	YES	YES	YES	YES	YES
Constant	455474**	405090*	3.092e+06***	2.651e+06***	-438865**	-219273	2.342e+06***	2.094e+06***
	(177127)	(227309)	(167798)	(185432)	(188169)	(233574)	(220045)	(209940)
Observations	24783	19207	22150	24390	40251	34136	40980	48752
R-squared	0.045	0.053	0.019	0.149	0.017	0.014	0.001	0.001
Number of id	7033	6978	7106	8237	11766	11512	13164	15630

续表

第8章 进口贸易自由化、进口投入与出口选择

变量	外商独资						集体/私营			
	(9) extensive_ex	(10) extensive_ex	(11) intensive_ex	(12) intensive_ex	(13) extensive_ex	(14) extensive_ex	(15) intensive_ex	(16) intensive_ex
free_im	-51313*** (19484)	-85675*** (22734)	-24213* (14640)	-220.5 (14823)	-22498*** (5594)	-24386*** (7439)	3964 (8012)	8834 (7027)
extensive_im	0.225*** (0.0293)	1.172*** (0.0553)	0.157*** (0.0214)		0.0421*** (0.0143)		-0.0201 (0.0188)	
intensive_im				0.00302 (0.0314)		0.0402*** (0.0156)		-0.0380*** (0.0116)
free_im × extensive_im	-0.0109** (0.00473)		0.0370*** (0.00330)		-0.00122 (0.00167)		0.0188*** (0.00258)	
free_im × intensive_im		-0.109*** (0.00690)		-0.000915 (0.00392)		-0.00796*** (0.00260)		-0.0135*** (0.00196)
行业效应	YES	YES	YES	YES	YES	YES	YES	YES
地区效应	YES	YES	YES	YES	YES	YES	YES	YES
年份效应	YES	YES	YES	YES	YES	YES	YES	YES
Constant	-934839** (401248)	-1.268e+06*** (444364)	2.195e+06*** (280953)	1.830e+06*** (281776)	-705262*** (160187)	-842354*** (179829)	1.088e+06*** (217278)	891250*** (166777)
Observations	67964	59065	74797	88266	18774	17884	16976	24888
R-squared	0.004	0.014	0.011	0.001	0.047	0.049	0.010	0.005
Number of id	20142	19433	24392	27780	8179	9292	8274	11981

注：圆括号内的数值为标准误，*、**和***分别表示在10%、5%和1%的水平上显著。

和列（3），国有企业扩大其进口扩展边际规模后，对其出口集约边际的影响更大，意即国有企业在扩大其进口来源后，其出口的市场和产品还是较多地集中在老市场和老产品。再来看列（2）和列（4），此二列表示的是国有企业加大从老市场进口老产品后，其出口规模的变化情况。可以看到，在控制住地区和年份固定效应后，进口集约边际对出口集约边际的影响更大，并且不断上升的进口贸易自由化程度也会促进企业从老市场进口更多的老产品，进而促使其将更多的产品出口到老市场。结合以上两个视角的分析，我们发现，对于国有企业而言，其出口扩展边际更易受进口扩展边际的影响，出口集约边际更易受进口集约边际的影响；另外，其进口扩展边际和集约边际均对其出口集约边际的影响更大。

其次是中外合资/合作企业，如表8-14的列（5）至列（8）所示的结果。可以看到，进口贸易自由化水平上升后，中外合资/合作企业的出口集约边际和扩展边际规模都将有所提高。从企业的出口端来分析。通过对比列（5）和列（6），可以发现，此类企业出口扩展边际规模的增大主要来自于进口扩展边际规模的扩大，并且进口贸易自由化也会促使进口扩展边际大的企业增大其出口扩展边际规模。对比列（7）和列（8）所示的企业出口集约边际变动情况，可以发现，中外合资/合作企业的进口端对出口端的影响并不太明显，这和第6章的表6-11所示结果类似。从企业的进口端来分析。对比列（5）和列（7），我们会发现，中外合资/合作企业在进口贸易自由化程度上升后，会扩大其进口扩展边际规模，其后会进一步扩大其出口扩展边际规模，并且进口贸易自由化所带来的促进作用主要集中在其出口的扩展规模上。通过对比列（6）和列（8），可以得出企业进口集约边际对何种出口规模的影响更大。可以发现，该类企业在进口集约边际规模扩大后依然主要会提升其出口的扩展边际。从以上两个视角对中外合资/合作企业的分析，可以得出以下结论，此类企业不断增大的出口规模主要来自出口扩展边际，出口扩展边际规模的扩大主要来自进口扩展边际规模的增大，并且在进口贸易自由化上升后，其不断扩大的进口集约边际和进口扩展边际对其出口端所带来的影响也主要体现在出口扩展边际上。

再次是外商独资企业，如表8-14的列（9）至列（12）所示的结果。和以上两类企业一样，进口贸易自由化水平上升后，外商独资企业的出口扩展边际规模会有显著扩大，但集约边际的变化不大。从企业的出口端分析，具体见列（9）和列（10）。对于外商独资企业来说，进口贸易自由化对那些从老市场进口老产品越多的企业带来的影响越大，越能促进其出口扩展边际规模的扩大。而列（11）和列（12）的结果表明，外商独资企业的出口集约边际规模受进口扩展边际的影响更大。从企业的进口端来分析，对比列（9）和列（11），可以发现，进口贸易自由化上升后，外商独资企业不断增加的进口扩展边际规模能进一步促进其出口扩展规模的扩大。列（10）和列（12）的结果也显示，不断增加的进口集约边际规模也会带来出口扩展边际的扩大。综上，我们发现，外商独资企业在进口贸易自由化上升后，借助不断提高的进口集约边际规模和扩展边际规模，会将其重心集中在出口扩展边际规模的扩大上。

最后是集体/私营企业，如表8-14的列（13）至列（16）所示的结果。和以上三类企业不同的是，进口贸易自由化只能带来此类企业出口扩展边际规模的扩大，而对出口集约边际的影响并不大甚至可能会抑制出口集约边际规模的扩大。从企业的出口端来分析，对比列（13）和列（14），在进口贸易自由化上升后，集体/私营企业会增加其进口集约边际（见表5-15），进而会扩大企业出口端扩展边际的规模，而其对通过进口扩展边际来影响出口扩展边际的路径并不明显。从企业的进口端来分析，在分别对比列（13）和列（15）以及列（14）和列（16）后，我们发现，在企业层面的进口贸易自由化上升后，无论是进口集约边际扩大还是进口扩展边际扩大，其在出口时主要会选择出口新的产品或出口产品到新的市场，即扩大其出口的扩展边际规模。综上，我们可以知道，对于集体/私营企业而言，进口贸易自由化下降主要会通过进口产品的增加来扩大其出口的扩展边际规模，而其出口的集约边际规模所受影响不大或会随之下降。

8.5 稳健性检验

在本书的样本期间内，我国于2001年11月加入了世界贸易组织（WTO），在该时间点前后，我国的进出口关税水平均有较大幅度的下降（见图5-1和图6-1），并且关税变动所带来的进出口产品质量和进出口产品规模也有不同程度的上升[①]。针对上述情况，我们将样本分为2000~2003年和2004~2006年两个时间段进行分组回归[②]，即控制了加入WTO事件可能带来的内生性，还能进一步验证贸易自由化水平上升后企业进口端对出口端的影响。分时间段的进口产品质量对出口产品质量影响的实证结果如表8-15所示。

---

① 详见第5章和第6章的分析。
② 从图5-1和图6-1中我们发现，关税下降幅度较大的时间段为2000~2003年，从2004年开始，关税的变动幅度逐渐趋缓。另外，施炳展和张雅睿（2016）也是选取以2003年作为时间节点进行分组的。

表8-15 分时间段进口产品质量对出口产品质量的影响

变量	(1) 2000~2003年 quality_ex	(2) 2004~2006年 quality_ex	(3) 2000~2003年 fquality_ex	(4) 2004~2006年 fquality_ex
quality_im	0.0042347*** (0.000098)	0.0035054*** (0.0001053)		
fquality_im			0.0477*** (0.00287)	0.0365*** (0.00311)
行业效应	YES	YES	YES	YES
地区效应	YES	YES	YES	YES
年份效应	YES	YES	YES	YES
Constant	0.503*** (0.0000794)	0.495*** (0.0000818)	0.344*** (0.00169)	0.363*** (0.00162)
Observations	62901020	56146586	137817	139555
R-squared	0.0047	0.0071	0.009	0.015
Number of id			51553	58019

注：圆括号内的数值为标准误，*、**和***分别表示在10%、5%和1%的水平上显著。

从表8-15所示结果可以看出，2000~2003年，进口产品质量对出口产品质量的促进作用更大，并且这一结果在产品层面和企业层面都是一致的。这说明，较大的进口关税下降幅度会促进企业利用进口产品提升其出口产品的质量水平。

下面，我们进一步检验进口规模对出口规模的影响。结果如表8-16所示。

表8-16中的Panel A为2000~2003年时间段的分组回归结果，Panel B为2004~2006年时间段的分组回归结果，其中，列（1）与列（5）相对应，以此类推。通过对比分析可以看出，在关税下降幅度较大的2000~2003年，进口扩展边际对出口扩展边际的影响较大，进口集约边际对出口集约边际的影响较大。从进口端视角来看，企业进口扩展边际规模的扩大更多的是会带来企业出口集约边际规模的扩大，并且这一影响在2004~2006年更为明显。而企业进口集约边际规模的扩大在2000~2003年会带来企业出口集约边际规模的扩大，但在2004~2006年，会促进企业出口扩展边际的增加，并减少其出口集约边际的规模。这说明，在"入世"初期，大部分企业的经营方式还未有较大的改变，在

关税趋于平稳后,更多的企业会选择开拓新的出口市场,并生产市场需要的新产品。

表 8-16 分时间段进口产品规模对出口产品规模的影响

Panel A 2000~2003 年	(1) extensive_ex	(2) extensive_ex	(3) intensive_ex	(4) intensive_ex
extensive_im	0.0881*** (0.0142)		0.131*** (0.0106)	
intensive_im		0.165*** (0.0236)		0.332*** (0.00898)
Constant	515909*** (66166)	432177*** (70125)	1.844e+06*** (44321)	1.526e+06*** (40851)
行业效应	YES	YES	YES	YES
地区效应	YES	YES	YES	YES
年份效应	YES	YES	YES	YES
Observations	61623	59177	70976	109259
R-squared	0.006	0.007	0.006	0.024
Number of id	29866	30944	35586	48403
Panel B 2004~2006 年	(5) extensive_ex	(6) extensive_ex	(7) intensive_ex	(8) intensive_ex
extensive_im	0.0738*** (0.0158)		0.184*** (0.0174)	
intensive_im		0.173*** (0.0191)		-0.101*** (0.0215)
Constant	1.716e+06*** (81429)	1.697e+06*** (92365)	1.830e+06*** (90516)	1.815e+06*** (98578)
行业效应	YES	YES	YES	YES
地区效应	YES	YES	YES	YES
年份效应	YES	YES	YES	YES
Observations	90794	71856	85054	80248
R-squared	0.001	0.003	0.003	0.001
Number of id	40672	35865	41228	40563

注:圆括号内的数值为标准误,*、**和***分别表示在10%、5%和1%的水平上显著。

贸易自由化、进口投入与出口选择

8.6 本章小结

本章通过利用世界投入产出表（WIOT）计算的进口品完全消耗系数，将中国海关数据库中企业的进出口行为进行合并，细致地分析了在进口关税下降后，企业进口产品质量对出口产品质量，以及进口产品规模对出口产品规模的影响。主要可以得出以下几点结论：

首先，2000~2006年，我国企业降低了来自低收入国家进口品的消耗，开始逐步增加对低中收入国家和高中收入国家进口品的消耗。

其次，在随后的进出口产品质量关系的实证分析中，我们发现，在贸易自由化程度上升后，质量水平不断提高的进口产品能有效地促进出口产品质量水平的提升。并且，这种影响主要体现在同质性产品，以加工贸易进行交易的产品、中间品、中技术产品以及集体/私营企业和外商独资企业、劳动密集型行业和从高中收入国家进口的产品。在基于所有制性质的分组检验中，我们还发现，国有企业能有效地借助进口关税下降来获得高质量的进口品，进而促进其出口产品质量获得提升。当然，集体/私营企业也能从不断下降的进口关税水平中获益。另外，在基于企业异质性指标的分组检验中，我们发现，低生产率企业、成立时间较短的企业和小规模企业更有动力将进口产品投入生产中，以此促进其出口产品质量水平的提升，但借助进口贸易自由化程度加深所带来的高质量进口产品渠道，却主要集中在高生产率、年龄较大和规模中等的企业。

最后，在对企业进出口规模关系的检验中，我们发现，国有企业出口扩展边际和集约边际的扩大分别来自其进口扩展边际和集约边际，而中外合资/合作企业、外商独资企业和集体/私营企业在贸易自由化程度上升后，会将其出口重心放在扩展边际规模的扩大上。

当然，本章最后按时间段进行的分组稳健性检验也支持上述主要结果。

第9章 主要结论与政策建议

本章主要就前文的分析结果进行总结,在此基础上,提出相应的政策建议,并给出今后进一步的研究方向。

9.1 主要结论

我国加入WTO前后,进出口关税水平得到了大幅度的下降,由此对企业的进口投入和出口选择带来了很大的变化,企业在产品质量和产品规模两个方面都进行了相应的调整。本书利用中国海关数据库、中国工业企业数据库、产品关税数据、产品贸易数据、世界投入产出表(WIOD),和其余辅助数据及相应的编码转换表,以企业异质性理论为基础,从企业进口端和出口端两个方面深入分析了进口关税变动后企业进口投入的变化、出口关税变动后企业出口选择的变化,以及进口贸易自由化加深如何通过进口产品影响企业出口决策三个主要问题。主要结论如下:

首先,2000~2006年,我国进出口关税水平均有较大幅度的下降,进出口产品质量也有不同程度的上升,参与到进口市场和出口市场的企业在逐步增加,进口端和出口端的企业—国家对数量也在逐渐上升。另外,企业的进口集约边际和扩展边际,以及出口的扩展边际有所扩大,而出口的集约边际占比在逐年下降。具体而言,进口扩展边际中增幅最大的是从新市场进口新产品,出口扩展边际中增幅最大的是出口新产品到新市场。

其次,从企业的进口端来看,进口关税水平下降后,异质性产品、进行一般贸易的产品、消费品、中技术产品以及国有企业和集体/私营企业所进口的产品、劳动密集型企业进口的产品和从高收入国家进口的产品,其产品质量水平的上升幅度较同分类下的其他类别更高。在基于企业异质性理论的分析中,我们发现,生产率较高的国有企业和集体/私营企业、规模较大的国有企业,经营年限较长中外合资/合作企业和外商独资企业在进口关税水平下降,进口贸易自由化程度加深后,其所进口的产品质量水平会有显著提升。另外,进口贸易自由化程度加深,会促使企业的进口产品规模扩大。在本书的样本期间内,进口产品规模的扩大主要来自于从老市场进口老产品、从新市场进口老产品和从新市场进口新产品这三类。在随后基于企业异质性理论的交互分析中,我们还发现,只有较高生产率和较大规模的国有企业才会在进口贸易自由化程度加深后,扩大其进口产品规模,并且主要集中在进口集约边际和从新市场进口老产品这一扩展边际上。集体/私营企业主要会扩大其从老市场进口老产品的规模,而只有规模较大的中外合资/合作企业和外商独资企业才会扩大其进口集约边际。

再次,从企业出口端来看,出口关税水平下降后,异质性产品、进行加工贸易的产品、消费品、中技术产品以及国有企业和集体/私营企业出口的产品、技术密集型企业出口的产品和出口到低收入国家和高收入国家的产品,其产品质量水平的上升幅度较同分类下的其他类别更高。通过构建出口关税水平与企业异质性指标的交互项,我们发现,对于规模较大但成立年龄较短的国有企业和成立年龄较长的集体/私营企业,以及企业规模较小但经营年限较长的中外合资/合作企业和外商独资企业而言,出口关税水平下降和出口贸易自由化程度的上升将有利于其出口产品质量水平的提高。另外,在出口贸易自由化对企业出口规模的分析中,我们发现,在出口贸易自由化程度加深后,国有企业会增加向新市场出口新产品的规模,集体/私营企业会扩大其出口新产品到老市场的规模,而中外合资/合作企业和外商独资企业的出口规模扩大主要集中在出口新产品到老市场。在随后的出口贸易自由化与企业异质性指标的交互分析中,我们还发现,出口集约边际的增长主要集中在企业成立年龄较长、规模较大的中外合资/合作企业和集体/私营企业,而出口扩展边际的扩大主要集中在经营年限较长、规模较大的国有企业和集体/私营企业。

复次,我们以我国加入WTO这一自然实验为基础,利用倍差法分析了加入WTO后,我国企业进出口两端,产品层面的质量水平和企业层面的产品规模变动情况。产品层面的结果显示,加入WTO会促进一般贸易产品出口质量和加工贸易进口产品质量水平的提升。分所有制的结果表明,资本越集中的一般贸易企业,其进出口规模的扩大越明显。

最后,我们将企业进出口两端合并,就进口关税下降、进口贸易自由化程度加深后,企业在利用进口产品提升其出口产品质量上有何异同,以及出口产品规模在多大程度上受进口产品规模的影响进行了细致分析。其结果表明,质量水平不断提高的进口产品能有效地促进出口产品质量水平的提升。并且,这种影响主要体现在同质性产品、进行加工贸易的产品、中间品、中技术产品以及集体/私营企业和外商独资企业、劳动密集型行业和从高中收入国家进口的产品。在随后对不同所有制企业的分组检验中，我们发现，国有企业和集体/私营企业能有效借助进口关税下降所获得的高质量进口品，促使其出口产品质量的提升。在基于企业异质性指标的分组检验中，我们还发现，生产率较低的企业、经营年限较短的企业，以及规模较小的企业更有动力通过进口产品来促进其出口产品质量水平的提升。但高生产率、年龄较大和规模中等企业的出口产品质量更能从不断下降的进口关税和不断加深的进口贸易自由化程度中获得提升。另外，国有企业进口扩展边际和集约边际规模的增大会分别带来其出口扩展边际和集约边际规模的扩大，而中外合资/合作企业、外商独资企业和集体/私营企业在获得更多进口产品后，会主要将产品的出口规模集中在扩展边际上。

9.2 政策建议

结合本书的理论和实证分析，我们可以得到如下政策启示。

首先，要继续加大与贸易自由化有关的改革，注重进口政策与出口政策的有机结合。本书的研究表明，进口贸易自由化和出口贸易自由化程度的加深能分别带来企业进口产品质量水平和出口产品质量水平的提升，并且对进出口贸易规模的扩大也表现出显著的正向影响。通过在生产过程中加入质量水平不断提升的进口品，能进一步促进我国出口产品质量水平的提升，为我国产品在国际市场中获取声誉和份额起到了良好的作用。这些都是我国进出口贸易快速增长的重要原因，也说明了我国"入世"后所取得的成绩是值得肯定的。2000～2006年，我国进出口关税水平均有较大幅度下降，但从2005年开始，关税下降水平趋于平稳，贸易自由化脚步开始放缓。另外，某些行业的关税水平在我国"入世"前后均未发生较大变动。以上两点说明了我国贸易自由化改革的空间还是比较大的。今后，贸易自由化改革的方向应注重进口政策与出口政策相结合，以使企业能适应新的全球生产方式和贸易网络。将以往"为出口而进口"现象和"大进大出"的战略思想逐步转变为"以进口促出口"和"优进优出"的局面，在具体政策实施过程中应以"进出良性互动"为首要原则，既保证产品在"质"上有所突破，又争取企业在"量"上获得收益。当然，除了政策上的保障外，我国还应加强区域贸易合作，形成双边、多边区域多层次发展的格局。目前，我国实施的"一带一路"倡议、"海上丝绸之路"战略和自贸区建设中提出的负面清单管理措施,都为当前贸易方式的转变提供了很好的参考范本。国家的"十三五"规划中也提出要鼓励发展新型贸易方式。另外,我国未来的贸易自由化改革应以转变发展方式为基础,以社会经济的可持续发展为目标,进一步扩大开放水平,以开放促改革,以开放促发展。

其次,要制定适当的产业政策,注重行业特征和企业差异。本书的研究表明,虽然我国整体能从进出口关税下降、进出口贸易自由化程度加深中获益,但不同技术含量的产品间、处于不同生产阶段的产品间、不同性质的产品间,以不同贸易方式进行交易的产品间、不同所有制企业间、不同要素密集度行业间、不同进出口国家间还存在一定差异。另外,企业全要素生产率的高低、经营年限的长短以及企业规模的大小对不同所有制性质的企业来说,也会在进出口贸易自由化不断加深时,做出不尽相同的生产决策。因此,在实行具体的政策时,不能"一刀切",需分情况具体讨论。譬如,生产率较低、规模较小的国有企业和集体/私营,以及那些经营时间不长的中外合资/合作企业和外商独资企业在进口市场中往往不能获取高质量的进口品,这也会进一步影响其出口产品的质量水平。并且,我国进口产品质量提升最快的行业是劳动密集型行业,而出口产品质量提升最快的行业是技术密集型行业。这些事实告诉我们,在制定相应的产业政策时,可以有针对性地按行业特征和企业性质实行区别对待策略,其目的就是将资源进行更有效的配置,从而达到经济的和谐发展。

再次,要着力推进加工贸易的转型升级,注重与一般贸易区别对待。本书的研究表明,在企业的进口端,以一般贸易进行交易的产品,其质量水平提升幅度较高,而在企业的出口端,以加工贸易进行交易的产品质量提升幅度较高。并且,借由进口高质量产品来提高企业出口产品质量的成效最明显的贸易方式是加工贸易。以上事实都说明,受进口贸易自由化影响大的仍是一般贸易,加工贸易所受影响较小,也进一步证实了在 2000~2006 年,我国加工贸易所从事的大多是位于价值链低端的简单组装和加工。随着我国嵌入全球价值链的程度日益加深,加工贸易的转型升级势在必行。早在国家制定的"十五"计划中,就明确表示要加强加工贸易管理、提高加工贸易的增值率、扩大加工贸易出口。随后在"十一五"规划、"十二五"规划和"十三五"规划中又分别指出,要完善加工贸易政策,继续发展加工贸易,着重提高产业层次和加工深度;要完善政策措施,促进加工贸易从组装加工向研发、设计、核心元器件制造、物流等环节拓展,延长国内增值链条;要巩固提升传统出口优势,促进加工贸易创新发展。这也为以后我国加工贸易转型升级明确了方向。今后,我国加工贸易的重心应该由传统的进料加工和来料加工转变为发挥自身主观能动性,借助不断加深的进出口贸易自由化程度,努力开拓新的进出口市场,从以往的"低端锁定"状态转变为自主研发、高品牌附加值的新常态,重视进口产品的技术优势;从以往的"两头在外"生产模式向"内外结合"转变,进一步优化进出口两端的结构。另外,我们还需继续推动劳动密集型产业向资本密集型行业、技术密集型行业转型,并极力推进技术密集型行业进口产品的质量水平。当然,在进行加工贸易转型升级的同时,还需注意与一般贸易的区别对待,在对企业的税收征取、财政补贴以及各种关税优惠政策上,既要保证两者的独立,又要借鉴某一贸易方式的优点。同时,自贸区的建立在一定程度上也为以后我国贸易转型升级提供了新的发展机遇。

最后,要加快推进国有企业改革,注重质量与效率的提升。本书的研究表明,由于计划经济遗留下来的特征和国有企业的垄断性质,致使许多国有企业在进行决策时更多的是受非市场因素的影响,这在国有企业的进口端和出口端都有明显的体现。另外,在市场中能有效借助不断加深的进出口贸易自由化,来提升其进出口产品质量水平的国有企业大多数都具有生产率较高、规模较大的特征,并且国有企业的进出口规模扩大主要集中在集约边际,而其余所有制性质企业进出口规模的扩大集中在扩展边际。这些事实都反映了国有企业经营模式僵化、政策照顾明显等特征。因此,加快推进国有企业改革是提高国有企业生产效率和出口产品质量的最终途径。在进行国有企业改革时,需要明确以下两点。一是要区分一般竞争性国有企业和非一般竞争性国有企业。对于一般竞争性国有企业需要通过市场化手段来提高企业效率,最终达到剥离行政垄断的目的;对于非一般竞争性国有企业,则应该推进公共资源配置市场化,逐步开放其所涉及的竞争性业务。二是要重视质量与效率的提升,积极转变生产经营方式,努力拓展新的进出口市场,继续加大企业的创新力度,开发适合国际市场的新产品。要注意的是,国有企业不仅需要其产品有"质"的转变,还需要有"量"的转变。

9.3 进一步研究空间

本书以企业异质性理论为基础,利用大型微观产品、企业数据及相应的宏观数据,分析探讨了进出口关税下降后,我国企业进出口产品质量及进出口产品规模的变动情况,并就进口关税通过进口产品途径影响企业出口行为进行了细致分析。虽然本书对现有关于贸易自由化和企业进出口行为的研究有一定的边际贡献,但仍然存在些许不足和有待拓展的空间,值得今后做进一步的深入研究和拓展分析。

首先，研究理论方面还可进一步拓展。产品质量异质性是继 Melitz（2003）提出企业异质性理论以来，近期刚刚兴起的一个研究领域，在理论解释和变量度量等方面还存在些许不足。虽然已有学者就进口产品关税对进口产品质量的影响，以及中间品进口对企业出口产品质量的影响进行了相应研究，但均停留在计量分析层面，还需要从理论方面进行完善。

其次，经济研究的数据和方法还有一定深化空间。由于数据的不可获得，本书的研究样本区间为 2000~2006 年，虽然观察了中国"入世"这一主动的外生冲击对企业进出口决策所带来的影响，但却不能进一步分析 2008 年金融危机这一被动的外生冲击所带来的影响。并且对 2005 年后，即我国进出口关税水平逐渐趋缓后，企业进出口端的变化也不能做进一步的观察。就指标度量方面来说，学术界对诸如"产品质量"和"二元边际"的定义与测算还未有统一认识。尽管本书摒弃了以往的单位价值测度法来计算产品质量，并通过加入控制变量以及使用工具变量等方法，解决了测算和实证回归中可能存在的内生性，但依然有可能未将其余内生因素考虑进来。当然，这也是关于产品质量研究的下一步可供拓展的方向之一。

再次，本书创新性地使用以 WIOD 计算出来的进口品完全消耗系数将企业进出口两端的产品质量联系起来，抛弃了以往关于企业进出口关系研究中仅选取中间进口品的做法，全面考虑了所有进口产品在企业生产中的作用，对现有研究有一定的创新和借鉴价值。虽然所得结果和以往研究结果类似，但权重系数是否合理，还有待日后的研究进一步验证。

最后，本书的研究视角是贸易自由化变动后，企业进出口端的变动情况。关于贸易自由化指标的度量，我们使用的是 UNCTAD 的 Trains 数据库和 WTO 的 IDB 数据库中的进出口关税水平作为代理变量，却并未考虑非关税壁垒因素。诸如配额、许可证等非关税壁垒数据虽然能从《中国出口产品受阻分析报告》和 WTO 网站中获取[①]，但其所涉及的行业和产品有限，也难以进行量化。未来若对非关税壁垒有统一的量化方法，则可以开展进一步的研究。

---

① https：//i‐tip.wto.org/goods/default.aspx? language = en.

参考文献

[1] Amiti M, Freund C. The Anatomy of China's Export Growth [M]. University of Chicago Press, 2010: 35 - 56.

[2] Amiti M, Khandelwal A K. Import Competition and Quality Upgrading [J]. Review of Economics and Statistics, 2013, 95 (2): 476 - 490.

[3] Antràs P. Firms, Contracts, and Trade Structure [J]. The Quarterly Journal of Economics, 2003, 118 (4): 1375 - 1418.

[4] Antras P, Helpman E. Global Sourcing [J]. Journal of Political Economy, 2004, 112 (3): 552 - 580.

[5] Aw B Y, Hwang A R. Productivity and the Export Market: A Firm - Level Analysis [J]. Journal of Development Economics, 1995, 47 (2): 313 - 332.

[6] Antoniades A. Heterogeneous Firms, Quality, and Trade [J]. Journal of International Economics, 2015, 95 (2): 263 - 273.

[7] Bai C E, Lu J, Tao Z. How does Privatization Work in China? [J]. Journal of Comparative Economics, 2009, 37 (3): 453 - 470.

[8] Balassa B. Tariff Reductions and Trade in Manufacturers Among the Industrial Countries [J]. The American Economic Review, 1966, 56 (3): 466 - 473.

[9] Barkai H, Levhari D. The Impact of Experience on Kibbutz Farming [J]. The Review of Economics and Statistics, 1973: 56 - 63.

[10] Bas M. Input - trade Liberalization and Firm Export Decisions: Evidence from Argentina [J]. Journal of Development Economics, 2012, 97 (2): 481 - 493.

[11] Bas M, Strauss - Kahn V. Does Importing More Inputs Raise Exports? Firm - level Evidence from France [J]. Review of World Economics, 2014, 150 (2): 241 - 275.

[12] Bas M, Strauss - Kahn V. Input - trade Liberalization, Export Prices and

Quality Upgrading [J]. Journal of International Economics, 2015, 95 (2): 250 – 262.

[13] Bastos P, Silva J, Verhoogen E. Export Destinations and Input Prices [R]. National Bureau of Economic Research, 2014.

[14] Baldwin R, Harrigan J. Zeros, Quality, and Space: Trade Theory and Trade Evidence [J]. American Economic Journal: Microeconomics, 2011, 3 (2): 60 – 88.

[15] Bernard A B, Jensen J B, Lawrence R Z. Exporters, Jobs, and Wages in US Manufacturing: 1976 – 1987 [J]. Brookings Papers on Economic Activity, Microeconomics, 1995: 67 – 119.

[16] Bernard A B, Eaton J, Jensen J B, et al. Plants and Productivity in International Trade [J]. The American Economic Review, 2003, 93 (4): 1268 – 1290.

[17] Bernard A B, Jensen J B. Why Some Firms Export [J]. The Review of Economics and Statistics, 2004, 86 (2): 561 – 569.

[18] Bernard A B, Jensen J B, Redding S J, et al. Firms in International Trade [J]. The Journal of Economic Perspectives, 2007, 21 (3): 105 – 130.

[19] Bertrand M, Duflo E, Mullainathan S. How Much Should We Trust Differences – in – Differences Estimates? [J]. The Quarterly Journal of Economics, 2004, 119 (1): 249 – 275.

[20] Berry S T. Estimating Discrete – choice Models of Product Differentiation [J]. The RAND Journal of Economics, 1994: 242 – 262.

[21] Besedeš T, Nair – Reichert U. Firm Heterogeneity, Trade Liberalization, and Duration of Trade and Production: The Case of India [R] Working Paper, 2009.

[22] Besedeš T, Prusa T J. The Duration of Trade Relationships [J]. Trade Adjustment Costs in Developing Countries: Impacts, Determinants and Policy Responses, Washington, DC: World Bank, 2010: 265 – 282.

[23] Beveren I. Total Factor Productivity Estimation: A Practical Review [J]. Journal of Economic Surveys, 2012, 26 (1): 98 – 128.

[24] Beyer H, Rojas P, Vergara R. Trade Liberalization and Wage Inequality [J]. Journal of Development Economics, 1999, 59 (1): 103 – 123.

[25] Blancher M N R, Rumbaugh M T. China: International Trade and WTO Accession [M]. International Monetary Fund, 2004.

[26] Brandt L, Van Biesebroeck J, Zhang Y. Creative Accounting or Creative Destruction? Firm – level Productivity Growth in Chinese Manufacturing [J]. Journal

of Development Economics, 2012, 97 (2): 339 - 351.

[27] Bustos P. The Impact of Trade Liberalization on Skill Upgrading. Evidence from Argentina [R]. Working Paper, 2005.

[28] Bustos P. Trade Liberalization, Exports, and Technology Upgrading: Evidence on the Impact of MERCOSUR on Argentinian Firms [J]. The American Economic Review, 2011, 101 (1): 304 - 340.

[29] Cai H, Liu Q. Competition and Corporate Tax Avoidance: Evidence from Chinese Industrial Firms [J]. The Economic Journal, 2009, 119 (537): 764 - 795.

[30] Chaney T. Distorted Gravity: The Intensive and Extensive Margins of International Trade [J]. The American Economic Review, 2008, 98 (4): 1707 - 1721.

[31] Cherkashin I, Demidova S, Kee H L, et al. Firm Heterogeneity and Costly Trade: A New Estimation Strategy and Policy Experiments [J]. Journal of International Economics, 2015, 96 (1): 18 - 36.

[32] Coe D T, Helpman E. International R&D Spillovers [J]. European Economic Review, 1995, 39 (5): 859 - 887.

[33] Crozet M, Milet E, Mirza D. The Discriminatory Effect of Domestic Regulations on International Services Trade: Evidence from Firm - Level Data [R]. European Firms in a Global Economy: Internal Policies for External Competitiveness (EFIGE) Working Paper, 2012: 41.

[34] Dixit A K, Stiglitz J E. Monopolistic Competition and Optimum Product Diversity [J]. The American Economic Review, 1977, 67 (3): 297 - 308.

[35] Dixit A, Norman V. Theory of International Trade: A Dual, General Equilibrium Approach [M]. Cambridge University Press, 1980.

[36] Dornbusch R, Fischer S, Samuelson P A. Comparative Advantage, Trade, and Payments in a Ricardian Model with a Continuum of Goods [J]. The American Economic Review, 1977, 67 (5): 823 - 839.

[37] Eaton J, Grossman G M. Optimal Trade and Industrial Policy Under Oligopoly [J]. The Quarterly Journal of Economics, 1986, 101 (2): 383 - 406.

[38] Eaton J, Kortum S. Technology, Geography, and Trade [J]. Econometrica, 2002, 70 (5): 1741 - 1779.

[39] Ethier W J. National and International Returns to Scale in the Modern Theory of International Trade [J]. The American Economic Review, 1982, 72 (3): 389 - 405.

[40] Fan H, Li Y A, Yeaple S R. Trade Liberalization, Quality, and Export Prices [J]. Review of Economics and Statistics, 2015, 97 (5): 1033-1051.

[41] Fajgelbaum P, Grossman G M, Helpman E. Income Distribution, Product Quality, and International Trade [J]. Journal of Political Economy, 2011, 119 (4): 721-765.

[42] Feenstra R C, Markusen J R. Accounting for Growth with New Inputs [R]. National Bureau of Economic Research, 1992.

[43] Felbermayr G J, Kohler W. Exploring the Intensive and Extensive Margins of World Trade [J]. Review of World Economics, 2006, 142 (4): 642-674.

[44] Feng L, Li Z, Swenson D L. The Connection Between Imported Intermediate Inputs and Exports: Evidence from Chinese Firms [J]. Journal of International Economics, 2016 (101): 86-101.

[45] Fernandes A M. Trade Policy, Trade Volumes and Plant-level Productivity in Colombian Manufacturing Industries [J]. Journal of International Economics, 2007, 71 (1): 52-71.

[46] Garvin D A. What does "Product Quality" Really Mean? [J]. Sloan Management Review, 1984: 25.

[47] Goldberg P K. Product Differentiation and Oligopoly in International Markets: The Case of the US Automobile Industry [J]. Econometrica: Journal of the Econometric Society, 1995: 891-951.

[48] Goldberg P K, Khandelwal A K, Pavcnik N, et al. Imported Intermediate Inputs and Domestic Product Growth: Evidence from India [J]. The Quarterly Journal of Economics, 2010, 125 (4): 1727-1767.

[49] Görg H, Halpern L, Muraközy B. Quality-to-Market [R]. Working Paper, 2009.

[50] Grossman G M, Helpman E. Trade, Knowledge Spillovers, and Growth [J]. European Economic Review, 1991, 35 (2/3): 517-526.

[51] Grubel H G, Lloyd P J. International Trade in Differentiated Products [M]. London: Macmillan, 1975.

[52] Hallak J C. Product Quality and the Direction of Trade [J]. Journal of International Economics, 2006, 68 (1): 238-265.

[53] Hallak J C, Schott P K. Estimating Cross-country Differences in Product Quality [J]. The Quarterly Journal of Economics, 2011, 126 (1): 417-474.

[54] Hallak J C, Sivadasan J. Productivity, Quality and Exporting Behavior Un-

der Minimum Quality Requirements [R]. University of San Andres Mimeo, 2008.

[55] Hallak J C, Sivadasan J. Firms' Exporting Behavior Under Quality Constraints [R]. National Bureau of Economic Research, 2009.

[56] Hallak J C, Sivadasan J. Product and Process Productivity: Implications for Quality Choice and Conditional Exporter Premia [J]. Journal of International Economics, 2013, 91 (1): 53 –67.

[57] Harrison A. Openness and Growth: A Time – series, Cross – country Analysis for Developing Countries [J]. Journal of Development Economics, 1996, 48 (2): 419 –447.

[58] Head K, Ries J. Rationalization Effects of Tariff Reductions [J]. Journal of International Economics, 1999, 47 (2): 295 –320.

[59] Helpman E. International Trade in the Presence of Product Differentiation, Economies of Scale and Monopolistic Competition: A Chamberlin – Heckscher – Ohlin Approach [J]. Journal of International Economics, 1981, 11 (3): 305 –340.

[60] Helpman E, Melitz M, Rubinstein Y. Estimating Trade Flows: Trading Partners and Trading Volumes [J]. The Quarterly Journal of Economics, 2008, 123 (2): 441 –487.

[61] Hopenhayn H A. Entry, Exit, and Firm Dynamics in Long Run Equilibrium [J]. Econometrica: Journal of the Econometric Society, 1992: 1127 –1150.

[62] Hummels D, Klenow P J. The Variety and Quality of A Nation's Exports [J]. The American Economic Review, 2005, 95 (3): 704 –723.

[63] Irwin D A, Pavcnik N. Airbus versus Boeing Revisited: International Competition in the Aircraft Market [J]. Journal of International Economics, 2004, 64 (2): 223 –245.

[64] Johnson R C. Trade and Prices with Heterogeneous Firms [J]. Journal of International Economics, 2012, 86 (1): 43 –56.

[65] Kasahara H, Rodrigue J. Does the Use of Imported Intermediates Increase Productivity? Plant – level Evidence [J]. Journal of Development Economics, 2008, 87 (1): 106 –118.

[66] Kasahara H, Lapham B. Productivity and the Decision to Import and Export: Theory and Evidence [J]. Journal of International Economics, 2013, 89 (2): 297 –316.

[67] Keller W. Trade and the Transmission of Technology [J]. Journal of Economic growth, 2002, 7 (1): 5 –24.

[68] Khandelwal A. The Long and Short (of) Quality Ladders [J]. The Review of Economic Studies, 2010, 77 (4): 1450–1476.

[69] Khandelwal A K, Schott P K, Wei S J. Trade Liberalization and Embedded Institutional Reform: Evidence from Chinese Exporters [J]. The American Economic Review, 2013, 103 (6): 2169–2195.

[70] Koenker R, Bassett Jr G. Regression Quantiles [J]. Econometrica: Journal of the Econometric Society, 1978: 33–50.

[71] Krugman P R. Increasing Returns, Monopolistic Competition, and International Trade [J]. Journal of International Economics, 1979, 9 (4): 469–479.

[72] Krugman P. Scale Economies, Product Differentiation, and the Pattern of Trade [J]. The American Economic Review, 1980, 70 (5): 950–959.

[73] Kugler M, Verhoogen E. The Quality–complementarity Hypothesis: Theory and Evidence from Colombia [R]. National Bureau of Economic Research, 2008.

[74] Kugler M, Verhoogen E. Prices, Plant Size, and Product Quality [J]. The Review of Economic Studies, 2011, 79 (1): 307–339.

[75] Krueger A O. Wilful Ignorance: The Struggle to Convince the Free Trade Skeptics [J]. World Trade Review, 2004, 3 (3): 483.

[76] Lall S. The Technological Structure and Performance of Developing Country Manufactured Exports, 1985–1998 [J]. Oxford Development Studies, 2000, 28 (3): 337–369.

[77] Levitt S D, List J A, Syverson C. Toward an Understanding of Learning by Doing: Evidence from an Automobile Assembly Plant [J]. Journal of Political Economy, 2013, 121 (4): 643–681.

[78] Levinsohn J, Petrin A. Estimating Production Functions Using Inputs to Control for Unobservables [J]. The Review of Economic Studies, 2003, 70 (2): 317–341.

[79] Lööf H, Andersson M. Imports, Productivity and Origin Markets: The Role of Knowledge–Intensive Economies [J]. The World Economy, 2010, 33 (3): 458–481.

[80] Manova K. Credit Constraints, Equity Market Liberalizations and International Trade [J]. Journal of International Economics, 2008, 76 (1): 33–47.

[81] Manova K, Zhang Z. Export Prices Across Firms and Destinations [J]. The Quarterly Journal of Economics, 2012, 127 (1): 379–436.

[82] Martin J, Mejean I. Low–wage Country Competition and the Quality Con-

tent of High – wage Country Exports [J]. Journal of International Economics, 2014, 93 (1): 140 – 152.

[83] Markusen J R. Trade in Producer Services and in Other Specialized Intermediate Inputs [J]. The American Economic Review, 1989: 85 – 95.

[84] Martin J, Méjean I. Low – wage Countries' Competition, Reallocation Across Firms and the Quality Content of Exports [R]. Working Paper, 2011.

[85] Melitz M J. The Impact of Trade on Intra – industry Reallocations and Aggregate Industry Productivity [J]. Econometrica, 2003, 71 (6): 1695 – 1725.

[86] Melitz M J, Ottaviano G I P. Market Size, Trade, and Productivity [J]. The Review of Economic Studies, 2008, 75 (1): 295 – 316.

[87] Motta M, Polo M. Concentration and Public Policies in the Broadcasting Industry: The Future of Television [J]. Economic Policy, 1997, 12 (25): 294 – 334.

[88] Muraközy B, Halpern L. Firm Size and the Extensive Margin [J]. Economic and Business Review, 2011, 13 (1/2): 27 – 50.

[89] Nickerson M, Konings J. Trade Liberalization, Intermediate Inputs, and Productivity: Evidence from Indonesia [J]. The American Economic Review, 2007, 97 (5): 1611 – 1638.

[90] Ohlin B. International and Interregional Trade [M]. Harvard Economic Studies, Cambridge, MA, 1933.

[91] Pakes A, Olley S. A Limit Theorem for A Smooth Class of Semiparametric Estimators [J]. Journal of Econometrics, 1995, 65 (1): 295 – 332.

[92] Pavcnik N. Trade Liberalization, Exit, and Productivity Improvements: Evidence from Chilean Plants [J]. The Review of Economic Studies, 2002, 69 (1): 245 – 276.

[93] Piveteau P, Smagghue G. A New Method for Quality Estimation Using Trade Data: An Application to French Firms [D]. Mimeo, Columbia University, 2013.

[94] Rauch J E. Networks versus Markets in International Trade [J]. Journal of International Economics, 1999, 48 (1): 7 – 35.

[95] Redding S J. Theories of Heterogeneous Firms and Trade [J]. Annu. Rev. Econ. , 2011, 3 (1): 77 – 105.

[96] Rossi Jr J L, Ferreira P C. Evolução Da Produtividade Industrial Brasileira Eabertura Comercial [R]. Working Paper, 1999.

[97] Schott P K. Across – product versus Within – product Specialization in Inter-

national Trade [J]. The Quarterly Journal of Economics, 2004, 119 (2): 647 – 678.

[98] Schor A. Heterogeneous Productivity Response to Tariff Reduction. Evidence from Brazilian Manufacturing Firms [J]. Journal of Development Economics, 2004, 75 (2): 373 – 396.

[99] Sheshinski E. Tests of the "Learning by Doing" Hypothesis [J]. The Review of Economics and Statistics, 1967: 568 – 578.

[100] Smeets V, Warzynski F. Learning by Exporting, Importing or Both? Estimating Productivity with Multi – product Firms, Pricing Heterogeneity and the Role of International Trade [R]. Aarhus University Department of Economics Working Papers, 2010 (13).

[101] Smith A. An Inquiry into the Nature and Causes of the Wealth of Nations [M]. W. Strahan and T. Cadell, 1776.

[102] Timmer M P, Dietzenbacher E, Los B, et al. An Illustrated User Guide to the World Input – output Database: The Case of Global Automotive Production [J]. Review of International Economics, 2015, 23 (3): 575 – 605.

[103] Topalova P, Khandelwal A. Trade Liberalization and Firm Productivity: The Case of India [J]. Review of Economics and Statistics, 2011, 93 (3): 995 – 1009.

[104] Tybout J R, Westbrook M D. Trade Liberalization and the Dimensions of Efficiency Change in Mexican Manufacturing Industries [J]. Journal of International Economics, 1995, 39 (1): 53 – 78.

[105] Verhoogen E A. Trade, Quality Upgrading, and Wage Inequality in the Mexican Manufacturing Sector [J]. The Quarterly Journal of Economics, 2008, 123 (2): 489 – 530.

[106] Yeaple S R. A Simple Model of Firm Heterogeneity, International Trade, and Wages [J]. Journal of International Economics, 2005, 65 (1): 1 – 20.

[107] Yu M. Processing Trade, Tariff Reductions and Firm Productivity: Evidence from Chinese Firms [J]. The Economic Journal, 2015, 125 (585): 943 – 988.

[108] 陈晓华, 沈成燕. 出口持续时间对出口产品质量的影响研究 [J]. 国际贸易问题, 2015 (1): 47 – 57.

[109] 陈维涛, 王永进, 孙文远. 贸易自由化、进口竞争与中国工业行业技术复杂度 [J]. 国际贸易问题, 2017 (1): 50 – 59.

[110] 陈雯, 苗双有. 中间品贸易自由化与中国制造业企业生产技术选择 [J]. 经济研究, 2016, 51 (8): 72-85.

[111] 陈勇兵, 陈宇媚, 周世民. 贸易成本、企业出口动态与出口增长的二元边际——基于中国出口企业微观数据: 2000—2005 [J]. 经济学 (季刊), 2012, 11 (4): 1477-1502.

[112] 陈锡康, 杨翠红等. 投入产出技术 [M]. 北京: 科学出版社, 2011.

[113] 陈艳莹, 鲍宗客. 干中学与中国制造业的市场结构: 内生性沉没成本的视角 [J]. 中国工业经济, 2012 (8): 43-55.

[114] 杜修立, 王维国. 中国出口贸易的技术结构及其变迁: 1980—2003 [J]. 经济研究, 2007 (7): 137-151.

[115] 戴觅, 余淼杰. 企业出口前研发投入、出口及生产率进步——来自中国制造业企业的证据 [J]. 经济学 (季刊), 2012, 11 (1): 211-230.

[116] 邓慧慧. 贸易自由化、要素分布和制造业集聚 [J]. 经济研究, 2009, 44 (11): 118-129.

[117] 郭熙保, 罗知. 贸易自由化、经济增长与减轻贫困——基于中国省际数据的经验研究 [J]. 管理世界, 2008 (2): 15-24.

[118] 高凌云, 屈小博, 贾鹏. 中国工业企业规模与生产率的异质性 [J]. 世界经济, 2014, 37 (6): 113-137.

[119] 胡洁, 陈彦煌. 贸易自由化、产业聚集与失业: 新经济地理观 [J]. 世界经济, 2011, 34 (3): 40-50.

[120] 黄远浙, 李鑫洋, 王成岐. 外资对中国企业出口影响的二元边际经验分析 [J]. 国际贸易问题, 2017 (5): 114-125.

[121] 康志勇. 中间品进口与中国企业出口行为研究: "扩展边际"抑或"集约边际" [J]. 国际贸易问题, 2015 (9): 122-132.

[122] 李春顶, 石晓军, 邢春冰. "出口—生产率悖论": 对中国经验的进一步考察 [J]. 经济学动态, 2010 (8): 90-95.

[123] 李秀芳, 施炳展. 中间品进口多元化与中国企业出口产品质量 [J]. 国际贸易问题, 2016 (3): 106-116.

[124] 李方静. 中间产品进口与企业出口质量 [J]. 世界经济研究, 2016 (10): 76-88, 136.

[125] 李平, 姜丽. 贸易自由化、中间品进口与中国技术创新——1998~2012年省级面板数据的实证研究 [J]. 国际贸易问题, 2015 (7): 3-11, 96.

[126] 李小平, 周记顺, 卢现祥, 胡久凯. 出口的"质"影响了出口的

"量"吗?[J]. 经济研究, 2015, 50 (8): 114-129.

[127] 刘海洋, 林令涛, 高璐. 进口中间品与出口产品质量升级: 来自微观企业的证据[J]. 国际贸易问题, 2017 (2): 39-49.

[128] 刘帷韬, 刘德学. 外商投资产业政策对外资溢出效应的影响——基于中国制造业行业的面板检验[J]. 国际经贸探索, 2017, 33 (3): 96-112.

[129] 刘晓宁, 刘磊. 贸易自由化对出口产品质量的影响效应——基于中国微观制造业企业的实证研究[J]. 国际贸易问题, 2015 (8): 14-23.

[130] 刘振兴, 金祥荣. 出口企业更优秀吗——基于生产率视角的考察[J]. 国际贸易问题, 2011 (5): 110-120.

[131] 赖明勇, 张新, 彭水军, 包群. 经济增长的源泉: 人力资本、研究开发与技术外溢[J]. 中国社会科学, 2005 (2): 32-46, 204-205.

[132] 林薛栋, 魏浩, 李飚. 进口贸易自由化与中国的企业创新——来自中国制造业企业的证据[J]. 国际贸易问题, 2017 (2): 97-106.

[133] 毛其淋. 要素市场扭曲与中国工业企业生产率——基于贸易自由化视角的分析[J]. 金融研究, 2013 (2): 156-169.

[134] 毛其淋, 盛斌. 贸易自由化、企业异质性与出口动态——来自中国微观企业数据的证据[J]. 管理世界, 2013 (3): 48-68.

[135] 毛其淋, 盛斌. 贸易自由化与中国制造业企业出口行为:"入世"是否促进了出口参与?[J]. 经济学(季刊), 2014, 13 (2): 647-674.

[136] 毛其淋, 许家云. 中间品贸易自由化与制造业就业变动——来自中国加入 WTO 的微观证据[J]. 经济研究, 2016, 51 (1): 69-83.

[137] 毛其淋, 许家云. 中间品贸易自由化提高了企业加成率吗?——来自中国的证据[J]. 经济学(季刊), 2017, 16 (2): 485-524.

[138] 马述忠, 吴国杰. 中间品进口、贸易类型与企业出口产品质量——基于中国企业微观数据的研究[J]. 数量经济技术经济研究, 2016, 33 (11): 77-93.

[139] 聂辉华, 江艇, 杨汝岱. 中国工业企业数据库的使用现状和潜在问题[J]. 世界经济, 2012, 35 (5): 142-158.

[140] 聂辉华, 贾瑞雪. 中国制造业企业生产率与资源误置[J]. 世界经济, 2011, 34 (7): 27-42.

[141] 牛蕊. 国际贸易、工资与就业: 中国的理论与实证模型[M]. 北京: 经济科学出版社, 2010.

[142] 彭国华, 夏帆. 中国多产品出口企业的二元边际及核心产品研究[J]. 世界经济, 2013, 36 (2): 42-63.

[143] 钱学锋. 企业异质性、贸易成本与中国出口增长的二元边际 [J]. 管理世界, 2008 (9): 48-56, 66, 187.

[144] 钱学锋, 王菊蓉, 黄云湖, 王胜. 出口与中国工业企业的生产率——自我选择效应还是出口学习效应? [J]. 数量经济技术经济研究, 2011, 28 (2): 37-51.

[145] 施炳展. 中国企业出口产品质量异质性: 测度与事实 [J]. 经济学 (季刊), 2014, 13 (1): 263-284.

[146] 施炳展, 王有鑫, 李坤望. 中国出口产品品质测度及其决定因素 [J]. 世界经济, 2013, 36 (9): 69-93.

[147] 施炳展, 邵文波. 中国企业出口产品质量测算及其决定因素——培育出口竞争新优势的微观视角 [J]. 管理世界, 2014 (9): 90-106.

[148] 施炳展, 张雅睿. 贸易自由化与中国企业进口中间品质量升级 [J]. 数量经济技术经济研究, 2016, 33 (9): 3-21.

[149] 施炳展, 曾祥菲. 中国企业进口产品质量测算与事实 [J]. 世界经济, 2015, 38 (3): 57-77.

[150] 盛斌, 吕越. 对中国出口二元边际的再测算: 基于2001—2010年中国微观贸易数据 [J]. 国际贸易问题, 2014 (11): 25-36.

[151] 盛斌, 毛其淋. 贸易自由化、企业成长和规模分布 [J]. 世界经济, 2015, 38 (2): 3-30.

[152] 盛斌. 中国对外贸易政策的政治经济分析 [M]. 上海: 上海人民出版社, 2002.

[153] 盛丹, 张慧玲. 环境管制与我国的出口产品质量升级——基于两控区政策的考察 [J]. 财贸经济, 2017 (8): 80-97.

[154] 苏理梅, 彭冬冬, 兰宜生. 贸易自由化是如何影响我国出口产品质量的?——基于贸易政策不确定性下降的视角 [J]. 财经研究, 2016, 42 (4): 61-70.

[155] 田巍, 余淼杰. 企业生产率和企业"走出去"对外直接投资: 基于企业层面数据的实证研究 [J]. 经济学 (季刊), 2012, 11 (2): 383-408.

[156] 田巍, 余淼杰. 企业出口强度与进口中间品贸易自由化: 来自中国企业的实证研究 [J]. 管理世界, 2013 (1): 28-44.

[157] 田巍, 余淼杰. 中间品贸易自由化和企业研发: 基于中国数据的经验分析 [J]. 世界经济, 2014, 37 (6): 90-112.

[158] 魏浩, 林薛栋. 进出口产品质量测度方法的比较与中国事实——基于微观产品和企业数据的实证分析 [J]. 财经研究, 2017, 43 (5): 89-101.

[159] 魏浩,李晓庆. 中国进口贸易的技术结构及其影响因素研究 [J]. 世界经济, 2015, 38 (8): 56-79.

[160] 卫瑞,庄宗明. 生产国际化与中国就业波动:基于贸易自由化和外包视角 [J]. 世界经济, 2015, 38 (1): 53-80.

[161] 吴延兵. 自主研发、技术引进与生产率——基于中国地区工业的实证研究 [J]. 经济研究, 2008 (8): 51-64.

[162] 汪建新. 贸易自由化、质量差距与地区出口产品质量升级 [J]. 国际贸易问题, 2014 (10): 3-13, 143.

[163] 王明益. 要素价格扭曲会阻碍出口产品质量升级吗——基于中国的经验证据 [J]. 国际贸易问题, 2016 (8): 28-39.

[164] 王恬,王苍峰. 贸易政策变动对异质性企业生产率的影响——对我国制造业企业数据的实证研究 [J]. 世界经济文汇, 2010 (3): 27-41.

[165] 徐美娜,彭羽. 外资垂直溢出效应对本土企业出口产品质量的影响 [J]. 国际贸易问题, 2016 (12): 119-130.

[166] 熊瑞祥,李辉文,郑世怡. 干中学的追赶——来自中国制造业企业数据的证据 [J]. 世界经济文汇, 2015 (2): 20-40.

[167] 许和连,王海成. 最低工资标准对企业出口产品质量的影响研究 [J]. 世界经济, 2016, 39 (7): 73-96.

[168] 许明. 市场竞争、融资约束与中国企业出口产品质量提升 [J]. 数量经济技术经济研究, 2016, 33 (9): 40-57.

[169] 许家云,毛其淋,胡鞍钢. 中间品进口与企业出口产品质量升级:基于中国证据的研究 [J]. 世界经济, 2017, 40 (3): 52-75.

[170] 殷德生. 中国入世以来出口产品质量升级的决定因素与变动趋势 [J]. 财贸经济, 2011 (11): 31-38.

[171] 余淼杰. 中国的贸易自由化与制造业企业生产率 [J]. 经济研究, 2010, 45 (12): 97-110.

[172] 余淼杰. 加工贸易、企业生产率和关税减免——来自中国产品面的证据 [J]. 经济学 (季刊), 2011, 10 (4): 1251-1280.

[173] 余淼杰,李乐融. 贸易自由化与进口中间品质量升级——来自中国海关产品层面的证据 [J]. 经济学 (季刊), 2016, 15 (3): 1011-1028.

[174] 余淼杰,梁中华. 贸易自由化与中国劳动收入份额——基于制造业贸易企业数据的实证分析 [J]. 管理世界, 2014 (7): 22-31.

[175] 余淼杰,袁东. 贸易自由化、加工贸易与成本加成——来自我国制造业企业的证据 [J]. 管理世界, 2016 (9): 33-43, 54.

[176] 余淼杰, 张睿. 中国制造业出口质量的准确衡量: 挑战与解决方法 [J]. 经济学 (季刊), 2017, 16 (2): 463-484.

[177] 易靖韬. 企业异质性、市场进入成本、技术溢出效应与出口参与决定 [J]. 经济研究, 2009, 44 (9): 106-115.

[178] 邢斐, 何欢浪. 贸易自由化、纵向关联市场与战略性环境政策——环境税对发展绿色贸易的意义 [J]. 经济研究, 2011, 46 (5): 111-125.

[179] 赵春明, 文磊, 李宏兵. 进口产品质量、来源国特征与性别工资差距 [J]. 数量经济技术经济研究, 2017, 34 (5): 20-37.

[180] 周茂, 陆毅, 符大海. 贸易自由化与中国产业升级: 事实与机制 [J]. 世界经济, 2016, 39 (10): 78-102.

[181] 周云波, 陈岑, 田柳. 外商直接投资对东道国企业间工资差距的影响 [J]. 经济研究, 2015, 50 (12): 128-142.

[182] 张杰, 郑文平, 翟福昕. 中国出口产品质量得到提升了么? [J]. 经济研究, 2014, 49 (10): 46-59.

[183] 张杰, 郑文平, 陈志远. 进口与企业生产率——中国的经验证据 [J]. 经济学 (季刊), 2015, 14 (3): 1029-1052.

[184] 张杰, 郑文平. 政府补贴如何影响中国企业出口的二元边际 [J]. 世界经济, 2015, 38 (6): 22-48.

[185] 郑亚莉, 王毅, 郭晶. 进口中间品质量对企业生产率的影响: 不同层面的实证 [J]. 国际贸易问题, 2017 (6): 50-60.

[186] 张洋. 政府补贴提高了中国制造业企业出口产品质量吗 [J]. 国际贸易问题, 2017 (4): 27-37.

[187] 张翔, 陈雯, 骆时雨. 中间品进口对中国制造业全要素生产率的影响 [J]. 世界经济, 2015, 38 (9): 107-129.

附　录

附表 1　制造业行业按要素密集度分类

类型	涵盖行业
劳动密集型	农副食品加工业，食品制造业，酒、饮料和精制茶制造业，纺织业，纺织服装、服饰业，皮革、毛皮、羽毛（绒）及其制品和制造业，木材加工及竹、藤、棕、草制品业，家具制造业，造纸和纸制品业，印刷业和记录媒介的复制，文教、工美、体育和娱乐用品制造业，金属制品业
资本密集型	烟草制品业，石油加工、炼焦及核燃料加工业，化学纤维制造业，橡胶和塑料制品业，非金属矿物制品业，黑色金属冶炼及压延加工业，有色金属冶炼及压延加工业
技术密集型	化学原料和化学制品制造业，医药制造业，通用设备制造业，专用设备制造业，交通运输设备制造业，电气机械和器材制造业，计算机、通信和其他电子设备制造业，仪器仪表制造业

附表 2　近 40 年来我国对外贸易发展规划[①]

时期	时间	发展目标	进口战略	出口战略
"五五"计划	1976～1980 年	到 1985 年累计外汇收入 1050 亿美元，其中引进新技术和进口成套设备 200 亿美元		
"六五"计划	1981～1985 年	1985 年全国进出口总额达到 855 亿元，比 1980 年增长 51.8%，平均每年增长 8.7%。其中，进口额 453 亿元，平均每年增长 9.2%，出口额 402 亿元，平均每年增长 8.1%	根据需要和可能，积极引进一些先进技术和关键设备，确保生产和建设所需短缺物资的进口；组织好国内市场所需物资和以进养出物资的进口。各地区、各部门自行安排进口物资，要统一纳入计划，对我国自己能够制造和供应的设备，特别是日用消费品，不要盲目进口，以保护和促进民族工业的发展	有关国计民生的重要物资，要严格按照国家计划组织出口；轻纺产品、工艺品，要充分发挥我国传统技艺精湛、劳动力众多的优势，结合以进养出积极扩大出口；机电产品，要大力提高技术水平，积极开拓国际市场；有色金属、稀有金属、非金属矿产品和化工、医药产品等，凡资源丰富、生产有潜力的，要努力组织出口，农副土特产品，要按照计划积极搞好收购和出口。对某些消耗能源太多的产品，要限制出口
"七五"计划	1986～1990 年	五年内，全国进出口贸易总额平均每年增长 7%，1990 年达到 830 亿美元，出口额平均每年增长 8.1%，进口平均每年增长 6.1%	重点是引进软件、先进技术和关键设备以及必要的国内急需的短缺生产资料	除继续努力增加石油、煤炭、有色金属和粮食、棉花等产品出口外，要逐步增加制成品在出口总额中的比重

[①] 这里需要说明的是："五五"计划期间，我国所制定的计划纲要严重脱离国情、国力，所以未将其列出。

续表

时期	时间	发展目标	进口战略	出口战略
"八五"计划	1991~1995年	进一步发展出口贸易，在坚持外汇收支平衡的前提下，适当增加进口	合理调整进口结构。要把有限的外汇集中用于先进技术和关键设备的进口，用于国家重点生产建设所需物资以及农用物资的进口。国内能够生产供应的原材料和机电设备，要积极组织生产，并保证质量，争取少进口或不进口。严格控制奢侈品、高档消费品和烟、酒、水果等商品的进口。改进进口的审批管理工作，防止盲目引进和不必要重复引进	努力增加出口创汇。要把工作的重点放在改善出口商品结构和提高出口商品质量上，促进由初级加工制成品出口为主向深加工制成品出口为主的转变。除继续发展传统出口外，大力增加机电产品、轻纺产品和高技术商品的出口。同时，积极发展创汇农业产品和出口。稳步发展建材和非金属矿产品的出口。要加强出口商品生产体系的建设，重点扶持一批在国际市场有发展前景、竞争力强的拳头产品和支柱产品出口。鼓励和扩大外商投资企业产品的出口和创汇。努力提高出口商品的行完善各种支持出口的政策，努力降低出口成本。继续实质量和信誉，进一步降低出口成本。加强推销和服务工作，努力巩固和发展已有的市场，并广泛开拓新的市场。在扩大商品出口的同时，进一步发展劳务输出，对外承包工程，国际空运和海上运输业，积极发展国际旅游业，增加非贸易外汇收入
"九五"计划	1996~2000年	2000年，进出口总额达到4000亿美元，出口与进口额各为2000亿美元	积极引进先进技术，适当提高高技术设备及原材料产品的进口比重。大力发展技术贸易和服务贸易	进一步优化进出口商品结构。着重提高轻纺产品的质量、档次，加快产品升级换代，扩大特色品种，创立名牌，提高产品附加值，进一步扩大机电产品出口，特别是成套设备出口。发展创汇农业，按国际标准组织综合利用农业资源的创汇高附加值出口商品生产，加强自售后服务

续表

时期	时间	发展目标	进口战略	出口战略
"十五"计划	2001~2005年	更好地实施以质取胜、市场多元化和科技兴贸战略，努力扩大货物和服务出口。2005年货物进出口总额达到6800亿美元	积极引进先进技术和关键设备，努力实现大宗产品和重要资源进口来源多元化	积极开拓新的出口市场，优化出口商品结构和市场结构。继续扩大大宗传统产品和劳动密集型工业制成品出口，不断提高其技术含量和附加值，增加高新技术产品和高附加值产品出口比重提高到50%左右，加强加工贸易管理，提高加工贸易的增值率，扩大加工贸易出口。2005年机电产品出口贸易和高附加值产品出口。继续规范发展边境贸易，大力发展承包工程、设计咨询、技术转让、国际旅游、国际运输、航天发射、教育文化和金融保险等领域的服务贸易出口，逐步缩小服务贸易逆差
"十一五"规划	2006~2010年	到2010年货物贸易、服务贸易进出口总额分别达到2.3万亿美元和4000亿美元	积极扩大进口。实行进出口基本平衡的政策，发挥进口在促进我国经济发展中的作用。完善进口税收政策，扩大先进技术、关键设备及零部件和国内短缺的能源、原材料进口，促进资源进口多元化	优化出口结构。以自有品牌、自主知识产权和自主营销为重点，引导企业增强综合竞争力。支持自主性高技术产品、机电产品和高附加值劳动密集型产品出口。严格执行劳动、安全、环保标准，规范出口成本构成，控制高耗能、高污染和资源性产品加工贸易政策，继续发展加工贸易，着重提高产业层次和加工深度，增强国内配套能力，促进国内产业升级。积极开拓企业构建境外营销网络，推进自营出口能力。加强对出口拓非传统出口市场，引导自营出口多元化。积极开拓出口商品价格、质量、数量的动态监测、加强效益导向的外贸促进和质量建设体系

续表

时期	时间	发展目标	进口战略	出口战略
"十二五"规划	2011~2015年	继续稳定和拓展外需，加快转变外贸发展方式，推动外贸发展从规模扩张向质量效益提高转变，从成本优势向综合竞争优势转变	提升进口综合效应。优化进口结构，积极扩大先进技术、关键零部件、国内短缺资源和节能环保产品进口，适度扩大消费品进口。发挥进口对宏观经济平衡和结构调整的重要作用，优化贸易收支结构。发挥我国巨大市场规模的吸引力和影响力，促进进出口来源地多元化。完善重要农产品进出口调控机制，有效利用国际资源	培育出口竞争新优势。保持现有出口竞争优势，加快培育以技术、品牌、质量、服务为核心竞争力的新优势。提升劳动密集型出口产品质量和档次，扩大机电产品和高新技术产品出口。严格控制高耗能、高污染、资源性产品出口。完善政策措施，促进加工贸易从组装加工向研发、设计、核心元器件制造、物流等环节拓展，延长国内增值链条，完善海关特殊监管区域政策和功能，鼓励企业向海关特殊监管区域集中。鼓励企业建立国际营销网络，提高开拓国际市场能力。积极开拓新兴市场，推进出口市场多元化
"十三五"规划	2016~2020年	实施优进优出战略，推动外贸向优质优价、优进优出转变，加快建设贸易强国。促进货物贸易和服务贸易融合发展，大力发展生产性服务贸易，服务贸易占对外贸易比重达到16%以上	积极扩大进口，优化进口结构，更多进口先进技术装备和优质消费品	巩固提升传统出口优势，促进加工贸易创新发展。优化外贸区域布局，推动出口市场多元化，提高新兴市场、巩固传统市场份额。鼓励发展新型贸易方式。发展出口信用保险

资料来源：《国家计委关于1976—1985年国民经济发展十年规划纲要（修订草案）》《中华人民共和国国民经济和社会发展第六个五年计划》《中华人民共和国国民经济和社会发展第七个五年计划（摘要）》《中华人民共和国国民经济和社会发展第八个五年计划和十年规划纲要》《中华人民共和国国民经济和社会发展"九五"计划和2010年远景目标纲要》《中华人民共和国国民经济和社会发展第十个五年计划纲要》《中华人民共和国国民经济和社会发展第十一个五年规划纲要》《中华人民共和国国民经济和社会发展第十二个五年规划纲要》《中华人民共和国国民经济和社会发展第十三个五年规划纲要》。

附表3 不同分类下进口关税对进口产品质量的影响（滞后四期关税）

变量	(1) 同质性产品	(2) 异质性产品	(3) 一般贸易	(4) 加工贸易	(5) 资本品	(6) 中间品	(7) 消费品
	quality_im	quality_im	quality_im	quality_im	quality_im	quality_im	quality_im
tariff_im	−0.000840***	−0.000637***	−0.000706***	0.000399***	−0.000272***	5.68e−05***	−0.000743***
	(4.87e−05)	(1.03e−05)	(1.35e−05)	(1.24e−05)	(3.11e−05)	(1.05e−05)	(2.35e−05)
Constant	0.704***	0.610***	0.574***	0.565***	0.638	0.586***	0.567***
	(0.0220)	(0.107)	(0.0127)	(0.0112)	(42.09)	(0.00818)	(0.109)
Observations	98908	3477510	2143828	1712706	905116	3199821	446183
R-squared	0.085	0.060	0.058	0.065	0.063	0.043	0.052

变量	(8) 低收入国家	(9) 低中收入国家	(10) 高中收入国家	(11) 高收入国家	(12) 低技术产品	(13) 中技术产品	(14) 高技术产品
	quality_im	quality_im	quality_im	quality_im	quality_im	quality_im	quality_im
tariff_im	0.000283***	−0.000190***	−5.65e−05	−0.000500***	0.000865***	−0.00278***	0.000447***
	(0.000100)	(4.91e−05)	(4.19e−05)	(8.98e−06)	(1.41e−05)	(1.70e−05)	(2.47e−05)
Constant	0.496	0.606***	0.596***	0.599***	0.518***	0.635***	0.553***
	(2788)	(0.0989)	(0.0229)	(0.00923)	(0.103)	(0.0110)	(0.0214)
Observations	23128	61117	118207	4353578	1464995	1445636	941236
R-squared	0.078	0.061	0.085	0.065	0.058	0.068	0.105

续表

变量	(15) 国有企业	(16) 中外合资/合作	(17) 外商独资	(18) 集体/私营	(19) 劳动密集型	(20) 资本密集型	(21) 技术密集型
	quality_im	quality_im	quality_im	quality_im	quality_im	quality_im	quality_im
tariff_im	-0.000550*** (1.81e-05)	-0.000269*** (1.77e-05)	-0.000424*** (1.38e-05)	-0.000619*** (2.57e-05)	-0.000606*** (1.29e-05)	0.000571*** (1.77e-05)	-0.00107*** (1.71e-05)
Constant	0.539*** (0.0182)	0.600*** (0.0176)	0.632*** (0.0131)	0.551*** (0.102)	0.524*** (0.105)	0.489 (41.26)	0.418 (106.6)
Observations	1003079	1043953	1984144	480975	1476876	1437600	1539634
R-squared	0.078	0.059	0.070	0.070	0.045	0.040	0.065
其余控制变量	YES	YES	YES	YES	YES	YES	YES

注：圆括号内的数值为标准误，*、**和***分别表示在10%、5%和1%的水平上显著。

附表 4 分组后进口关税与企业异质性的交互分析——产品质量（滞后四期关税）

变量	国有企业				中外合资合作	
	(1)	(2)	(3)	(4)	(5)	(6)
	quality_im	quality_im	quality_im	quality_im	quality_im	quality_im
tariff_im	−0.000537***	−0.00116***	−0.000909***	−0.000469***	−0.000213	−0.000326***
	(0.000191)	(0.000177)	(0.000137)	(0.000159)	(0.000132)	(0.000125)
tfp_op	0.00341***	0.000615	0.000606	−0.00121*	−0.000164	−0.000251
	(0.000999)	(0.000487)	(0.000487)	(0.000701)	(0.000375)	(0.000377)
age	8.77e−05	−0.000116	8.46e−05	−9.76e−05	0.000185	−8.82e−05
	(8.05e−05)	(0.000152)	(8.05e−05)	(8.57e−05)	(0.000161)	(8.67e−05)
scale	−0.0299	−0.0298	0.905*	0.445*	0.512**	0.0232
	(0.160)	(0.160)	(0.516)	(0.235)	(0.234)	(0.504)
tariff_im × tfp_op	−0.000190***			7.44e−05*		
	(5.94e−05)			(4.41e−05)		
tariff_im × age		1.37e−05			−1.30e−05*	
		(8.91e−06)			(7.24e−06)	
tariff_im × scale			−0.0553*			0.0326
			(0.0290)			(0.0313)
行业效应	YES	YES	YES	YES	YES	YES
地区效应	YES	YES	YES	YES	YES	YES
年份效应	YES	YES	YES	YES	YES	YES
进口来源国	YES	YES	YES	YES	YES	YES
贸易方式	YES	YES	YES	YES	YES	YES
Constant	0.577***	0.587***	0.583***	0.539***	0.536***	0.537***
	(0.00954)	(0.00952)	(0.00932)	(0.00889)	(0.00874)	(0.00875)
Observations	22950	22950	22950	42664	42664	42664
R-squared	0.074	0.073	0.074	0.034	0.034	0.034

贸易自由化、进口投入与出口选择

续表

变量	外商独资			集体/私营	
	(7) quality_im	(8) quality_im	(9) quality_im	(10) quality_im	(11) quality_im	(12) quality_im
tariff_im	−0.000687*** (0.000186)	−0.000708*** (0.000131)	−0.000565*** (0.000125)	−7.45e−05 (0.000206)	−0.000448*** (0.000172)	−0.000374** (0.000151)
tfp_op	−0.000125 (0.000835)	0.000460 (0.000387)	0.000418 (0.000387)	0.00101 (0.00134)	−0.00147** (0.000641)	−0.00147** (0.000642)
age	0.000340** (0.000139)	−0.000268 (0.000239)	0.000330** (0.000138)	9.43e−05 (8.50e−05)	−2.70e−05 (0.000176)	0.000101 (8.50e−05)
scale	0.0164 (0.0420)	0.0227 (0.0420)	0.141 (0.0977)	0.170 (0.146)	0.169 (0.146)	0.197 (0.294)
tariff_im × tfp_op	4.86e−05 (6.61e−05)	4.75e−05*** (1.53e−05)		−0.000124** (5.83e−05)		
tariff_im × age			−0.00958 (0.00683)		6.62e−06 (7.95e−06)	
tariff_im × scale						−0.00156 (0.0142)
行业效应	YES	YES	YES	YES	YES	YES
地区效应	YES	YES	YES	YES	YES	YES
年份效应	YES	YES	YES	YES	YES	YES
进口来源国	YES	YES	YES	YES	YES	YES
贸易方式	YES	YES	YES	YES	YES	YES
Constant	0.535*** (0.0114)	0.526*** (0.0117)	0.534*** (0.0114)	0.551*** (0.0118)	0.557*** (0.0116)	0.556*** (0.0115)
Observations	49595	49595	49595	14783	14783	14783
R-squared	0.037	0.038	0.037	0.072	0.072	0.072

注：圆括号内的数值为标准误差，*，** 和 *** 分别表示在10%、5%和1%的水平上显著。

附表 5 不同分类下出口关税对出口产品质量的影响（滞后四期关税）

变量	(1) 同质性产品	(2) 异质性产品	(3) 一般贸易	(4) 加工贸易	(5) 资本品	(6) 中间品	(7) 消费品
	quality_ex	quality_ex	quality_ex	quality_ex	quality_ex	quality_ex	quality_ex
tariff_ex	1.75e−05 (1.55e−05)	−4.63e−05*** (6.05e−06)	−2.50e−05*** (4.79e−06)	−0.000266*** (1.75e−05)	0.000613*** (2.18e−05)	1.34e−05* (7.19e−06)	−0.000122*** (6.25e−06)
Constant	0.446*** (0.0130)	0.479*** (0.00150)	0.495*** (0.00157)	0.538*** (0.00383)	0.518*** (0.00443)	0.489*** (0.00231)	0.500*** (0.00205)
Observations	43139	4096665	3859794	697614	563403	2008804	2106534
R-squared	0.138	0.034	0.034	0.065	0.049	0.067	0.063

变量	(8) 低收入国家	(9) 低中收入国家	(10) 高中收入国家	(11) 高收入国家	(12) 低技术产品	(13) 中技术产品	(14) 高技术产品
	quality_ex	quality_ex	quality_ex	quality_ex	quality_ex	quality_ex	quality_ex
tariff_ex	−3.65e−05** (1.77e−05)	−6.71e−05*** (1.37e−05)	2.98e−05*** (9.08e−06)	−6.01e−05*** (6.23e−06)	−6.39e−05*** (9.99e−06)	0.000309*** (1.28e−05)	1.48e−05 (1.81e−05)
Constant	0.510 (98.68)	0.517 (96.07)	0.479*** (0.0290)	0.496*** (0.00149)	0.439*** (0.0145)	0.562*** (0.00273)	0.515*** (0.00352)
Observations	282606	523652	781552	3092155	1954604	1286150	718994
R-squared	0.041	0.040	0.036	0.037	0.069	0.045	0.086

续表

变量	(15) 国有企业	(16) 中外合资/合作	(17) 外商独资	(18) 集体/私营	(19) 劳动密集型	(20) 资本密集型	(21) 技术密集型
	quality_ex	quality_ex	quality_ex	quality_ex	quality_ex	quality_ex	quality_ex
tariff_ex	$-2.11e-05^{***}$ (7.07e-06)	$-2.54e-05^{**}$ (1.20e-05)	$-6.14e-05^{***}$ (1.22e-05)	$-9.51e-05^{***}$ (8.63e-06)	$-4.82e-05^{***}$ (5.70e-06)	$-9.38e-05^{***}$ (9.97e-06)	0.000232^{***} (1.41e-05)
Constant	0.498^{***} (0.00240)	0.502^{***} (0.00375)	0.517^{***} (0.00380)	0.490^{***} (0.00255)	0.489^{***} (0.00200)	0.411^{***} (0.00388)	0.499^{***} (0.00277)
Observations	1758037	598574	805596	1493321	2445583	924266	1125212
R-squared	0.033	0.041	0.047	0.044	0.044	0.030	0.023
其余控制变量	YES	YES	YES	YES	YES	YES	YES

注：圆括号内的数值为标准误，*、** 和 *** 分别表示在10%、5%和1%的水平上显著。

附表6 分组后出口关税与企业异质性的交互分析——产品质量（滞后四期关税）

变量	国有企业			中外合资/合作		
	(1)	(2)	(3)	(4)	(5)	(6)
	quality_ex	quality_ex	quality_ex	quality_ex	quality_ex	quality_ex
tariff_ex	-0.000248**	-0.000149**	-0.000132**	3.84e-05	-3.30e-05	-2.61e-05
	(0.000111)	(7.46e-05)	(5.89e-05)	(9.37e-05)	(5.74e-05)	(5.44e-05)
tfp_op	0.000320	0.000619	0.000617	0.000697	0.000294	0.000260
	(0.000573)	(0.000487)	(0.000486)	(0.000551)	(0.000467)	(0.000468)
age	-0.000232***	-0.000235***	-0.000236***	0.000177**	0.000247**	0.000157*
	(4.07e-05)	(4.45e-05)	(4.06e-05)	(8.61e-05)	(9.80e-05)	(8.66e-05)
scale	0.475***	0.477***	0.607***	-0.107	-0.102	0.370
	(0.134)	(0.134)	(0.170)	(0.281)	(0.281)	(0.331)
tariff_ex × tfp_op	3.88e-05	-3.80e-07		-4.66e-05		
	(3.90e-05)	(4.76e-06)		(3.55e-05)		
tariff_ex × age					-9.21e-06	
					(7.12e-06)	
tariff_ex × scale			-0.0150			-0.0727**
			(0.0120)			(0.0292)
行业效应	YES	YES	YES	YES	YES	YES
地区效应	YES	YES	YES	YES	YES	YES
年份效应	YES	YES	YES	YES	YES	YES
进口来源国	YES	YES	YES	YES	YES	YES
贸易方式	YES	YES	YES	YES	YES	YES
Constant	0.501***	0.500***	0.500***	0.515***	0.515***	0.516***
	(0.00536)	(0.00534)	(0.00534)	(0.00932)	(0.00931)	(0.00931)
Observations	28180	28180	28180	22828	22828	22828
R-squared	0.046	0.046	0.046	0.048	0.048	0.048

续表

变量	外商独资			集体/私营		
	(7)	(8)	(9)	(10)	(11)	(12)
	quality_ex	quality_ex	quality_ex	quality_ex	quality_ex	quality_ex
tariff_ex	-6.15e-05	1.64e-05	2.26e-05	-0.000108	-0.000143***	-7.08e-05**
	(0.000152)	(7.50e-05)	(7.43e-05)	(7.46e-05)	(4.63e-05)	(3.44e-05)
tfp_op	0.000234	0.000568	0.000571	-0.000831*	-0.000677**	-0.000688**
	(0.000735)	(0.000615)	(0.000615)	(0.000425)	(0.000316)	(0.000316)
age	7.10e-05	-4.11e-05	7.27e-05	0.000161***	7.99e-05	0.000160***
	(0.000214)	(0.000236)	(0.000214)	(4.25e-05)	(5.64e-05)	(4.25e-05)
scale	-0.140**	-0.141**	-0.153**	0.0874*	0.0869*	0.121
	(0.0587)	(0.0587)	(0.0599)	(0.0527)	(0.0527)	(0.0761)
tariff_ex×tfp_op	4.70e-05	1.70e-05		1.35e-05		
	(5.55e-05)	(1.46e-05)		(2.65e-05)		
tariff_ex×age			0.00164		8.21e-06**	
			(0.00159)		(3.77e-06)	
tariff_ex×scale						-0.00303
						(0.00499)
行业效应	YES	YES	YES	YES	YES	YES
地区效应	YES	YES	YES	YES	YES	YES
年份效应	YES	YES	YES	YES	YES	YES
进口来源国	YES	YES	YES	YES	YES	YES
贸易方式	YES	YES	YES	YES	YES	YES
Constant	0.518***	0.517***	0.518***	0.523***	0.523***	0.523***
	(0.0127)	(0.0127)	(0.0127)	(0.00410)	(0.00404)	(0.00404)
Observations	18699	18699	18699	50074	50074	50074
R-squared	0.050	0.050	0.050	0.043	0.044	0.043

注：圆括号内的数值为标准误，*、**和***分别表示在10%、5%和1%的水平上显著。

后　记

本书是在我的博士论文的基础上修改完成的。感谢我的博士生导师——暨南大学经济学院刘德学教授。在与导师相处的三年半时间里，我总是能不经意地收获许多知识。导师的仔细和缜密也一直影响着我，还记得晚上12点在办公室为课题申报书字字斟酌的情景仍然历历在目。在生活上，导师和师母对我也十分关心，师母做的锅贴是我辛苦学习后吃过最棒的食物。导师的学术修养和为人处世的态度值得我一生学习。

感谢我的硕士生导师——上海对外经贸大学国际经贸学院李辉文教授和北京大学经济学院杨汝岱副教授。在师从李老师和杨老师期间，每星期两至三次workshop的高强度学习，让我在日后的研究生生涯中游刃有余。至今，每每想起吃完饭就跑去春晖楼参加讨论班的日子，生活中的"纸老虎"就不攻自破，李老师和杨老师的博学与严谨让我受益匪浅。

感谢我的博士后导师——广州市社会科学院尹涛研究员和中国社会科学院工业经济研究所张其仔教授，感谢两位导师对我学术研究提供的细致、无私的指导和帮助。

感谢我的爱人高琦，陪我度过了一无所有的十年。多少个日夜里，她的理解和鼓励支撑着我完成了博士学业。感谢我的父母给了我强壮的身体，让我在十余年的求学生涯中，依然能眼不花头不白。

最后，本书能够顺利出版还离不开经济管理出版社工作人员的悉心指导和帮助，他们为本书的审稿、修改和排版花费了大量的时间和精力，特在此表示感谢。

刘帷韬

2019年10月25日于广州